Michèle Binswanger

fremdgehen
Ein Handbuch für Frauen

Michèle Binswanger

fremdgehen

Ein Handbuch für Frauen

ullstein extra

Zum Schutz der Personen wurden Namen und Biographien verändert und Handlungen, Ereignisse und Situationen abgewandelt.

Ullstein extra ist ein Verlag der Ullstein Buchverlage GmbH
www.ullstein-extra.de

ISBN 978-3-86493-050-8

Ullstein Buchverlage GmbH, Berlin 2017
© 2017 Michèle Binswanger
Alle Rechte vorbehalten
Gesetzt aus der Fairfield und Futura
Druck und Bindung: CPI books GmbH, Leck
Printed in Germany

Für meine Familie

Inhaltsverzeichnis

Vorwort

9

Prolog

11

Die verschiedenen Beziehungsmodelle

19

Das Dilemma der Frauen

29

Nymphomanie – Die Erfindung einer Krankheit

45

Der geplante Seitensprung

73

Von Wahrheit und Lüge

87

Multiple Affären

105

Die Kunst des Fremdgehens

125

Die offene Beziehung

153

Der kleine Unterschied

167

Die neue Frauenbewegung

187

Die Liebhaberin

203

Die Entlarvung

217

Die Moral

235

Epilog

249

Bibliographie

253

Danksagung

255

Vorwort

Menschen scheitern, konstant und andauernd. Sie müssen Fehler machen, um zu lernen. Und sie müssen auch scheitern, um ihr Glück zu finden, denn dieses erwächst aus der Fähigkeit, Probleme zu meistern. Am verhängnisvollsten scheitern Menschen dort, wo es am meisten weh tut: in der Liebe. Fremdgehen ist die konventionellste Art, an der Liebe zu scheitern und einer der Hauptgründe, warum Beziehungen zerbrechen. Man kann vielleicht nicht auf richtige Art und Weise fremdgehen, aber man kann sich der Fallstricke bewusst werden, die sich aus dem Ideal monogamer Partnerschaften ergeben. Trotz all der Diskussionen über offene Beziehungen bleibt dieses Ideal in der Praxis ungebrochen – auch wenn wir immer wieder daran verzweifeln. Denn was das Fremdgehen angeht, ist die Fehlertoleranz besonders gering. Vielleicht kann man nicht auf eine richtige Art und Weise fremdgehen, aber man kann lernen, dass es nicht das Ende der Welt, nicht einmal der Beziehung sein muss.

Die Auseinandersetzung mit den in uns angelegten Konflikten lohnt sich, insbesondere, wenn Sie genug haben vom Modell serielle Monogamie, aber weder auf die tiefe Liebe einer langen Beziehung verzichten, noch Ihre Sexualität auf einen Menschen beschränken wollen. Es gibt niemals nur die eine Lösung, aber viele Möglichkeiten. Darum soll es in diesem Buch gehen.

Um das Problem mit der Treue spezifisch für Frauen zu

erläutern, muss man sich ihrer Sexualität widmen – auch wie sie sich von der männlichen unterscheidet. Das ist nicht unproblematisch. Wer grundsätzlich von *den* Frauen und *den* Männern im Allgemeinen spricht und Aussagen über ihre spezifischen Eigenschaften trifft, begibt sich auf methodisches Glatteis, denn das Spektrum der individuellen Unterschiede ist groß und allgemeine Aussagen gelten deshalb nicht immer für jeden Einzelnen oder jede Einzelne. Und trotzdem gibt es generell Unterschiede zwischen Männern und Frauen. Sie zeigen sich im Alltag, im Verlauf der Historie, in psychologischen Experimenten. Wenn in diesem Buch also pauschale Aussagen über *die* Männer und *die* Frauen im Allgemeinen getroffen werden, so geschieht dies mit aller Vorsicht und im Bewusstsein dieser individuellen Unterschiede.

Ich stütze meine Aussagen in diesem Buch auf Interviews mit Expertinnen und Experten und das Studium der entsprechenden Literatur. Vor allem aber geht es um die Geschichten von prominenten Fremdgeherinnen, historischen Personen und den zahlreichen Frauen unterschiedlichen Alters und aus verschiedenen Gesellschaftsschichten, die mir ihre Erfahrungen anvertraut haben, weil sie – wie ich – der Meinung sind, dass das Thema mit all seinen schwierigen, moralischen und weltlichen Konsequenzen eine öffentliche Diskussion verdient hat.

Prolog

Man soll das Handeln der Menschen nicht belächeln,
nicht beweinen, nicht hassen, sondern es verstehen.
Baruch Spinoza

»Er wolle keine Beziehung, sagte mir der Mann, in dessen Bett ich nach einer feuchtfröhlichen Nacht gelandet war. Ich war achtzehn Jahre alt, er siebenundzwanzig – und mir war das recht. Ich sagte ihm, ich käme selber gerade aus einer Beziehung. Wolle mich einfach ein bisschen rumtreiben ohne Verpflichtungen. Wir waren uns einig und trafen uns wieder. Wir kochten zusammen, machten ausgedehnte Touren mit dem Bike, besuchten Konzerte und lagen lange Sonntage im Bett. An einem dieser Sonntage, ich war inzwischen zwanzig, sprachen wir über unser Verhältnis. Unsere Beziehung. Ob es in diesen Jahren daneben vielleicht noch andere gegeben habe. Es hatte. Erst schilderte er mir ein paar Liebesabenteuer. Dann gab ich meine Handvoll zum Besten. Worauf er schweigsam wurde, sich schließlich anzog und mich verließ.

Nach zwei Wochen kam er zurück und bat mich, es nochmals zu versuchen. Ich lehnte ab. Nicht wegen seiner anderen Geschichten, sondern weil er unsere Abmachung verraten hatte: Wir sind zusammen, weil wir uns viel bedeuten. Treue ist dafür keine Bedingung. Und ich wollte keinen

Mann als Partner, der sich selber sexuelle Freiheiten herausnahm, die er aber seiner Partnerin nicht zugestehen konnte.«

Die Mehrheit der Menschen wünscht sich, dass ihre Beziehung ihnen alles bietet: eine emotionale Heimat, Stabilität und sexuelle Erfüllung. Die Liebe ist, wie Paartherapeut Klaus Heer sagt, monogam. Nur der Mensch ist es nicht.

Nach dem Erlebnis mit dem eifersüchtigen Mann hat die Frau studiert, einen Beruf erlernt und viele Krisen gemeistert. Noch mehr Krisen hat sie passiv miterlebt, von Freundinnen und Freunden. Und immer ging es um dasselbe. Insbesondere wenn Kinder im Spiel sind, erlahmt die Lust auf den Partner mit den Jahren. Nicht aber der Appetit auf Sex. Für viele Frauen erwacht dieser Appetit erst dann wirklich, wenn sie schon verheiratet sind und Kinder haben. Und oft richtet er sich dann nicht auf den Mann an ihrer Seite, sondern zum Beispiel auf den Arbeitskollegen – oder den Freund der Freundin. Manche gehen sexuelle Affären ein, andere versagen sich das, können aber nicht verhindern, dass sie sich immer weiter von ihrem Partner entfremden.

Wenn wir auch einige Monate, vielleicht sogar Jahre gut mit unseren Lügen leben können, so stolpern wir irgendwann doch darüber.

So wie bei Tina. Sie führte genau das Leben, von dem die meisten jungen Frauen träumen, wenn man sie nach ihren Zukunftsplänen fragt. Sie war Mitte 30, hatte zwei Kinder, einen Mann, eine Karriere, ein Haus. Alles lief rund; es schien Tina an nichts zu fehlen. Im Gegenteil: Ihr Leben war so süß wie eine reife Sommerfrucht. Und dann zerplatzte sie an einem einzigen Nachmittag. Oder vielmehr nach allem, was diesem Nachmittag folgen sollte.

Tina dachte, dass sie sich selbst gut kenne. Ihr Leben, ihre Familie, ihre Träume, ihre Möglichkeiten. Sie hatte sich immer für eine ernste und ehrgeizige Person gehalten, die sich an ihre Versprechen hielt. Bis eines Tages der blonde Michael in Tinas Büro schlenderte und sich als neuer Mitarbeiter vorstellte. Sie kannte Michael von früher, er war nett und lustig und sie verbrachte gern ihre Zeit mit ihm. Sie waren Arbeitskollegen, die zusammen in die Mittagspause gingen, nichts mehr. Dachte sie. Bis er eines Tages vorschlug, nach Feierabend ein bisschen rauszufahren, an den Waldrand. Es war Frühling, und Tina sagte ja, warum nicht? Sie meldete sich zu Hause ab und nach Feierabend zog sie mit Michael los. Sie setzten sich auf eine Wiese, ein hübsches Plätzchen. Dort saßen sie nebeneinander und streckten ihre Gesichter in die Sonne. Und dann drehte er sich plötzlich zu ihr, sah sie an und berührte ihren Arm. Dann umarmte und küsste er sie, einfach so. Sie war überrascht, es blieb ihr aber nicht viel Zeit, sich das genauer zu überlegen.

Es gibt einen Unterschied zwischen »willens« und »bereit« sein, etwas zu tun: Man kann im Sessel sitzen und *willens* sein, das Haus zu verlassen, aber *bereit* dazu ist man erst, wenn man Schuhe und Mantel angezogen hat. Hätte man Tina vor ihrer Affäre interviewt – sie hätte Ehrlichkeit, Aufrichtigkeit, Loyalität und Treue als zentrale Säulen ihres moralischen Universums bezeichnet. Sie hätte gesagt, dass sie immer nach den Regeln spielen würde und sie hätte ihr späteres Verhalten – wenn man es ihr damals als das von jemand anderem geschildert hätte – als unmoralisch verurteilt. Sie war willens, eine auf Treue und Vertrauen basierende Beziehung bis an ihr Lebensende zu führen. Nun zeigte sich aber, dass sie dazu doch nicht bereit war.

Als Michael sie küsste, leistete sie keine Sekunde Widerstand. Das war alles nicht vorgesehen gewesen. Zweigleisig zu fahren war für sie nie in Frage gekommen. Vorgesehen war, dass Tina sich an den Plan hielt. Und der Plan war, ein anständiges Mädchen zu bleiben. Doch der hielt gerade so lange an, wie ein Nervenimpuls einer Berührung der Haut bis zum Hirn eines Menschen dauert. Bald wälzten sie sich auf der Wiese herum. Und sie schämten sich nicht einmal dafür.

Es blieb nicht bei dieser einen Begegnung. Tina hatte schon fast vergessen, wie Sex geht – abgesehen davon, dass er irgendwo in der Grauzone unterhalb des Kinns stattfindet. Sie hatte nicht nur die Beziehung zu ihrem Mann vernachlässigt, sondern auch die zu ihrem eigenen Körper. Nach Michael kam bald ein anderer. Und dann noch ein anderer. Wenn sie zu ihrem Liebhaber fuhr und ihr Herz im Brustkorb klopfte, als ob es sich aus seinem Gefängnis befreien wollte, dann schwor sie sich, niemals zu bereuen.

Bis sie aufflog und ihre Beziehung in die Brüche ging. Dann bereute sie. Nicht den Seitensprung selber, sondern dass sie ihre Bedürfnisse nicht früher erkannt und sie gegenüber ihrem Mann offengelegt hatte. Denn hätte sie nicht zuerst sich selbst und dann ihren Mann belogen, hätte sie ihn auch nicht so verletzt. Hätte sie ihre Bedürfnisse offengelegt, hätte er darauf reagieren, seine Konsequenzen ziehen können. Er hätte sich weniger hintergangen und ohnmächtig gefühlt. Vielleicht hätte ihre Ehe eine Chance gehabt. Wäre sie nur ehrlich gewesen. Aber lieber als sich der Auseinandersetzung zu stellen, hatte sie sich selbst und ihm etwas vorgemacht.

Ich habe viele Beziehungen am Problem falscher Treueerwartungen zerbrechen gesehen. Und viele Fremdgeherinnen haben mir erzählt, dass ihr Verhalten sie selbst überrascht hat. Dass ihr moralisches Urteil über Fremdgeher immer eindeutig gewesen war – bis sie selber in eine Situation schlitterten, in der sie sich nicht mehr im Griff hatten.

Dass sie erst dann begriffen, dass die Sache vielleicht komplizierter ist, als sie ursprünglich gedacht hatten.

Die meisten Menschen wissen, wie es sich anfühlt, die erste große Liebe zu betrügen. Es passiert in einem schäbigen Hotelzimmer, auf einem Boot, am Strand. Man befindet sich in einer besonderen Stimmung, leichtsinnig, vielleicht betrunken. Das Handy liegt im Hotel, ist auf lautlos gestellt, die Batterien sind leer. Da ist dieser Mann oder diese Frau, die Situation ist vollkommen, wie im Paradies. Ein magischer Moment kommt zum anderen, wie unter der Regie eines geheimen Zaubers. Und die wenigsten Menschen möchten die Erinnerung an solche Momente missen, weil wir damit an den Wurzeln unserer Herkunft rühren.

Dass Frauen ihre Bettgefährten stets vorsichtiger gewählt haben als umgekehrt, weil sie das Risiko der Schwangerschaft trugen, besagt nichts über ihre Lust. Tatsache ist, dass die Erfindung der Pille und die Emanzipation das weibliche Sexualverhalten revolutioniert haben. Heute ist es für Frauen durchaus nicht mehr ausgefallen, eine größere Anzahl Sexualpartner zu haben, sich selber zu befriedigen oder sich auf gleichgeschlechtliche Beziehungen einzulassen. Ich kenne Single-Frauen, die mit vielen verschiedenen Männern schlafen und das auch genießen. Aber sie achten tunlichst darauf, dass niemand davon erfährt. Denn Schwangerschaften lassen sich verhüten, aber eine Frau riskiert noch immer ihren Ruf, wenn sie sich verhält wie ein Single-Mann und Gelegenheiten beim Schopf packt. Also ganz normal.

Ich hatte schon einige Erfahrung mit untreuen Freunden, bevor ich selber meine erste große Liebe betrog. Er war amerikanischer Student in der Schweiz, und nach zwei Jahren Beziehung fuhren wir erstmals getrennt in die Ferien. Er zum Theaterfestival, ich zum Klettern mit ein paar Leuten. Aber dann reisten alle ab, nur mein Kletterpartner und ich blieben zurück. Wir sicherten uns in der Wand, saßen Seite an Seite vor dem Kocher, lagen nebeneinander im Zelt. Und plötzlich lagen wir aufeinander. Nicht weil ich eine Beziehung zu diesem Mann wollte, sondern weil es die naheliegendste Sache der Welt war. Als ich von den Ferien zurückkam und meinem Freund davon erzählte, stand er auf und sagte: »Ich gehe. Zurück nach Amerika.« Ich war am Boden zerstört.

Unser Wunsch nach einer langjährigen, tiefen Partnerschaft entspricht letztlich der Sehnsucht danach, eine Familie, eine Heimat zu haben. Ein legitimer, ein menschlicher Wunsch.

Ich frage mich heute: Ist es vielleicht gar nicht die Untreue, die Ehen kaputtmacht, sondern die unrealistische Erwartung, dass Sex nur innerhalb der Ehe stattfinden soll? Und betrifft dieses Problem Frauen nicht auch deshalb besonders, weil sich ihre Sexualität anders entwickelt als die der Männer? Weil sie oft Jahre brauchen, bis sie überhaupt Freude an ihrer Sexualität entwickeln? Weil sie dann meistens schon in einer festen Partnerschaft stecken, einer Ehe, einer Familie? Warum pathologisieren wir Fremdgeher und stigmatisieren sie moralisch, wenn sie doch eigentlich der Normalfall sind? Warum halten wir es für normaler, von einer monogamen Kurzzeitbeziehung zur nächsten zu eilen, als außereheliche, sexuelle Kontakte in Kauf zu nehmen? Warum halten wir dieses als serielle Monogamie bekannte Muster für tauglicher, als uns vom Dogma der Monogamie zu verabschieden? Ist es vielleicht gar nicht der Partner, der uns betrügt, sondern die Liebe selbst? Zerstört uns also nicht die Untreue, sondern die Treue? Vielleicht sollten wir einfach anerkennen, dass Sexualität auch eine Art Heimat ist und ein Recht darauf hat, gelebt zu werden. Dass wir uns in unseren individuellen Bedürfnissen finden und nicht nach für uns vorgesehenen Rollen leben müssen. Einfacher werden Beziehungen dadurch nicht. Aber wenn man davon ausgeht, dass jede Beziehung ein Kunstwerk ist, so lohnt es sich, es wenigstens zu versuchen.

Die verschiedenen Beziehungsmodelle

*Fremdgehen ist die konventionellste Art, sich
über Konventionen zu erheben.*
Vladimir Nabokov

In Büchern und Artikeln übers Fremdgehen wird oft mit großem Aufwand dargelegt, warum der Mensch keine monogame Spezies ist. Eine echte monogame Spezies hätte Sex, wie es der Idealvorstellung des Vatikans entspricht: regelmäßig, sachlich, schweigend und nur zu Reproduktionszwecken. Es gibt unter den näheren Verwandten des Menschen nur eine wirklich monogam lebende Art, den Gibbonaffen, der in Südostasien in Baumkronen lebt und uns auch sonst nicht besonders ähnelt. Ganz anders unsere Cousins Schimpansen und Bonoboaffen, beide bekannt für ihre vielfältige und promiskuitive Sexualität, wobei uns in sexueller Hinsicht die Bonobos – von der Literatur gerne als Hippies unter den Affen bezeichnet – am ähnlichsten sind. Sie nutzen Sex für alles Mögliche: zur Entspannung, um Konflikte innerhalb der Gruppe oder angespannte Situationen mit anderen Gruppen zu lösen. Auch ihr Verhalten beim Sex ähnelt dem unseren. Sie blicken sich in die Augen, berühren einander zärtlich und geben sich Zungenküsse. Nur lange, monogame Partnerschaften bilden sie nicht.

Für Verfechter der Monogamie ist unsere tierische Natur

kein Argument gegen die exklusive Beziehungsform. Denn wir sind ja nicht bloß Affen. Wir haben auch ein außerordentliches Gehirn, einen Verstand, der es uns ermöglicht, Städte zu bauen und iPhones zu bedienen und Kriege zu führen. Und uns moralisch, also sozialverträglich zu verhalten. Dieser Verstand erlaubt uns auch die Beherrschung unserer Triebe und unterscheidet uns vom Affen, so ihr Argument. Tatsächlich ist es eine Frage der Moral, ob man sich in die Ordnung fügt oder sie stört, ob man sich an Versprechen hält oder sie bricht, ob man Erwartungen erfüllt oder nicht. Wer gegen die Moral verstößt und damit willentlich andere verletzt, ist ein Schweinehund. Oder eine Schlampe. Aber die Monogamie-Verfechter machen es sich mit ihrer Annahme, der Verstand alleine vermöge uns zu steuern, zu einfach. Erstens benutzen Fremdgeher sehr wohl ihren Verstand, wenn sie sich davon überzeugen, dass niemand von ihrem Fehltritt erfährt und damit auch niemand verletzt wird. Und zweitens unterschätzen sie die Macht unserer tierischen Natur, wenn es um Sex geht. Was unsere Fähigkeit zur Selbstkontrolle angeht, sind wir in vielen Hinsichten nicht weiter über das Tierreich erhaben als ein Wellenreiter über den Ozean. Unsere kognitiven Fähigkeiten sind sehr effektiv, wenn es darum geht, Verhaltensweisen einzufordern oder zu rechtfertigen. Aber sie versagen regelmäßig dabei, unsere Leidenschaften im Zaum zu halten. Eine der mächtigsten Energiequellen überhaupt ist der menschliche Wille, angefeuert von Verlangen.

Der Mensch ist also nicht von Natur aus monogam. Populationsgenetische Untersuchungen des Schweizerischen Nationalfonds haben ergeben, dass erste monogame Beziehungsformen erst mit der Erfindung der Landwirtschaft vor rund 20.000 Jahren aufkamen. Ebenfalls bekannt ist, dass unsere Vorfahren nicht nur mit ihresgleichen verkehrten, sondern auch mit anderen Hominidenarten. Die regelmäßigen Romanzen zwischen Homo sapiens und Neandertaler haben sich sogar in unserem Erbgut niedergeschlagen, das bis zu vier Prozent Neandertaler-DNS enthält. Doch der Mensch ist auch nicht einfach polygam. Man spricht vielmehr von gemischten Paarungs-Strategien. Gemeint ist, dass wir im Verlauf der Jahrhunderte und je nach Kultur verschiedene Beziehungsmodelle kultivierten – manche Gesellschaften lebten streng monogam, andere polygam – also ein Mann mit mehreren Frauen –, manche polyandrisch – also eine Frau mit mehreren Männern – oder promiskuitiv, das heißt, wenn beide mehrfache und parallele Beziehungen pflegen. Die jeweils gelebten Beziehungsformen kommen mit eigenen moralischen Grundsätzen und Beurteilungen aus. Anthropologen haben ausgerechnet, dass in der vorindustriellen Zeit nur rund 16 Prozent der Gesellschaften streng monogame Beziehungsmodelle bevorzugten, also die exklusive und langfristige Bindung mit einem Partner. In ein paar vereinzelten Gesellschaften pflegten Frauen Beziehungen mit mehreren Männern. In den verbleibenden 80 Prozent lebten die Menschen promiskuitiv. Zwar gingen sie Ehen ein oder bildeten längere, stabile Partnerschaften mit monogamem Anspruch, aber der gelegentliche Seitensprung war so verbreitet wie toleriert, und zwar nicht nur bei den Männern, sondern auch bei den Frauen.

In den heutigen westlichen Gesellschaften pflegen wir vorgeblich geschlossene, monogame Beziehungen. Das ist zumindest die Idealvorstellung, auch wenn die Erfolgsquote nicht besonders groß zu sein scheint. Die Männer haben im Laufe der Geschichte bewiesen, dass sie sich mit dem monogamen Modell besonders schwertun. Mark Twain brachte die Tragikomik in seinen Tagebüchern auf folgende Formel: »Ihrem Temperament entsprechend, und dieses ist das wahrhaft göttliche Gesetz, sind viele Männer Ziegen und können nicht anders als fremdgehen, wenn sich ihnen eine Gelegenheit bietet. Allerdings gibt es einige wenige, die ihrem Temperament entsprechend in der Lage sind, ihre Reinheit zu bewahren und die Gelegenheit vorüberziehen zu lassen, wenn die Frau nicht besonders attraktiv ist.«

Viele Filme und literarische Genres widmen sich dem männlichen Konflikt zwischen biologisch gesteuertem Geschlechtstier und sozial verantwortungsvollem Wesen. Für Ersteres ist jede Frau eine potentielle Schlampe, was für Letzteren ein eigentlicher Affront ist, wie überhaupt jedes Scheitern vor der Macht seiner Triebe.

Den Grund für den ewigen Konflikt trägt der Mann zwischen den Beinen. Männer brüsten sich gern, dass all die tollen Erfindungen von der Dampfmaschine bis zum Smartphone auf ihr Konto gehen, und dass diese kognitiven Glanzstunden des Menschengeschlechts im Grunde nur der sublimierten Energie ihres Geschlechtstriebs geschuldet sind. Angesichts der Karriere, die unsere Spezies hingelegt hat, kann man ermessen, wie gewaltig dieser Geschlechtstrieb sein muss. Der Penis ist des Mannes bester Freund und Kumpel und – manchmal auch sein ärgster Feind. Er verfolgt seine eigenen Interessen und führt nicht selten ein Eigenleben, schläft, wenn der Mann ihn wach braucht, wacht, wenn er schläft, und oft betätigt er sich als Souffleur für schlechte Ideen. Der Komiker Bill Burr drückt es so aus: »Als Mann gehörst du zur großen Bruderschaft der Eier. Deine Eier sprechen zu dir. Und als Mann kannst du lange dagegen ankämpfen. Aber ab und zu musst du ihnen zuhören.« Deshalb lässt sich das Verhältnis zwischen Mann und seinem Geschlechtsteil am besten als eines der gegenseitigen Abhängigkeit beschreiben. Zwischen Mann und Schwererziehbarem.

Für den Komiker Louis CK grenzt die schiere Vehemenz des männlichen Triebs an Folter, weil Männer konstant in den unmöglichsten Situationen von pornographischen Vorstellungen heimgesucht würden. Man fragt eine Bibliothekarin nach einem Buch über Abraham Lincoln und schon kniet sie vor einem und will den Samen wie eine Hostie entgegennehmen. Der Komiker macht sich über Frauen lustig, die in Sachen sexueller Triebe mitreden wollen. Etwa wenn sie behaupten, auch manchmal ganz schön geil durch die Welt zu wandeln. Der Unterschied liegt im Zwang, sagt Louis CK: »Frauen sind Touristen im Feld sexueller Perversionen, wir Männer werden hier gefangen gehalten. Frauen sind Jane Fonda auf einem Panzer. Wir sind John McCain in der Hütte. Es ist ein Alptraum.« Diese Behauptung mag nicht auf alle Männer gleichermaßen zutreffen, ist aber in der Tendenz sicher richtig.

Nicht nur der allgegenwärtige Trieb macht dem Mann in Sachen Monogamie zu schaffen. Hinzu kommt noch der genuine Reiz des Neuen, das eine ganz besondere Anziehungskraft auf uns Menschen ausübt. In der Literatur als *Coolidge Effekt* bekannt, ist das Phänomen bei einer Vielzahl von Säugetieren zu beobachten. Bei Ratten sieht das folgendermaßen aus: Setzt man einem Männchen ein Weibchen vor die Nase, dann bespringt dieses seine neue Gespielin zunächst enthusiastisch, bis nach einer Weile das sexuelle Interesse erlahmt. Wird das Weibchen durch ein neues ersetzt, kommt der alte Elan beim Männchen zurück. Der Name dieses Phänomens rührt von einer Anekdote über den amerikanischen Präsidenten Calvin Coolidge, der mit seiner Frau in den zwanziger Jahren eine Hühnerfarm besuchte. Während der Tour erkundigte sich die First Lady, wie es gelinge, so viele Eier mit so wenigen Hähnen zu produzieren. Der Bauer erklärte ihr stolz, dass seine Hähne Dutzende Male am Tag den Akt zu vollziehen in der Lage seien. »Vielleicht könnten Sie das dem Präsidenten gegenüber auch erwähnen«, meinte Frau Coolidge. Darauf erkundigte sich der Präsident, ob der Hahn denn immer mit derselben Henne kopuliere. Der Farmer antwortete: »Keineswegs, er wechselt von einer zur anderen.« Worauf der Präsident meinte: »Vielleicht erwähnen Sie auch das gegenüber der First Lady.«

Der dominante Trieb und der ewige Reiz des Neuen sind Gründe genug, um früher oder später Mitglied im größten männlichen Club in der Geschichte der Menschheit zu werden: dem Club der Fremdgeher. Prominente Mitglieder finden sich darin, ihre Namen und Geschichten geben seit Jahrhunderten Stoff her für Dramen aller Art. Es kommen immer neue dazu: Bill Clinton, Strauss-Kahn, Silvio Berlusconi, Tiger Woods. Sie alle ließen sich beim Seitensprung erwischen und mussten unerfreuliche Konsequenzen ertragen. Besonders, weil sie für ihre Fehltritte nicht nur vor ihren Partnerinnen, sondern auch vor der Öffentlichkeit geradestehen mussten. Es ist schlimm genug, wenn man wie im Fall von Tiger Woods, von der Mutter seiner Kinder mit dem Golfschläger aus dem Haus gejagt wird, mit dem Auto flüchtet und dann einen Unfall verursacht. Und wenn man alles abstreitet, sich danach aber beinahe täglich angebliche Liebhaberinnen öffentlich melden und die Geschichten ihrer sexuellen Abenteuer mit dem Fremdgeher in der Presse genüsslich ausgeschlachtet werden. Oder wenn man, wie Bill Clinton, drei Monate aus dem Schlafzimmer des Weißen Hauses verbannt wird, während der politische Gegner es sich zum persönlichen Ziel macht, den Seitensprung zu beweisen. So sehr, dass er die Indizienkette bis zu den Spermaspuren auf dem Kleid der Nebenbuhlerin verfolgt und dieses Kleid schließlich als Beweismittel vor Gericht den Geschworenen präsentiert – und man vor der Weltöffentlichkeit der Lüge überführt wird. Schlimmer als die Schuldgefühle ist für jeden Fremdgeher nur die Angst vor dem Auffliegen.

Angesichts der Vehemenz seiner Triebe zeigt der Mann in der Regel viel Verständnis für das moralische Versagen seiner Mitbruderschaft. Immerhin sind sie die Bruderschaft der Eier – solange nicht die eigene Frau involviert ist. Sex ist ein einfaches physisches Bedürfnis, ausgelöst durch den Anblick attraktiver Körper, meistens weiblichen Geschlechts. Wobei wie überall auch das verfügbare Kapital den Ausschlag gibt: Das Ausmaß männlicher Tugend korreliert mit der Charakterstärke des betreffenden Individuums – die sich wiederum aus der Anzahl der Gelegenheiten ergibt, die der Mann gefahrlos in Anspruch nehmen könnte.

Und die Frauen? In den großen Seitensprung-Dramen ist ihnen in der Regel die Rolle der betrogenen Ehefrau zugedacht. Sie leiden still, mit abgewandten Gesichtern und zusammengekniffenen Lippen – oder aber sie rächen sich und machen dem Fremdgeher das Leben zur Hölle. Manche stellen ihre Männer publikumswirksam auf die Straße oder fassen teuflische Rachepläne, um ihn für sein moralisches Versagen bis in alle Ewigkeiten zu bestrafen. Etwa indem sie ihm alles wegnehmen, was ihm etwas bedeutet: Familie, Kinder, Geld, Besitz. Im Teilen sind wir nicht besonders gut, vor allem dann nicht, wenn Liebe im Spiel ist. Liebe ist kompliziert.

Was sicher ist: Auch Frauen fällt monogames Verhalten nicht ganz natürlich zu – auch wenn ihnen jahrhundertelang eine angeborene Neigung zur Sittlichkeit attestiert wurde. Auch Frauen reizt die Grenzüberschreitung. Sie peitscht nicht das Testosteron an; deshalb sind sie vorsichtiger und gehen weniger Risiken ein. Aber *ein* Trieb ist genauso mächtig: Liebe, in all ihren verschiedenen Erscheinungsformen. Wer sich verliebt, erfährt eine Art Rausch, sagt die amerikanische Anthropologin Helen Fisher. Für den Verliebten hat die Welt nur noch ein Zentrum: den Geliebten, der aus allen anderen herausleuchtet und damit zum Mittelpunkt seines Denkens und Sehnens und Fühlens wird. Der Verliebte macht sich vom Geliebten abhängig, sucht den Rausch und nimmt Enttäuschung in Kauf. Er kann nicht anders. Romantische Liebe ist ein Trieb, genauso stark wie der Sextrieb, mit dem sie zusammenhängt. Romantische Liebe motiviert zwei Menschen dazu, sich emotional so eng aneinander zu binden, dass sie sich nahe genug kommen, um auch komplizierte Projekte zusammen anzugehen, zum Beispiel gemeinsam Nachwuchs aufzuziehen. Diese rauschhafte Liebe möchte exklusive Zweisamkeit und sie möchte ewig währen. Was sehr unrealistisch ist, denn die Liebe wandelt sich, sie kann sich setzen und Wurzeln schlagen und sich vom Sextrieb entfernen. Doch dieser Trieb bleibt. Und zwar ziemlich mächtig.

In der Evolutionspsychologie wird gern das Bild der tendenziell passiven und lustlosen, aber eifersüchtigen Frau gezeichnet. Der Mann gilt als ewiger Jäger und Sklave seiner Natur, der seine unbegrenzten Spermavorräte möglichst weit in der Welt verteilen will, die Frau als reserviertes und berechnendes Geschlecht mit begrenzten reproduktiven Ressourcen und eher lahmem Sextrieb. Er scheffelt Geld, um Frauen mit teuren Autos und wertvollen Uhren zu beeindrucken und zu einem schnellen Abenteuer zu motivieren. Hat er eine gefunden, die ihm für Nachwuchs geeignet scheint, bindet er sie an sich und stellt eifersüchtig sicher, dass sie sich nicht anderweitig vergnügt. Die Frau hingegen fährt gemäß dieser Theorie eine doppelte Strategie: Sie sucht zwecks Nachkommenschaft einen vielversprechenden Genpool mit einem dicken Bankkonto, den sie in einer monogamen Beziehung an sich zu binden sucht. Hat sie ihr Ziel erreicht und einen Mann gefunden, der die Miete zahlt, ihr hilft, die Windeln zu wechseln und den Abfall rausbringt, willigt sie künftig ein, dem ehelichen Beischlaf stattzugeben, so oft es eben nötig ist. Daneben hat sie die eine oder andere Affäre mit einem jungen Lederjacken-Typ, insbesondere um die Zeit des Eisprungs mit dem unbewussten, aber evolutionär begründeten Plan, dem Langweiler von Ehemann ein Kuckuckskind der Lederjacke unterzujubeln. Eine evolutionäre Strategie, die man Diversifikation nennen könnte, wenn sie denn zutreffen würde. Es ist die Vulgär-Version von Darwins Evolutionstheorie, die bis heute in den Kommentarspalten des Internets wieder und wieder erzählt wird. Doch das macht sie nicht wahrer. Denn wenn die sexuelle Natur der Frauen derart passiv und zurückhaltend wäre: Mit wem betrügen all diese Fremdgeher eigentlich ihre Frauen? Wer sind alle die leichten Mädchen, die sich Sex ungetrübt von moralischen Skrupeln nehmen, wann und wo sie wollen? Die im Club nicht die Nummer ihres Verehrers ins Handy tippen wollen, sondern die Nummer gleich dort schieben? Von diesen Frauen gibt es viele. Aber es ist auch in der Gegenwart nicht angesagt, allzu offen zu diesem Lebenswandel zu stehen – nicht nur ihren Partnern, sondern auch nicht den anderen Frauen gegenüber.

Die distinguierte Schlampe, also die Frau, die ihre Sexualität lustvoll und ohne Scham lebt, ist eine ambivalente Figur. In der Realität wird sie verurteilt, doch Literaten und Künstler hat sie schon immer fasziniert. Catherine Deneuve hat ihr im französischen Klassiker *Belle de Jour* ein Denkmal gesetzt. Mit ihrem perfekt symmetrischen Gesicht unter den beängstigend blonden Haaren, mit ihrer heimlichen Leidenschaft, sich in einem Bordell erniedrigen zu lassen, verkörpert sie die Frau, von der Männer mit 16 träumen und an die sie sich noch mit 60 erinnern. Doch im echten Leben werden distinguierte Schlampen weniger enthusiastisch gefeiert – im Gegenteil. Weibliche Sexualität ist auch heute noch ein gesellschaftliches Minenfeld. Traditionell gehört ihr Körper nicht den Frauen selbst, sondern jemand anderem, meistens ihrem Mann. Das war aber nicht immer so.

Bevor Landwirtschaft und Monogamie erfunden wurden, lebten die Menschen in engen sozialen Gemeinschaften als Jäger und Sammler. Weil das Überleben des Einzelnen von der Gruppe abhing, war zu teilen obligatorisch: Beute und Schutz wurden ebenso geteilt wie die Sexualpartner, denn die Gemeinschaft war wichtiger als das Individuum. Alle waren eng verbandelt und pflegten parallel verschiedene sexuelle Beziehungen; monogame Partnerschaften gab es nicht. Und die Frauen spielten eine wichtige und anerkannte Rolle in der Gemeinschaft. Die Ökonomisierung der weiblichen Sexualität begann, als mit der Landwirtschaft das Konzept des Eigentums Einzug hielt. Das erlaubte die Akkumulation von Reichtum, dadurch wurde die Erbfolge wichtiger und damit die Kontrolle darüber, ob die Kinder, denen man das alles weitergeben würde, auch wirklich die eigenen waren. Die Frauen wurden zur Kinderaufzucht beordert, was ihnen mehr Sicherheit gab. Aber sie zahlten einen hohen Preis: Sie mussten ab jetzt gute Ehefrauen und brave Mädchen sein. Ihre Rolle wurde in Abhängigkeit zum Mann definiert, als Teil seines Besitzes, den er sich verdienen und verteidigen musste. Auch deshalb musste er sicherstellen, dass die Kinder, für die er so schuftete, auch seine eigenen waren. Die Frauen hatten sich damit zu arrangieren, dass Männer sich sexuelle Freiheiten nahmen, aber weibliche Untreue scharf geahndet wurde. Wer sich dabei erwischen ließ, verlor nicht selten alles: Ansehen, Stellung, soziale Sicherheit und manchmal auch das Leben.

Wir haben viel gelernt in den letzten Jahrhunderten. Zum Beispiel wie man den Anschein wahrt. Wie man so tut, als entspreche man den Erwartungen der anderen – und sich daneben trotzdem so viele Freiheiten wie nötig nimmt. Wenn es irgendwie möglich ist.

Das Dilemma der Frauen

Die Mehrheit der Frauen (ein Glück für sie
und die Gesellschaft) ist nicht sehr mit sexuellen
Gefühlen irgendwelcher Art belastet.
Baron Acton, 1875

Moralische Gefühle bezüglich Sitte und Anstand sind tief in uns verankert. Zwar haben sich die gesellschaftlichen Rahmenbedingungen für Partnerschaften seit dem 19. Jahrhundert markant gewandelt; die Ehe hat mit dem Wirtschaftswunder und später mit der Frauenbewegung ihre wirtschaftliche und soziale Bedeutung zunehmend verloren. Unser Beziehungsleben hat sich seit der Erfindung der Pille und der digitalen Revolution dramatisch gewandelt und damit auch die individuelle Einstellung zur Sexualität. Dennoch pflegen wir gesamtgesellschaftlich noch immer ein Liebesmodell, das aus Bürgertum und Romantik stammt. Während in vormodernen Ehen außereheliche Sexualität, zumindest beim Mann, dazugehörte, begann man im Bürgertum die innereheliche Sexualität aufzuwerten und die außereheliche zu sanktionieren. Die moralischen Regeln sind sogar eher noch strenger geworden. Auch für Männer ist Promiskuität heute etwas, mit dem sie sich öffentlich besser nicht mehr zu sehr brüsten. Was die Frauen angeht, so haben sie in gewissen Milieus heute sicherlich größere Freiheiten als früher, auch was ihre Sexualität angeht. Doch vieles ist beim Alten geblieben. Promiskuitive Frauen werden nach wie vor moralisch verurteilt. Tatsächlich ist das Team des englischen Psychologen Michael E. Price in einer neueren Studie der Frage nachgegangen, welche Faktoren Einfluss darauf nehmen, wie weibliche Promiskuität moralisch beurteilt wird. Sie haben eine Theorie aufgestellt, die den etwas ungelenken Titel trägt: »female economic dependence theory of anti-promiscuity morality«. Wir wollen sie der Einfachheit halber Schlampen-Theorie nennen. Die Psychologen gingen folgender Frage nach: Lassen sich in einer Gesellschaft Faktoren bestimmen, welche direkt die moralische Einstellung zu weiblicher Promiskuität beeinflussen? Welche Faktoren üben am meisten Einfluss auf diese aus? Konservatismus, Religion, Ethnie, Alter? Die Schlampen-Theorie besagt, dass ein Faktor entscheidender ist als alle anderen: die ökonomische Unabhängigkeit der Frau. Meistens wird jedoch in anderen Kategorien gedacht. Es zeigte sich zum Beispiel, dass besonders konservative oder religiöse Gesellschaften eine rigidere Sexualmoral an den Tag legen als individualistische und säkulare. Das trifft auch tatsächlich zu, nur sind Religion oder Konservatismus allein keine hinreichend genauen Kriterien für eine entsprechende Einstellung. Gemäß der Schlampen-Theorie ist ein anderes Kriterium viel entscheidender, wenn es um die moralische Einstellung einer Gesellschaft gegenüber dem promiskuitiven Verhalten geht. Es ist nämlich die soziale Stellung der Frau, die den Ausschlag gibt: Je größer die Bedeutung der Erbfolge in einer Gesellschaft, desto kritischer begegnet eine Gesellschaft weiblicher Promiskuität. Je unterlegener Frauen den Männern in puncto Bildungsstand und individuellem Einkommen sind, desto rigider ist die Sexualmoral bezüglich dieser Frauen, desto empfindlicher reagiert man auf sogenannte »Schlampen«, und zwar bei beiden Geschlechtern. Und natürlich erwarten Männer, die mehr verdienen als ihre Partnerinnen, dass diese sich mit niemand anderem vergnügen als ihrem Göttergatten. Frauen, die ihr eigenes Geld verdienen und damit sozial unabhängiger sind, zeigen hingegen weniger Aversionen gegen »Schlampentum«. Und auch Männer, die mit solchen unabhängigen Frauen befreundet oder bekannt sind, haben weniger gegen Promiskuität einzuwenden als solche, in deren Umfeld traditionelle Abhängigkeitsrollen verbreitet sind.

Wenn man die Klatschspalten der Hochglanzmagazine durchforstet, findet man zahlreiche Indizien für die Stichhaltigkeit der Schlampen-Theorie: Denn diese Frauen würden sich entsprechende Freiheiten nicht herausnehmen, wenn sie nicht darauf zählen könnten, dass ihr Umfeld sie dafür nicht verdammt. Es gibt nicht nur prominente Fremdgeher, sondern auch viele prominente Fremdgeherinnen.

Prinzessin Diana war unglücklich in ihrer Ehe mit Prince Charles – und pflegte bis zu ihrem Tod im Autobahntunnel an der Seite ihres Liebhabers Dodi Al-Fayed mannigfaltige Affären, unter anderem mit dem Kavalleristen James Hewitt, dem Rugbyspieler Will Carling, dem Kunsthändler Oliver Hoare und ihrem Bodyguard Barry Mannakee.

Auch Heidi Klum soll sich während ihrer Ehe mit Seal auf eine Affäre mit ihrem Bodyguard eingelassen haben. Zwar zelebrierte die Modelmama und Mutter von vier Kindern das Ehegelöbnis jährlich mit viel Pomp auf einer Südseeinsel. Als sich die beiden 2012 scheiden ließen, betonten sie die Zuneigung, die sie noch immer füreinander empfänden, doch Seal deutete in verschiedenen Interviews an, dass der Grund für die Trennung eine Affäre Klums mit ihrem Bodyguard Martin Kirsten gewesen sei.

Schauspielerinnen sind besonders gefährdet, wenn sie über lange Zeit mit ihren Filmpartnern in engem Kontakt stehen, oft für Monate getrennt von ihren Lebenspartnern und abgeschottet von der Außenwelt. Kristen Stewart und Robert Pattinson, die beiden Hauptdarsteller aus dem Vampir-Hit »Twilight«, galten als Hollywoods neuestes Traumpaar, als Kristen Stewart in flagranti beim Seitensprung erwischt wurde. Sie hatte auf dem Set eine Affäre mit dem 21 Jahre älteren und verheirateten Regisseur Rupert Sanders. Kurz darauf bekannte sie sich zu ihrer Homosexualität und datet heute nur noch Frauen.

Madonna soll nicht nur ihren ersten Gatten Sean Penn betrogen haben, sondern auch den zweiten Guy Ritchie – und zwar mit dem New York Yankees-Star Alex Rodríguez. Madonna bestand darauf, sie und Rodríguez seien bloß gute Freunde, Seelenverwandte gar. Doch wenig später trennten sich nicht nur Rodríguez und seine Frau; auch Guy Ritchie wollte die Scheidung.

Im Club der Schlampen

Willkommen im Club der Schlampen!

Sie möchten nicht dazugehören? Dann sei an dieser Stelle kurz erläutert, warum die Begrüßung hier so steht. Vielleicht sind Sie im Laufe Ihres Beziehungslebens selbst schon einmal fremdgegangen, vielleicht planen Sie es oder Sie fragen sich, ob Sie sollen. Aber selbst wenn Sie noch nie fremdgegangen sind, ist die Chance ziemlich groß, dass Sie zum Club gehören. Denn egal, wie züchtig und gewissenhaft Sie sind, wie wohlanständig Sie Ihr Leben führen, Sie gehören dazu, weil Sie eine *Frau* sind. Mit großer Wahrscheinlichkeit hat Sie in Ihrem Leben schon einmal ein Mann oder eine Frau als Schlampe bezeichnet. Es ist die einfachste Qualifikation der Welt. Es reicht, mit weiblichen Geschlechtsorganen geboren und als Frau sozialisiert worden zu sein. Und die Chancen, als Schlampe zu gelten, sind in den letzten Jahren sogar größer geworden. Der Aufbruch aus den traditionellen Geschlechterrollen hin zu einer Gesellschaft, in der Männer und Frauen gleichberechtigte Partner sein sollen, war kein Sonntagsspaziergang. Es war eine anstrengende Fahrt über holprige Feldwege voller Schlaglöcher und mit falschen Abzweigungen, und manch eine endete in einer Sackgasse. Wir Frauen haben heute mehr Freiheiten denn je, aber der Preis dafür ist Unsicherheit, Verwirrung und Aggression von Seiten jener, die gerne an den traditionellen Rollenbildern festhalten würden. Und weil es sich jahrtausendelang bewährt hat, Frauen über ihre Sexualität zu disziplinieren, zu verunsichern und kleinzuhalten, bietet sich diese Strategie auch heute noch an. Frauen zu Schlampen zu degradieren ist nur eine davon.

Per definitionem ist eine Schlampe erkennbar an ihrer nachlässigen Erscheinung, ihrem ungepflegten Äußeren oder an ihrer unmoralischen Lebensführung. Letzteres ist ein sehr weitgefasster Begriff, denn als unmoralisch kann nahezu alles gelten: enge, kurze, tief ausgeschnittene Kleidung. Für Sex Gegenleistungen zu erwarten. Ein ausschweifendes Sexualleben mit wechselnden Partnern zu haben. Frauen, die nach ihrer Nummer gefragt werden und die antworten: »Warum machen wir die *Nummer* nicht gleich hier?« Sogenannte »Schlampen« sind aber auch die Frauen, die keinen Sex wollen oder nur mit demjenigen, den sie lieben. Es sind Frauen, die zu Hause den Beischlaf verweigern und solche, die tatsächlich fremdgehen. Das wirkliche Erscheinungsbild oder die Lebensführung einer Frau beeinflussen letztlich kaum, ob sie als Schlampe bezeichnet wird oder nicht. Man kann sein Leben lang so elegant auftreten wie Audrey Hepburn und sich niemals einen Fehltritt leisten. Aber selbst Audrey

Hepburn wurde vermutlich im Laufe ihres Lebens als Schlampe bezeichnet.

Eine Frau eine Schlampe zu nennen heißt, sie auf ihre Sexualität zu reduzieren. Es ist eine aggressive Phantasie, in der soziale und sexuelle Dominanz verschmelzen. Eine Schlampe tut, was ihr befohlen wird, und erträgt, was ihr geschieht. Soziale Dominanz ist bei fast allen Säugetieren ein männlicher Charakterzug und hat vor allem mit einem zu tun: Testosteron. Es steuert Aggressivität, Kampfeswille, Trieb, Risikobereitschaft, es sorgt für eine tiefe Stimme, den männlichen Duft, einen kantigen Kiefer und Muskeln. Soziale Dominanz heißt, der Größte, Reichste, Potenteste zu sein und – alle Frauen zu kriegen. Denn das ist es, was Frauen angeblich scharf macht. Diese Vorstellung findet ihre Fortsetzung im Bett: Sexuelle Dominanz gilt als besonders männlich, während Unterwürfigkeit die Domäne der Frauen ist. Sexuelle und soziale Dominanz sind aber nicht dasselbe. Sie betreffen verschiedene Teile des Gehirns, weshalb auch mächtige Männer Gefallen daran finden, sich sexuell zu unterwerfen. Und es nicht an Frauen fehlt, die sie freudig auspeitschen.

Bei der sozialen Dominanz sieht es anders aus. Die gibt kein Mann freiwillig her, sie wird aggressiv verteidigt, gern auch gegen Frauen. Aber nicht jeder Mann kann ein Alphatier sein und selbst Alphatiere können ihre Stellung verlieren. Viel einfacher, als sich mit anderen Männern zu messen, ist es, sexuelle Dominanz vorzugeben, indem man Frauen als »Schlampen« abwertet.

In der Pornographiebranche gehört das Genre von Dominanz und Unterwerfung zu den beliebtesten; die männlichen Demütigungsphantasien scheinen grenzenlos zu sein. Allerdings sind sie nicht nur für Männer attraktiv – viele Frauen gefallen sich in der Rolle der Unterwerfung. Sexuelle Dominanz oder Unterwerfung sind psychische Reize, die beiden Lust und Freude bereiten können, solange die Grenzen eng abgesteckt sind und es sich um eine Art Spiel handelt. Doch manchmal verwischen diese Grenzen. Die subtile Unterscheidung zwischen Realität und Fiktion kann bei manch einem Mann für Verwirrung sorgen, sagt die deutsche Domina Karolina Leppert, die ein Buch über die Verrohung der Sitten gerade in ihrer Branche geschrieben hat. Als einen der Gründe nennt sie die Pornographie: »Sie führt oft zu einer falschen Erwartungshaltung. Viele realisieren nicht, dass der Film eine künstliche Welt darstellt, die mit dem realen Leben nicht viel zu tun hat, auch nicht in der Prostitutionsbranche.« Und manche Männer denken, nur weil Pornographie ihre Lust nach Dominanz befriedigt, dürften sie Frauen auch im echten Leben erniedrigen.

Aber nicht nur Männer bezeichnen Frauen als »Schlampen«. Das tun Frauen auch, manchmal neckisch, aber meistens aggressiv. Jemanden als »Schlampe« zu bezeichnen heißt, denjenigen beziehungsweise besser diejenige abzuwerten und aus der Gruppe ausstoßen zu wollen. Es gehört zu den aggressivsten Wörtern überhaupt, mit denen Frauen sich gegenseitig betiteln können, und wenn sich zwei das ins Gesicht sagen, dann ist die nächste Eskalationsstufe die Schlägerei.

Es ist oft nicht die schlechteste Strategie, sich das Unvermeidliche zu eigen zu machen. Wenn Sie also eine Frau sind, dann willkommen im Club. Wenn alle Frauen Schlampen sind (außer Mutti), dann sind wir *alle* Schlampen. Aber wir lassen uns nicht länger abwerten, kleinhalten, erniedrigen, selbst wenn wir Fehler, uns lächerlich gemacht, herumgefickt oder eben unsere Männer betrogen haben. Und deshalb: Egal, warum Sie dieses Buch lesen, Sie dürfen sich hier sicher fühlen. Wenn Sie furchtbare Entscheidungen getroffen

35

und schreckliche Fehler gemacht haben, müssen Sie sich dafür nicht schämen. Das gehört zum Leben. Vermutlich möchten Sie erfahren, wie es anderen in vergleichbaren Situationen ergangen ist. Vielleicht bereuen Sie es. Egal, was es auch ist: Es gibt nichts, wofür Sie sich schämen müssten, am wenigsten für Ihr sexuelles Verhalten. Aber vor allem sollten Sie sich niemals dafür schämen, dass Sie eine Frau sind.

Vielleicht sind Sie auch ein Mann, der dieses Buch liest. Und es ist zu hoffen, dass Sie den Verdacht weit von sich weisen, so negativ und einseitig über Frauen zu denken oder von ihnen entsprechend zu reden. Und vielleicht sind Sie der eine unter Tausenden, der noch nie so von Frauen gedacht oder so empfunden hat, der noch nie von seinen Trieben gesteuert wurde. Wahrscheinlicher aber ist, dass das Thema Sie aufgeilt. Paradoxerweise ist der Gedanke an die eigene Ehefrau mit anderen Männern erregend. Das entsprechende Pornogenre jedenfalls ist bei heterosexuellen Männern in englischsprachigen Suchmaschinen das zweitbeliebteste. Die Seiten tragen Namen wie »Please Bang my Wife« oder »Cream my Girlfriend«. Und am beliebtesten sind jene Filme, in denen sich diese Freundinnen und Ehefrauen fürs Fremdgehen auch noch bezahlen lassen. Das macht sie schließlich erst zu richtigen Schlampen. Letztendlich ist Sex auch ein Spiel mit Grenzen und Grenzüberschreitungen. Und ebenso geht es beim Fremdgehen nicht um Sex allein. Es geht um etwas Größeres, einen Metaplan, dem man plötzlich folgt, einen Weg raus aus dem eng definierten Leben, ein kleines Abenteuer. Dinge zu tun, die gegen das Gesetz oder die Moral verstoßen, ist an sich schon erregend. Und deshalb ist die Grenzüberschreitung so verlockend. Nicht nur im sexuellen Sinn, aber hier ganz besonders.

Warum Frauen fremdgehen

Frauen gehen aus den unterschiedlichsten Gründen fremd: Weil sie aus ihrer Beziehung raus oder weil sie drinbleiben wollen. Bei manchen ist es ein Unfall, ein schwacher Moment, bei anderen ein Konzept. Manchmal wollen sie bloß Sex, aber manchmal geht es genauso sehr um Gefühle, Gefallsucht, Narzissmus, das Bedürfnis, sich selbst zu spüren, dem anderen etwas mitzuteilen, weil sie den Mut nicht finden, es zu sagen.

Sex kann ein ekstatischer Rausch sein, aber immer auch geht es um das tiefe Bedürfnis, sich mit jemandem und damit mit der Welt zu verbinden. Mit allem, was man dabei in Kauf nehmen muss, andere zu verletzen. Wie es die Schriftstellerin Erica Jong in ihrem Buch *Angst vorm Fliegen* ausdrückt: »Ich versuchte, mich von ihm fernzuhalten, indem ich Schlüsselwörter wie ›Treue‹ und ›Fremdgehen‹ benutzte. Indem ich mir sagte, es würde meine Arbeit behindern, weil ich mit ihm zu glücklich zum Schreiben wäre. Ich versuchte mir zu sagen, dass ich Bennet verletzen würde, mich selbst verletzen würde, dass ich mich einfach aufspielte. Aber es half alles nichts. Ich war besessen. Von dem Moment an, da er den Raum betrat und mich anlächelte, war es um mich geschehen.«

Frauen gehen genauso fremd, weil sie genauso sexuelle Wesen sind wie Männer. In den Statistiken stehen sie ihnen in puncto Häufigkeit des Geschlechtsverkehrs, Anzahl der Sexualpartner und sexueller Zufriedenheit kaum nach. In psychologischen Experimenten reagieren Frauen körperlich genauso stark auf sexuelle Inhalte visueller oder narrativer Natur. Und wenn sie beim Fremdgehen nicht in erster Linie das schnelle Abenteuer suchen, so tun sie es genauso – auf ihre Weise. Nur beim Masturbieren und beim Pornokonsum haben die Männer das Heft in der Hand behalten, beziehungsweise den Schwanz – immerhin.

Versteht man Sexualität nur als Drang zur körperlichen Triebabfuhr, ist leicht zu sehen, warum wir Männern eher zugestehen, dass sie sich davon steuern lassen. Denn tatsächlich sind Männer eher an rein körperlicher Liebe interessiert, sonst wäre Prostitution nicht das älteste Gewerbe der Welt, beziehungsweise gäbe es genauso viele männliche Prostituierte für Frauen wie umgekehrt. Etwas anders sieht es aus, wenn man unter Sex nicht bloß den Akt versteht, die Berührung von Schleimhäuten oder Penetration, sondern alles, was für Frauen damit zusammenhängt: Romantik, Gefühle, die Lust am Gefallen und der Ekstase. Subsumiert man diesen ganzen Themenkomplex unter Sex, dann sind Frauen mindestens genauso sexbesessen wie die andere Hälfte der Spezies.

So gewaltig das Ausmaß sexueller Gedanken bei Männern sein soll und der Druck, der dadurch entsteht – Frauen kennen das auch. Kein Mann dürfte sich vorstellen, wie oft am Tag sie daran denken, mit wem sie wie liiert sind, wie attraktiv sie für wen sind, wie sie noch attraktiver werden und andere dazu bringen können, das zu tun, was sie wollen. Wenn man unter weiblicher Sexualität den gesamten Komplex an Gefühlen, Beziehungen und Verbindungen versteht, sind wir Frauen nicht wie Jane Fonda auf dem Panzer, sondern wie John McCain in der Hütte.

Uns geht es beim Sex selten nur um Sex. Frauen schlafen nicht einfach nur mit Männern. Meiner Meinung nach schlafen sie mit Versprechen. Mit den Erinnerungen, dem Bedauern, der Hoffnung auf Vereinigungen, die noch kommen werden. Viel mehr noch als materielle Ressourcen suchen Frauen in der Sexualität alles andere: Beziehungen, Sicherheiten, Geschichten, Gefühle. Wir warten darauf, dass die echten, die wahren, die wichtigen Dinge passieren. Liebe, Freundschaft, Rausch, Moral, Glück, Leiden, Verrat, Schuld und Unschuld, Erfolg und Scheitern. Wir sehnen uns nach Geschichten, Gefühlen, Schweiß, Körper, Duft, Stimme, Welt. Und Sex ist der schnellste, der direkteste und der verführerischste Weg dorthin.

Männern fällt es angeblich schwer, treu zu sein. Frauen auch. Frauen sind aber eher bereit, ihren Trieb zu verleugnen, weil sie ihn oft gar nicht so genau kennen. Selbst unter Frauen wird nicht wirklich offen über die eigene Lust gesprochen. Erstaunlich, wenn man bedenkt, wie offen Frauen sonst über alles Mögliche reden, wenn sie unter sich sind. Wenn es um Sex geht, führen Frauen ein Doppelleben. Es mag daran liegen, dass sie weder Eier noch einen Penis zwischen ihren Beinen haben. Es würde keiner in den Sinn kommen, ihrem Geschlechtsteil ein Eigenleben einzuräumen. Zwischen den Beinen der Frauen findet man weniger Stolz als Scham, Schuld und Verleugnung. Und viel Doppelmoral.

Grundsätzlich war Sex schon immer wichtig, ja lebensbestimmend für Frauen. Ein Königsweg, um an Ressourcen zu gelangen und gesellschaftlich voranzukommen. Männer wollen Macht, um Sex zu bekommen, und Frauen wollen Sex, um Macht ausüben zu können. Vielleicht rührt daher die weibliche Neigung, sich auf dieser Ebene gegenseitig zu disziplinieren und zu bekämpfen. Darin sind sie gut, sie sind Meisterinnen, wenn es darum geht, sozialen Druck aufzubauen, aufrechtzuerhalten und auszuüben. Sie wachen eifrig darüber, wer sich welche Regelverletzungen erlaubt – und sie hantieren virtuos mit Verachtung und gegenseitiger Beschämung. Ganze Unterhaltungsindustrien leben davon, dass Frauen vorgeführt und beschämt werden, die Skandalmedien sind voll von Geschichten über Frauen, Stars und Sternchen, die gestolpert sind. Manchmal verrutscht nur der Bikini, oder eine Schönheitsoperation geht schief oder sie werden, huch, ohne Unterwäsche »erwischt«. Manchmal aber geraten sie auch in schlechte Gesellschaft, oder kommen nicht von einer üblen Beziehung los, nehmen Drogen, betrinken sich, haben Sex mit verschiedenen Männern oder Frauen und dann erscheinen sie auf einem Sex Tape. Und jeder Nervenzusammenbruch, jeder öffentliche Kontrollverlust ist Futter für die Medien, eine Geschichte, die wir immer und immer wieder hören wollen. »Schau sie dir an, sie hat sich nicht im Griff. Kein Wunder, wenn man so selbstverliebt, provokativ, unsensibel, unklug, promiskuitiv und crazy ist.« Das ist für viele Frauen eine Art Pornographie der Gefühle. Sie konsumieren die Geschichten mit einer Mischung aus Faszination, Gier, Mitleid und Verachtung und kommen mit dem befriedigenden Gefühl zu dem Schluss, dass es *ihre* Story ist – und nicht die eigene. Dass die so Bloßgestellte es vielleicht nicht verdient hat, aber letztendlich doch selbst schuld ist an ihrem Schicksal.

Warum tun Frauen das? Weil die moralische Verurteilung anderer tröstlich ist. Und weil die meisten Frauen die Versuchung zum Regelbruch, zur Grenzüberschreitung kennen – sie sich aber selten zugestehen. Deshalb befriedigt sie der Gedanke, dass andere dafür büßen müssen. Sie nehmen teil an der stilisierten Empörung, um sich von etwas zu distanzieren, von dem sie genau wissen, dass es auch in ihnen stecken könnte. Viele Frauen haben Erfahrung mit psychischen Problemen, Alkohol und Drogen und den unerfreulichen Folgen, die das haben kann. Und es beruhigt sie, dass es auch anderen so geht.

Frei nach Nietzsche könnte man sagen: Schaut man sich eine Schlampe nur lange genug an, erkennt man auch die

Schlampe in sich – und bannt sie vielleicht auch. »Wer mit Ungeheuern kämpft, muss zusehen, dass er nicht selbst zum Ungeheuer wird. Und wenn du lange genug in einen Abgrund blickst, blickt der Abgrund auch in dich hinein.« Kein Wunder gestehen sich Frauen ihre sexuellen Bedürfnisse fast nie ein. Nicht einmal sich selbst. Dabei gibt es keinen Grund, sich zu schämen. Frauen werten sich gegenseitig als Schlampen ab, weil sie sich dadurch eine bestimmte soziale Stellung erhoffen, weil andere abzuwerten einen selbst ein bisschen besser macht. Es ist eines der wenigen effizienten Mittel der Machtausübung, und Frauen lernen von klein auf, wie es funktioniert. Jedoch andere Frauen wegen ihrer sexuellen Verhaltensweisen schlechtzumachen oder gar zu hassen ist ein Ausdruck von Sklavenmoral. Gemeint ist damit, wenn Unterdrückte sich so sehr mit den Machtverhältnissen identifizieren, dass sie alles tun, um sie aufrechtzuerhalten, selbst wenn sie dabei das schlechtere Ende erwischt haben. Deshalb können sie auch anderen die Befreiung aus der Gefangenschaft nicht gönnen und tun alles dafür, sie zurückzuhalten. Es ist eine schlechte Strategie, sich bei einer Haltung anzubiedern, die einen letztlich selbst abwertet, indem die weibliche Sexualität als etwas Schlechtes und Schmutziges dargestellt wird, als etwas, für das man sich schämen sollte und über das man gemaßregelt werden kann. Das schadet nicht nur den Frauen, es schadet allen. Wenn Frauen sich befreien wollen von den Zwängen und Zudringlichkeiten in Bezug auf ihren Körper und ihre Sexualität, dann brauchen sie eine andere Strategie. Sie müssen sich willkommen heißen. Und es ist eine Schwesternschaft. Schwestern sind keine Freundinnen; sie zicken sich an und sind nicht immer nett zueinander. Aber trotzdem bleiben sie Schwestern – man schließt einander nicht aus.

Wer mit sich und seiner Sexualität im Reinen ist, hat

keinen Grund für Doppelmoral und Stutenbissigkeit, mit der Frauen so gern gegeneinander agitieren. Ältere gegen jüngere Frauen, Freundinnen gegen Freundinnen, Normalos gegen Stars, alle Frauen wahllos gegen irgendwelche Frauen. Weil ihnen ihre Stimme, ihre Frisur, ihr Aussehen nicht passt, ihre Art, wie sie sich in Gegenwart von Männern verhält. Und deshalb ist es an der Zeit, ein paar Geschichten zu erzählen. Geschichten, die von diesem Trieb und der Liebe handeln – davon, wie und wo uns beides trifft. Geschichten über Fremdgeherinnen, ihre Gedanken, Wünsche, Hoffnungen und mehr noch: ihre Strategien, Taktiken und Tricks. Geschichten über Frauen, die sich den Titel »Schlampe« wirklich verdient haben, aber in einem guten Sinn. Weil sie ihr Leben in die Hand genommen und Erfahrungen außerhalb der Konventionen gemacht haben. Weil sie uns inspirieren können. Weil sie zeigen, dass es viele verschiedene Arten der Liebe gibt, und dass es auch in der Liebe darum geht, zu scheitern, um lernen zu können. Oder zu scheitern, um danach besser zu scheitern. Und natürlich geht es um die Liebe. Immer und immer wieder um die Liebe.

Liebe war immer schon ein leicht zugängliches, dafür umso größeres Abenteuer, für Frauen mehr noch als für Männer. Sie werden bis heute dazu angehalten, ihren Gefühlen zu folgen, und das tun sie bis heute gern und ausgiebig. Romantische Liebe ist heute das Maß aller Dinge in Beziehungen – was nicht unbedingt eine gute Nachricht ist. Als die Ehe noch eine wirtschaftliche und soziale Notwendigkeit war, wurden Frauen einfach verheiratet. Man arrangierte sich damit, so wie man sich mit seinen Gefühlen arrangierte. Heute stehen diese im Vordergrund, sie sollen uns als Kompass dienen. Und nicht nur das: Frauen haben dank der sozialen Medien die Möglichkeit, sie exzessiv auszuleben. Was für junge Männer Pornographie bedeutet, sind für junge Frauen die sozialen Medien, was begreiflicherweise in großer Verwirrung und Liebeszerwürfnissen enden muss.

Liebe hält sich nicht an Regeln, deshalb wird sie auch immer wieder enttäuscht. Das ist schmerzhaft, aber ein geringer Preis im Vergleich dazu, dass sie dem Leben einen Sinn und eine Richtung gibt. Liebe ist Bindung, ist Kreativität, Kommunikation. Sie ist das Neue, das Unerwartete, das Revolutionäre. Sie ist das Leben selbst.

Nymphomanie –
Die Erfindung einer Krankheiten

Es ist das Fehlen von Tatsachen, das die Leute ängstigt:
In jede Lücke, die du öffnest, schütten sie ihre Ängste,
Fantasien und Begierden.
Hilary Mantel

Mariella ist eine neununddreißigjährige Unternehmerin, Mutter einer zweijährigen Tochter und – war keinem Mann in ihrem Leben treu. Sie hat es bisher keinem versprochen und hat auch nicht vor, es je zu werden. »Der Mensch ist frei«, sagt sie. »Fremdgehen steht mir zu.« Sie will vom Leben Liebe, Begegnungen, Sex – und das mit vielen verschiedenen Menschen. Weil sie neugierig ist, weil Sex Spaß macht, das Leben erhellt und sie sich die Freiheit nimmt, ihrer Neugier nachzugehen. Sie glaubt, dass Liebe kein begrenztes Gut ist, dass jede einvernehmliche sexuelle Beziehung positive, kreative, ja spirituelle Kräfte freisetzt, von denen nicht nur sie profitiert, sondern auch alle Beteiligten. Sie glaubt, dass man mehrere sexuelle Beziehungen gleichzeitig führen kann, ohne dass die jeweilige Intimität mit verschiedenen Partnern darunter leidet. Sie ist das, was man als ethische Schlampe bezeichnen könnte. Ethisch deshalb, weil sie niemandem etwas vormacht. Wenn Mariella sich auf eine Beziehung einlässt, bietet sie dem Partner folgenden Deal an: Wir sind ein Paar, Treue ist erwünscht, aber nicht garantiert. Weder muss sie noch er treu sein. Und er darf vorab entscheiden, ob er damit leben kann. Wichtig ist ihr, dass jeder weiß, worauf er sich bei ihr einlässt. Dann kann niemand behaupten, er sei hintergangen worden: »Ich lege meine Grenzen sehr klar und für jeden verständlich fest, würde auch nie von jemand anders etwas fordern, das für mich selbst nicht gilt.« Diese Offenheit ist ihr deshalb so wichtig, weil Ehrlichkeit die Grundlage offener Beziehungen ist; nicht nur gegenüber allen Beteiligten, sondern auch gegenüber der eigenen Wahrheiten und Bedürfnisse.

Mariellas Lebensstil würde man wohl als *polyamor* bezeichnen, auch wenn sie selbst dieses Wort nicht benutzt. Deshalb, weil sie sich nicht in einem engeren Netzwerk von selbsternannten Polyamoristen bewegt, sondern immer schon so gelebt und gedacht und sich mit dem Beginn ihres Beziehungslebens in einem bewussten Akt dafür entschieden hat. »Ich habe viel Liebe und Zuneigung zu geben und genieße es, sie zu bekommen. Warum sollte ich mir das aus moralischen Gründen oder sozialem Druck versagen?« Sie sagt, sie war schon immer so. Als Mariella ein Teenager war, träumten ihre Freundinnen von dem *einen* Mann, der ihnen den Verstand rauben, sie an der Hand nehmen und in die gemeinsame Zukunft führen würde. Die Phantasien glichen eher der Drehbuchvorlage für einen romantischen Liebesfilm: Ihr Ziel war nie der Geschlechtsakt an sich. Vielmehr beschworen sie gerne die Geschichten einer großen Liebe mit einer Heldin im Zentrum. Mariella hatte nie so empfunden. Sie fühlte sich sexuell immer zu verschiedenen Menschen hingezogen, selbst wenn sie sich gerade neu verliebt und mit dem neuen Freund sehr viel Sex hatte, gab es daneben immer noch den einen oder anderen Mann. Warum? Weil sie es wollte. Weil sie es konnte. Und warum nicht?

Bis 14 hatte sie sich mehr für Puppen als für Jungs interessiert. Doch dann fand sie eines Nachmittags im Elternschlafzimmer ihrer Freundin ein Pornomagazin. Die Bilder nackter Frauen faszinierten sie, auch wenn sie sofort verstand, dass sie das nicht hätte sehen dürfen. Es ließ sie nicht mehr los. Als die Pubertät begann, fand sie beim Lesen eines sexuell expliziten Romans heraus, wie sich ein Orgasmus anfühlt. Sie stellte auch fest, dass gewisse Zeitungsberichte, die von sexuellen Übergriffen handelten, sich zum Masturbieren eigneten. Sie schämte sich dafür, denn das konnte auf keinen Fall richtig sein. Aber sie tat es trotzdem. Natürlich verliebte sich auch Mariella genauso wie ihre Freundinnen; sie ging Beziehungen ein, machte Schluss und verliebte sich erneut. Nur hatte sie stets ihre Zweifel, ob es so etwas wie *den Einen* wirklich geben könnte. In sexueller Hinsicht könnte das sogar öde werden, fürchtete sie. Mit den Jahren schwand ihr Selbstzweifel. Wie jede Jugendliche war sie davon überzeugt, mit ihr könne etwas nicht stimmen. Sie gewann mit zunehmender Erfahrung aber die beruhigende Zuversicht, dass sie sich vielleicht getäuscht hatte. Oder dass zumindest die anderen auch keine Ahnung hatten. Mariella kam zu dem Schluss, dass sie gar keine so große Ausnahme war. Dass ihre Neigung und Haltung nicht so einzigartig sein konnten. Irgendwann begriff sie, dass auch andere junge Mädchen ähnlich empfinden mussten, selbst wenn sie nie mit einer ihrer Freundinnen darüber gesprochen hatte. Nur ein Unterschied blieb zu den anderen Mädchen: Mariella hatte nicht von einem Prinzen geträumt, einem Mann, in dessen Arme sie sinken und ihm die Führung überlassen könnte. Dafür schien ihr die Liebe nicht gemacht, sondern vielmehr, um viele verschiedene Menschen intim kennenzulernen. Als Möglichkeit für unschuldige, glückliche und tiefe Begegnungen. Allerdings musste sie feststellen, dass diese Haltung schwer zu vermitteln ist, sowohl Männern wie Frauen.

Im 19. Jahrhundert wäre bei Mariella wohl Nymphomanie diagnostiziert worden – obschon es dazu viel weniger brauchte als tatsächlich gelebte Promiskuität. Die bürgerlichen Damen des vorletzten Jahrhunderts wähnten sich schon gefährlich nahe an der sexuellen Raserei, wenn das Höschen bereits beim Lesen eines Romans feucht wurde.

Benannt und beschrieben wurde Nymphomanie erstmals 1769 vom schottischen Arzt William Cullen, der sie als »Manie des Uterus« bezeichnete, dies jedoch nicht weiter erklärte. Das tat zwei Jahre später der französische Arzt J. D. T. de Bienville. Sein Buch *La Nymphomanie, ou Traité de la fureur utérine* erschien ursprünglich in einem mutigen, kleinen holländischen Verlag. Bereits ein Jahr später wurde eine französische Edition gedruckt; in der Folge wurde das Werk in mehrere europäische Sprachen übersetzt. Und mit der neuen Diagnose begannen sich auch das Krankheitsbild dieser vermeintlichen Störung und natürlich die entsprechenden Therapien zu verbreiten. Laut Bienville beginnt Nymphomanie mit einem melancholischen Zustand des Geistes, verursacht durch eine Störung des Uterus, wobei die Phantasie der Betroffenen im ganzen Prozess eine zentrale Rolle spielt. Und diese Phantasie wurde ganz besonders durch Bücher entzündet. Für Adlige und Reiche gab es 1730 bereits einen Markt für Erotika, der sich ab den 1770er Jahren vermehrt auch an die Mittelklasse richtete.

Erzählungen von wild gewordenen und sich nach einem Phallus verzehrenden Frauen gab es schon bei den Griechen. Auch im Mittelalter fanden sich immer wieder junge Frauen, denen scheinbar »böse Dämonen einen unzähmbaren Hunger auf Männer einflüsterten«, und man scheute keine Mühen, sie mittels Exorzismus auf den Boden der gesunden Realität zurückzubringen. Religiöse Austreibungsrituale lehnte Bienville ab, ebenso die von den Griechen übernommene Vorstellung über Hysterie, nach der die durch den Körper wandernde Gebärmutter die Ursache einer bestimmten psychischen Störung ist. Seine Pionierleistung besteht darin, dass er als Erster die Bedeutung der Phantasie, also eines psychischen Vorgangs, als Ursache eines körperlichen Leidens erkannte. Das ist deshalb bemerkenswert, weil es noch ein halbes Jahrhundert dauern sollte, bis Freud mit einer Theorie zur Psyche antanzte und damit den Grundstein für den Siegeszug der Psychologie und der Psychosomatik in der Medizin legte.

Gemäß Bienvilles Hypothese über Nymphomanie, verursachten äußere Reize eine Art Entzündung des Uterus. Das wiederum entflammte die weiblichen Geschlechtsorgane, die dann, als hätten sie ein eigenes Bewusstsein entwickelt, die Phantasien ausleben wollten, welche die Damen im stillen Kämmerlein ersonnen hatten. Nach seiner Auffassung konnten eine zu reichhaltige Diät, zu viel Schokolade, unreine Gedanken, »heimliche Verschmutzung«, also Selbstbefriedigung, die zarten Nerven der Damenwelt so belasten, dass nymphomanisches Verhalten die unweigerliche Folge war. Auch Romane erwähnte er als besondere Gefahr, die Phantasien der Damen unzüchtig zu entflammen. Und wer sie von dieser Krankheit befreien wollte, musste einen Weg finden, ihre krankhafte Störung zu adressieren. Ab Ende des 18. Jahrhunderts begann sich diese Vorstellung in der medizinischen Fachwelt zu verbreiten.

Es war eine Zeit, da Frauen als besonders anfällig für Krankheiten der weiblichen Sexualorgane galten. Ihre ganze Andersartigkeit im Vergleich zum Mann, ihre monatlichen Zyklen mit den bekannten psychischen Begleiterscheinungen mussten schließlich irgendwo ihren Grund haben. Und Nymphomanie bildete dabei keine Ausnahme, mitsamt den negativen Auswirkungen auf die weibliche Phantasie und das entsprechende Verhalten. Als besonders anfällig für solche

Störungen galten Frauen während der Übergangsphasen von Pubertät zum Erwachsenenalter, von der Menstruation bis zur Menopause sowie nach der Geburt. Also eigentlich immer.

Wenn eine Frau einen starken Trieb oder ein von der Norm abweichendes Sexualverhalten zeigte, war die Diagnose Nymphomanie schnell zur Hand, wobei das Ideal für die bürgerliche Frau des 19. Jahrhunderts darin bestand, sich stets gemäßigt und vor allem zu Reproduktionszwecken zur Verfügung zu halten.

Auch von den Männern wurde erwartet, dass sie ihre Triebe im Zaum hielten. Aber ein gelegentliches Versagen ließ nicht auf eine Krankheit schließen, sondern galt – im Gegenteil – als normal und männlich. Anders bei den Frauen. Die glaubten selbst, dass ihrem Begehren ein medizinisches Problem zugrunde liegen könnte, und da sie fürchteten, dadurch vom rechten Pfad der Tugend abgebracht zu werden, wandten sie sich damit oft an die Ärzteschaft.

Ein breites Spektrum von Verhaltensweisen diente den damaligen Diagnostikern als Anzeichen für eine drohende sexuelle Raserei: Wenn eine Frau zu viel las, zu lüstern blickte oder zu lasziv auftrat, fand sich die Betreffende schnell in einer Arztpraxis wieder, wo die Ärzte kühlende Bäder, spezielle Diäten und Beruhigungstinkturen verschrieben, um die »übermäßig stimulierten« Nerven zu beruhigen. Manchmal landeten die Frauen auch direkt im Irrenhaus, in einer Zeit, in der Mediziner des 19. Jahrhunderts meinten, Beispiele extremer Formen der Nymphomanie dort zu beobachten und zu behandeln: Dazu gehörten Widerstand gegen das Klinikpersonal, obszöne Sprache, Exhibitionismus und offen gelebte Selbstbefriedigung. Über die Ursachen der Störung waren sich die Ärzte im Nachgang zu Bienville aber nicht ganz im Klaren. In Frage kamen entzündliche Veränderungen des Gehirns oder der Wirbelsäule, die Nerven. Genaueres wusste man nicht. Deshalb begrüßten die Ärzte des 19. Jahrhunderts auch, als das Spekulum erfunden wurde. Mit diesem neuen medizinischen Untersuchungsinstrument glaubten sie, dem Rätsel nun endlich auf den Grund gehen zu können. Wenn also eine Frau plötzlich Anzeichen von »sexueller Raserei« zeigte, wurde sie erst einmal körperlich untersucht. So wie im Fall der neunundzwanzigjährigen Miss T., Tochter eines Farmers aus Massachusetts, der 1841 im Bostoner *Medical and Surgical Journal* beschrieben wurde. Die junge Frau schockierte ihr Umfeld, indem sie die »widerlichsten Obszönitäten« aussprach und ihren Körper in einer Art bewegte, die nur mit einer außer Kontrolle geratenen Libido erklärt werden konnte. Sofort wurden Ärzte herbeigerufen, sie diagnostizierten Unruhe bis zum Grad eines hysterischen Krampfs. Eine nähere Untersuchung ergab eine durchfeuchtete Vulva und geschwollene Klitoris, »irritierte Genitalien«, so der medizinische Ausdruck für den Befund. Die strengeren Vertreter bürgerlicher Moral lehnten solche vaginalen Untersuchungen übrigens ab: Sie fürchteten, dass das Eindringen in den weiblichen Körper – wenn auch zu medizinischen Zwecken – die gefürchtete Störung erst auslösen könnte. Doch im Falle der Miss T. zeigten die verschriebenen Therapien wie Aderlass und kalte Duschen Wirkung. Die vaginale Kontrolluntersuchung ein paar Wochen später ergab die beruhigende Diagnose einer auf normale Größe geschrumpften Klitoris. Auch der Uterus war wieder normal, derweil die Patientin wieder alle Anzeichen von Sittsamkeit zeigte.

Im frühen 20. Jahrhundert widmete sich Sigmund Freud dem Phänomen Nymphomanie. Er assoziierte das entsprechende Verhalten mit Penisneid, Homosexualität und Prostitution, verursacht durch Frigidität. Diese war für Freud abhängig vom sexuellen Reifegrad der Frau. Freud unterschied zwischen dem klitoralen und dem vaginalen Orgasmus, wobei Letzterer als Kennzeichen der sexuell reifen Frau galt. Sexuell unreife Frauen waren dazu verdammt, latent unbefriedigt und damit frigide zu sein. Die wiederholten, verzweifelten und vergeblichen Befriedigungsversuche frigider Frauen führten auf direktem Weg in die Nymphomanie. Wie so oft hatte Freud die richtigen Intuitionen und traf trotzdem daneben. Auch für ihn war übertriebene weibliche Lust Zeichen einer Störung, aber zumindest richtete er den Fokus korrekterweise von den Organen auf die Psyche.

Erst der Sexforscher Alfred Charles Kinsey nahm in den vierziger Jahren des 20. Jahrhunderts die Mühe auf sich, die Angelegenheit zu objektivieren. In seinen berühmten, bahnbrechenden Studien untersuchte er das sexuelle Verhalten von Männern und Frauen auf der Basis von Daten, die er mit umfassenden Mitteln erstellte. Die Resultate publizierte er 1948 und 1953. Er kam zu dem Schluss, dass das Phänomen Nymphomanie jeglicher wissenschaftlichen Grundlage entbehrt. Seine breit angelegten Untersuchungen ergaben, dass das Spektrum sexueller Aktivität bei Menschen beträchtlich variiert und die Unterschiede zwischen den Individuen größer sind als zwischen den Geschlechtern. Und dass es keinen Anhaltspunkt gibt, ab welchem Grad von Häufigkeit eine Störung vorliegen könnte. Manche Frauen haben gern oft und mit verschiedenen Partnern Sex und sind deswegen genauso wenig krank wie Männer mit einem schwächeren Sexualtrieb.

Dennoch wurde Nymphomanie 1952 ins »Statistical Manual of Mental Disorders« der amerikanischen Psychiatric Association aufgenommen, als eine Störung, die sich in einer gesteigerten Libido und einer Obsession mit Sex manifestiert. In der dritten Ausgabe des Manuals von 1981 wurde Nymphomanie zur psychosexuellen Störung umdefiniert. In der 1987 folgenden Ausgabe ließ man den Terminus dann endgültig fallen; ersetzt wurde er durch die Bezeichnung *Sexsucht* oder *Hypersexualität*. 200 Jahre nachdem Nymphomanie erfunden worden war, wurde sie medizinisch wieder verabschiedet. Heute gilt Bienvilles Diagnose als populärer Irrtum über die Sexualität der Frau, weil sie im Wesentlichen beinhaltet, dass Frauen, die ihr sexuelles Begehren nicht ihren Gefühlen unterordnen, krank sind. Ironischerweise schrieb Bienville vier Jahre nach seinem Werk über die Nymphomanie ein weiteres Buch mit dem Titel *Abhandlung zu populären Irrtümern über die Gesundheit*. Nicht wenige davon betreffen die Sexualität der Frau. Nymphomanie kommt dabei aber nicht vor.

Die nymphomanische Herzogin

Die wohl berühmteste »Nymphomanin« des vergangenen Jahrhunderts war Margaret Campbell, geborene Whigham, die schönste Frau ihrer Zeit, eine Partyqueen und spätere Herzogin von Argyll. Ihre Promiskuität war legendär und wurde in den sechziger Jahren en détail bekannt, weil sie 1963 zur längsten, teuersten und skandalösesten Scheidung der englischen Geschichte führte. 88 Liebhaber soll sie gehabt haben, darunter Hollywoodschauspieler, Parlamentsmitglieder und Angehörige der königlichen Familie. Der Prozess ergötzte die englische Gesellschaft in den sechziger Jahren mit Einzelheiten aus dem zügellosen Sexualleben der Herzogin. Im Mittelpunkt der Aufmerksamkeit standen 13 kunstvoll inszenierte, pornographische Polaroidfotos, von Hand beschriftet. Eines zeigte die Herzogin nackt in ihrem Badezimmer, wie sie nur mit einer dreireihigen Perlenkette bekleidet Fellatio an einem Unbekannten praktizierte. Vier Bilder zeigten einen auf dem Bett liegenden, masturbierenden Mann in verschiedenen Stadien der Vollendung. Beschriftet waren sie mit den Zeilen: »Vorher«, »In Gedanken an Dich«, »während – oh!« und »Fertig«. Zu sehen war nur sein Geschlechtsteil, nicht aber der Kopf, was der Richter in dieser Causa als besonders verabscheuungswürdig brandmarkte. Die Presse war vom Fall begeistert, berichtete detailliert und spekulierte ausgiebig, wer der »Headless Man«, der Kopflose sein könnte …

In den Kreis der Verdächtigen rückten fünf Männer aus der mondänen englischen Oberschicht. Unter ihnen Duncan Sandys, Außenminister und Schwiegersohn Churchills, der Schauspieler Douglas Fairbanks Junior, und der deutsche Diplomat Sigismund von Braun. Ein Sonderermittler wurde damit beauftragt, den Kopflosen zu identifizieren, graphologische Gutachten wurden erstellt und Penisbilder analysiert. Die Frage, zu wem das beste Stück gehörte, sollte die englische Gesellschaft noch Jahrzehnte beschäftigen. Sicher war nur, dass es nicht das Geschlechtsteil des Herzogs war. Um die Untreue seiner Frau zu beweisen, ließ dieser nämlich einen Urologen in den Zeugenstand treten. Dieser gab zu Protokoll: Nach Untersuchung des herzoglichen Geschlechtsteils stehe fest, dass der Mann auf den Bildern nicht der Herzog sein könne, denn dessen Männlichkeit sei signifikant kleiner als die abgebildete. Der Herzog ging wirklich bis zum Letzten, um seine Frau der Untreue zu überführen.

Der Prozess endete am 8. Mai 1963 mit einem 160 Seiten starken Schlusswort des Richters, eines konservativen Moralisten. Vier Stunden dauerte die Verlesung, in der Seiner Ehren deutlich seine moralische Abscheu für die offen gelebte Promiskuität der Herzogin zum Ausdruck brachte. Insbesondere die Polaroidfotos nahm er als Beweis dafür, dass es sich bei der Herzogin um eine Person mit einem unkontrollierten, sexuellen Appetit handle, den zu stillen eine große Anzahl Liebhaber nötig gewesen sei. Der gute Richter verdammte den Blowjob, der auf dem Polaroidfoto zu sehen war, als besonders »widerliche sexuelle Praktik« und versäumte auch nicht zu bemerken, dass die neue Technologie der Sofortbildkamera solch pornographische Bilder geradezu herausfordere, von denen sein Gericht heimgesucht worden war. Er tadelte ihre lockere Einstellung zum Ehebruch und auch die Einstellung jener, die das für raffiniert hielten. Damit meinte er auch den Herzog, der sich in Gesellschaften jeweils den Spaß erlaubt hatte, solche pornographischen Bilder herumzuzeigen. Wer solches tue, schloss der Richter, habe die Untreue wohl zur Kenntnis und in Kauf genommen und sich damit arrangiert. Vor allem aber mangele es einer solchen Person an Stil und moralischen Werten.

Was die konkreten Bilder anging, schloss der Richter, scheine ihr Inhalt eher auf eine Besitzerin mit sexuellen Perversionen hinzudeuten als auf einen Besitzer. Er fuhr weiter fort mit einer Stelle aus ihrem Tagebuch vom 13. Januar 1956. »Jack 9–10«, stand dort geschrieben und bezog sich auf einen Morgen, als J. Cohane sie zum Flughafen gebracht hatte. Cohane hatte ausgesagt, er habe die Herzogin nur ausgeführt, aber zu mehr als ein paar gemeinsamen Cocktails in ihrer Suite ihres New Yorker Hotels sei es mit ihr nicht gekommen. Doch das fand der Richter unglaubwürdig. Cohane sei ein Wolf, ohne einen Funken Anstand, der es auf die Keuschheit der Herzogin abgesehen habe, und es müsse an diesem Morgen zwischen neun und zehn zum Geschlechtsverkehr gekommen sein. Einen sinistren Beweis für diese Vermutung fand er in einem Brief Cohanes an die Herzogin, in dem dieser schrieb: »Ich habe an eine ganze Reihe faszinierender Dinge gedacht, die wir zusammen machen könnten. Oder die ich mit Dir machen könnte.« Der Mann, so der Richter, habe sich betören lassen von ihren unzüchtigen, natürlichen Gaben. In einem schwachen Versuch der Verteidigung gab Margarets Anwalt zu bedenken, es sei doch eher unwahrscheinlich, dass seine Mandantin so früh am Morgen schon Verkehr gehabt habe. Der Richter erwiderte kühl: Er sei in seiner langen und extensiven Erfahrung als Richter über Fälle ehelicher Untreue zum Schluss gekommen, dass es für Seitensprünge weder empfohlene noch vorgeschriebene Zeiten gebe. Doch der Richter stellte auch klar, wer in diesem Drama die Schuld trage, nämlich genau eine Person, und das war die nymphomanische Herzogin mit ihrem ungezügelten, sexuellen Appetit und liederlichen Lebenswandel. Dass sie mit dem Herzog bereits ein Verhältnis angefangen habe, als dieser noch ein verheirateter Mann gewesen sei, sei ein Zeichen für mangelndes Sittlichkeitsgefühl. Überhaupt scheine sie der Ansicht zu sein, sexueller Verkehr mit einem verheirateten Mann sei verzeihlich, wenn dieser in seiner Ehe unglücklich sei. Ihm sei wohl bewusst, sagte der Richter, dass viele Zeitgenossen das liederliche Verhalten der Herzogin und auch des Herzogs vielleicht sogar für raffiniert hielten. Er aber werde die Dinge nun beim Namen nennen und es gebe dafür nur eine Bezeichnung: »Unmoralisch bis zum morschen Fundament«.

Margaret Whigham war die einzige Tochter eines schottischen Multimillionärs, der sie in jeder Hinsicht vergötterte und verwöhnte. Die ersten 14 Jahre ihres Lebens verbrachte sie in New York, wo sie an Privatschulen eine exzellente Ausbildung genoss, mit 15 verlor sie ihre Jungfräulichkeit an den Schauspieler David Niven. Später übersiedelte sie nach London und gab 1930 beim Debütantinnenball ihren Eintritt in die englische Gesellschaft, die sie mit ihrem eleganten Auftritt, dem haselnussbraunen Haar, ihrer Alabasterhaut und den durchdringenden grünen Augen im Sturm eroberte. Sie wurde als Schönste ihres Jahrgangs gekürt. In den sorgenfreien Zwischenkriegsjahren figurierte sie regelmäßig auf den Listen der modischsten Frauen der Welt. Drei Partys jede Nacht und keine Sorgen auf der Welt – so verbrachte sie ihre Jugend. Sie war für die damalige Zeit der Inbegriff von Stil, Eleganz und High Society. Ihre ständig neuen Outfits sorgten ebenso für Aufsehen wie ihre wechselnden Liebhaber. Nach mehreren Verlobungen gab sie in einer von der Presse in allen Nuancen gecoverten Hochzeit schließlich dem amerikanischen Geschäftsmann und Hobbygolfer Charles Sweeny ihr Jawort. Mit ihm bekam sie zwei Kinder. Die Jahre zwischen 1943 und 1951 seien ein einziger Tanz gewesen, hielt Margaret später in ihrer Autobiographie fest, den auch die Scheidung von Sweeny 1947 nicht stören konnte. Vermutlich trug die Scheidung sogar zu ihrem Hochgefühl bei, denn so musste sie keine Rücksicht auf einen Gatten nehmen, wenn sie sich ins gesellschaftliche Leben New Yorks stürzte.

Die beiden blieben auch danach freundschaftlich verbunden. Als er von ihrer bevorstehenden Hochzeit mit dem Herzog erfuhr, schrieb er ihr: »Ich werde Dich nie vergessen, oder sonst jemanden lieben. Ich weiß das inzwischen und ich weiß auch, daß nichts, was ich sagen oder tun könnte, Dich von Deinem Entschluss abbringen wird. Ich wünsche Dir alles Gute, und daß Du glücklich wirst. Ich hoffe nur, daß Du Dir nicht einbildest, Campbell werde von einer großartigen Liebe angetrieben, denn das ist nicht der Fall. Das kann er gar nicht, und es wäre ein Kardinalfehler, etwas anderes zu denken. Er hat seine ersten beiden Frauen wegen des Geldes geheiratet, und Du bist keine Ausnahme.« Er sollte in allem recht behalten.

Ian Campbell war der elfte Herzog von Argyll, einem schottischen Adelsgeschlecht, bekannt für seine Trinksucht, Habgier und Grausamkeit in der Schlacht. Und für den Brauch, reiche Erbinnen um ihrer Mitgift willen zu ehelichen. Ian Campbell war 23, als sein Vater starb und ihm sein

Herzogtum samt einem Schloss in schlechtem baulichen Zustand vererbte, aber ohne Mittel, es zu erhalten. Der gutaussehende Herzog war in der Gesellschaft ganz der weltgewandte und charmante Gentleman, der im Zweiten Weltkrieg als Offizier gedient und ein paar Wochen in Kriegsgefangenschaft verbracht hatte. Während die Damen fasziniert seinen Abenteuern lauschten, rechnete er sich aus, aus welcher Verbindung er am meisten Profit würde schlagen können.

In erster Ehe heiratete er Jane Aitken, die Tochter des Pressemagnaten Lord Beaverbrook. Sie lernten sich im französischen Kurort Le Touquet kennen und durchtanzten eine ganze Nacht, während er ihr Blumen ins Haar steckte und süße Worte ins Ohr flüsterte. Sie verlobten sich im November 1927 und heirateten kurz darauf. Während der Flitterwochen führte der Herzog die Siebzehnjährige in ein Bordell, um sie in der Liebe »anzulernen«. Später stahl er auf einer Kreuzfahrt in Jamaica ihren Familienschmuck, um damit seine Spielschulden zu bezahlen. Nach sieben Jahren floh Jane zu ihrem Vater nach London, wo sie der Herzog aufspürte. Er bat sie, ihn im Park Lane Hotel zu einer letzten Aussprache zu treffen. Sie endete für Jane mit einer Fraktur der Wangenknochen und einer gequetschten Rippe. Im Scheidungsverfahren setzte der Herzog alles daran, seine Frau für das Scheitern der Ehe verantwortlich zu machen. Ein Muster, das sich wiederholen sollte. Als Nächstes ehelichte der Herzog eine Bankierstochter und behandelte sie ähnlich schlecht. Mit ihr war er noch verheiratet, als er eines Tages eine der schönsten und stilvollsten Frauen ihrer Zeit traf: Margaret Sweeny.

Die beiden lernten sich im Jahr 1950 auf der Luxusfähre *Golden Arrow* kennen, mit der die Aristokratie auf dem Weg zwischen London und Paris den Kanal zu überqueren pflegte. Sie war 38, er 47 Jahre alt. Beide waren sich schon zuvor begegnet, in der Sommerfrische an der Côte d'Azur, an Wohltätigkeitsveranstaltungen im Dorchester Hotel oder bei Lunchs im Ritz in Paris – jedoch ohne weiter Notiz voneinander zu nehmen. Es ist anzunehmen, dass sie sich auf der Fahrt nach London in ihrem Abteil bestens unterhalten hatten. Kurz nach dieser Begegnung lud die schöne Erbin den verheirateten Herzog am Freitag, dem 13. Januar 1950, in ihre Londoner Wohnung an der Upper Grosvenor Street ein. Sie waren wohl zu verliebt, um dem Datum Beachtung zu schenken und wären wohl auch nicht abergläubisch genug gewesen, hätten sie es bemerkt. Aber ihre Liebe stand unter keinem besonders gnadenvollen Stern. Drei Monate später, im März 1950, hielt Ian Campbell in einem Londoner Theater um die Hand Margaret Sweenys an und versprach, sie zu ehelichen, sobald er von seiner zweiten Ehefrau geschieden wäre. Danach tanzte das angehende Ehepaar in einem Club bis in die frühen Morgenstunden. Ein Jahr später gaben sie sich das Jawort. Damit war Margaret nun stolze Herzogin von Schloss Inveraray und der Herzog in der Lage, auf ihr Vermögen zuzugreifen. Was er auch unverzüglich tat.

Als Erstes musste Margaret ein paar seiner Rechnungen begleichen, darunter das Schulgeld für seine zwei Kinder aus zweiter Ehe. Und die Rechnung eines Pariser Modehauses, das den Herzog vor Gericht zu ziehen drohte, sollte er die 4000 Pfund für einen Pelzmantel nicht endlich begleichen, den er damals bereits seiner zweiten Frau Louise geschenkt hatte. Ansonsten machte der Duke of Campbell dem Ruf seiner Vorfahren alle Ehre: Es stellte sich heraus, dass er ein unzuverlässiger Alkoholiker und Choleriker mit Hang zum Glücksspiel war. Der erste offizielle Auftritt der beiden als Ehepaar 1953 zur Öffnung des Schlosses Inveraray für die Öffentlichkeit war ein Desaster. Man feierte den Geburtstag von Jeanne Campbell, des Herzogs Tochter aus erster Ehe.

Und Ian Campbell demütigte seine Frau, indem er den ganzen Abend nur mit seiner ersten Frau Janet tanzte. Diese gab später zu Protokoll, wie strahlend schön die frischgebackene Herzogin zu Beginn des Abends ausgesehen habe, und wie ihre Erscheinung mit jeder Stunde, da der Herzog sie so schmählich ignorierte, weiter in sich zusammenfiel, bis sie die Gesellschaft schließlich wutentbrannt verließ – allein. Spätestens dann muss Margaret aufgegangen sein, was für ein grausamer Charakter sich unter Ian Campbells gefälliger Erscheinung versteckte. Die Ehe hielt nicht lange. Bereits nach drei Jahren hatten sie sich auseinandergelebt und verbrachten mehr und mehr Zeit getrennt: er in seinem Schloss Inveraray in Schottland, sie in ihrer Londoner Wohnung, die aufzugeben sie sich von Anfang an geweigert hatte. Und die dann auch im Zentrum des Skandalprozesses stehen sollte.

Es waren die fünfziger Jahre, Margaret war gerade 40 geworden und hatte nichts anderes zu tun, als endlos Partys und Bälle zu besuchen. Das tat sie in ständig wechselnder Männerbegleitung, mit der sie dann in ihrer Londoner Wohnung weiterfeierte. Margaret war nicht nur in der Position, ihrem Begehren nach Lust und Laune zu folgen, sie schien auch unempfänglich für den damals noch viel stärkeren sozialen Druck gegen promiskuitives Verhalten. Sie hatte zeit ihres Lebens eine soziale und ökonomische Sonderstellung genossen und bestätigte mit ihrem Verhalten die Schlampen-Theorie: Je ökonomisch unabhängiger Frauen sind, desto eher nehmen sie sich die Freiheit zu promiskuitivem Verhalten. Und desto weniger werden sie dafür moralisch verurteilt. Nur lebte Margaret in einem gesellschaftlichen Klima, in dem sie in Bezug auf ihre ökonomische und psychische Unabhängigkeit von Mann und Gesellschaft die große Ausnahme bildete.

Manche Biographen attestieren der Herzogin eine unsichere und bedürftige Persönlichkeit, mit der ihr lebenslanges Stottern und ihre zahlreichen Liebhaber begründet wurden. Demnach wäre ihr Motiv nicht sexuelle Lust gewesen, sondern eine Sucht nach permanenter Bestätigung dafür, wie attraktiv und begehrenswert sie sei. Eine andere Erklärung für ihr außergewöhnliches Sexualverhalten sehen andere in einem Unfall. 1945 stürzte sie nach dem Besuch ihres Chiropraktikers in einen Liftschacht und erlitt eine schwere Gehirnerschütterung sowie Rückenverletzungen. Nach ihrer Genesung soll die Herzogin ihre legendäre Promiskuität offener als je zuvor ausgelebt haben. Solche Erklärungen wirken wie ein Nachhall auf die Krankengeschichten zur Nymphomanie. Vielleicht kaschierten diese Erklärungsversuche aber auch nur die Verlegenheit angesichts der Vorstellung, was passieren könnte, wenn Frauen tatsächlich dieselbe Macht sexueller Impulse empfinden würden wie Männer.

Margaret Campbell hatte schon immer ein Leben jenseits gewöhnlicher Maßstäbe geführt. Unermesslich reich, blendend schön, das einzige Kind eines sie vergötternden Vaters. Konventionen, Regeln und Gesetze waren gut genug fürs Fußvolk. Sie lebte ganz gemäß des traditionellen Selbstverständnisses der Oberschicht, nämlich das Befriedigen persönlicher Begierden als Geburtsrecht anzusehen, während Ehen geschlossen wurden, um die Nachfolge zu regeln. Ihr einziges Pech war, dass dieses Geburtsrecht traditionell nur den Männern zugestanden wurde. Doch sie befand sich, was ihre Möglichkeiten betraf, in analoger Position und verhielt sich entsprechend.

Sie schlief mit Geschäftsleuten, Politikern, Schauspielern; ihr Leben war eine einzige Abfolge von Klatschgesprächen, Besäufnissen und Sexeskapaden. Die Jagd nach Sex, die Faszination, die von diesem oder jenem Körper ausging, der kurze Rausch des Orgasmus, all das nahm sie nun für sich in Anspruch, trotz der sozialen Komplikationen: der Gefahr einer Infektion, einer Schwangerschaft, oder dass ihr Treiben entdeckt würde. Damit verband sie aber auch Nervenkitzel, Spannung. Wenn die Strahlen ihrer »neurotischen Energie« wie die rastlosen Lichtkegel eines Suchscheinwerfers auf einen schönen Jüngling fielen, nahm sie ihn einfach mit nach Hause. Das war bei dem damals erst siebzehnjährigen Michael Thornton der Fall, der an einem heißen Sommertag 1958 unverhofft seine Jungfräulichkeit an die Herzogin verlor. Eine Zufallsbegegnung sei es gewesen, er auf der Durchreise zu einer Kleinstadt nahe ihres herzoglichen Schlosses Inveraray. Die Herzogin sprach den jungen Mann auf der Straße an: »Sie sehen aus, als ob Ihnen heiß ist«, sagte sie und lud ihn zu einem kühlen Drink auf Schloss Inveraray ein. Zusammen bestieg man ein Auto, und angekommen beim Schloss, perlte dem jungen Mann der Schweiß von der Stirne. Die Herzogin bot dem jungen Mann an, sich in ihrem Badezimmer frisch zu machen. Er nahm es gerne an.

Inmitten des Badezimmers stand eine pinkfarbene Badewanne in Muschelform. Er zog sich aus und wollte soeben hineinsteigen, als die Herzogin eintrat – ebenfalls nackt. »Ich dachte, ich leiste dir Gesellschaft«, sagte sie, als ob sie ihr Badezimmer jeden Tag mit nackten Fremden teilen würde. Derselbe Thornton wusste davon zu berichten, dass die Herzogin drei Monate später einen jungen Mann in ähnlicher Weise auf einem Luxusdampfer, unterwegs nach Kanada, verführte, wohin sie mit dem Herzog für einen verwandtschaftlichen Besuch unterwegs war. Später soll sie ihrem Mann gegenüber gestanden haben, es bereite ihr besonderes Vergnügen, junge Männer ihrer Jungfräulichkeit zu berauben.

Natürlich war auch der Herzog anderen Damen nicht abgeneigt. Margaret behauptete vor Gericht sogar, er habe eine Affäre mit ihrer Stiefmutter Jane Brooke angefangen, der Frau, die ihr Vater nach dem Tod ihrer Mutter geehelicht hatte und die nur ein Jahr jünger als Margaret war. Brooke stritt alles ab und reagierte mit einer Verleumdungsklage, nur um später zuzugeben, dass sie tatsächlich ein Verhältnis mit ihrem Stief-Schwiegersohn gehabt hatte.

Ian Campbell hatte bereits zwei Scheidungen hinter sich und war nun fest entschlossen, sich an seiner dritten finanziell gesundzustoßen. Und so war auch ein letzter Vermittlungsversuch eines gemeinsamen Freundes, eine öffentliche Schlammschlacht abzuwenden, zum Scheitern verurteilt. Zwar trafen sich die beiden Ende 1959 noch einmal in ihrer Londoner Wohnung zu einer letzten Aussprache. Der Herzog bot an, ihr eine stille Scheidung zu ermöglichen, wenn sie sich zu ihrer Untreue bekennen und die Gerichtskosten plus seine Anwaltsrechnungen übernehmen würde. Sie lehnte ab. Erstens, weil sie kaum etwas hätte zugeben können, was sie nicht getan hatte. Und zweitens, hier auf festerem Grund, würde ein Gentleman seiner Frau keine Steine in den Weg legen, wenn die sich von ihm scheiden lassen wolle. Worauf er antwortete: »Da du mein Angebot ablehnst, werde ich dich zerstören und es dir unmöglich machen, weiterhin in diesem Land zu leben.« Er wusste genau, wie er dabei vorgehen musste und fädelte alles von langer Hand ein. In den Jahren vor dem Prozess beklagt er sich in Briefen über die Nymphomanie seiner Frau und ihre Angewohnheit, junge Männer im Alter ihrer Söhne zu verführen. Vielleicht waren diese Briefe aber bereits in der Absicht geschrieben, um als Beweismittel im späteren Prozess zu dienen. Während dieser Zeit brach er zweimal in Margarets Wohnung in London ein, um dort stapelweise Liebesbriefe, Tagebücher und Adresslisten zu stehlen. Und die berühmt-berüchtigten Polaroidfotos, die er schließlich dem Edinburgher Gericht aushändigte.

Für ihr ausschweifendes Sexleben bezahlte die Herzogin mit der maximalen, öffentlichen Bloßstellung, die selbst für heutige Verhältnisse beispiellos ist. Der Prozess begann am 26. Februar 1963, das Urteil folgte im Mai. Der Herzog legte dem Gericht Indizien vor, dass seine Frau ihn in drei Fällen betrogen habe: einmal mit Sigismund Freiherr von Braun, einem fünffachen Vater und zu jener Zeit der Botschafter von Westdeutschland. Einmal mit Peter Comb, dem Pressechef des Londoner Savoy Hotels, und einmal mit dem amerikanischen Geschäftsmann J. Cohane. Über drei Wochen hinweg wurden 20 Zeugen der Campbells angehört und Beweisstücke wie besagte Polaroidfotos gesichtet.

Der Herzog kam als Erster in den Zeugenstand und packte alles aus, was er wusste. Seine Frau habe ihm anvertraut, dass sie sich ein Kind von Sigismund von Braun wünsche, weil dessen Kinder so ausnehmend schön seien. Außerdem habe sie ihn immer wieder dazu aufgefordert, ihr das Aphrodisiakum *Spanische Fliege* zu besorgen, um ihr Liebesleben aufzupeppen – er habe selbstverständlich abgelehnt, auch noch Beihilfe zu ihrem Fehlverhalten zu leisten. Angesprochen auf die Gelegenheiten, bei denen er pornographische Bilder in gemischter Gesellschaft herumgezeigt habe, schob der Herzog alles auf seine Frau. Ihre Idee sei das gewesen, nur ihretwegen habe er sie an jenem Abend eingepackt. Die Gäste hätten das Material übrigens wahnsinnig amüsant gefunden; in seinen Kreisen sei ein solches Verhalten auch nicht unüblich. Was die Tagebücher der Herzogin anging, die er ihr gestohlen und dann in einem Banksafe versteckt hatte, wollte er dem Gericht weismachen, die Herzogin habe ihre zahlreichen Seitensprünge mit einem verschlüsselten System darin notiert.

Wie alle in die Öffentlichkeit gezerrten Fremdgeher stritt die Herzogin vehement ab, was ihr vorgeworfen wurde. Sie erschien jeden Tag des Prozesses in einem anderen Kleid und erläuterte dem Gericht geduldig ihre Version der Ereignisse. Ja, die Ehe sei nicht mehr glücklich gewesen die letzten Jahre, wofür sie seine Trinkerei und seinen Müßiggang verantwortlich machte. Sie stritt jeglichen außerehelichen Verkehr ab und erfand die abenteuerlichsten Erklärungen für erdrückende Indizien. Nur die Sache mit den Polaroids musste sie zugeben, auch wenn sie behauptete, diese hätten ursprünglich zur Privatsammlung des Herzogs gehört. Wie in ihrer späteren Autobiographie nahegelegt wird, war sie sich keinerlei Unrechts bewusst.

Den Richter ließ das unbeeindruckt. Er hielt in seiner Urteilsverkündung fest, dass zwar wenig konkrete Beweise für den Ehebruch der Herzogin vorlägen, aber starke Indizien. Er kritisierte ihren Lebenswandel, denn wenn eine Frau regelmäßig mit demselben Gentleman ausgehe – der wohlgemerkt nicht der ihr Angetraute sei –, dann öffne das die Tür zu einem Umgang, der mehr sei als bloße Freundschaft. Sei diese Frau darüber hinaus sexuell höchst erregbar und einer Vielzahl von Partnern und ausgefallenen sexuellen Praktiken zugetan wie die Herzogin, sei das Risiko besonders groß. Denn um ihre Bedürfnisse zu befriedigen, sei eine solche Frau bereit, Risiken einzugehen, die eine »normalere Frau« nicht einmal im Traum einzugehen bereit wäre.

Als das Urteil verkündet wurde, hielt die Herzogin sich mit ihrem damaligen Liebhaber, einem verheirateten Mann, gerade im Pariser Ritz auf. Von ihrem Hotelzimmer rief sie ihren Anwalt in Edinburgh an, der ihr mitteilte, er habe in seiner an Erfahrung reichen Berufspraxis noch nie ein harscheres Urteil gehört. Später hielt Margaret Campbell in ihrer Autobiographie fest: »Während er sprach, brach meine Welt zusammen. Unfassbar, dass irgendein Mann, geschweige denn ein Richter, so erbarmungslos und fähig ist, einem anderen menschlichen Wesen solchen Schmerz zu verursachen.« Letztlich konnte man der Herzogin nur zwei Seitensprünge nachweisen, doch der Richter nahm als gegeben an, dass es auch mit dem Baron und den anonymen Männern auf den Polaroids zu sexuellen Handlungen gekommen sei. Hingegen folgte er der Version des Herzogs in Bezug auf ein letztes Zusammentreffen der Eheleute im Juni 1959. Die Herzogin hatte behauptet, es sei dabei noch einmal zum Verkehr gekommen, was sie als Beweis hatte anführen wollen, dass der Herzog im Bewusstsein ihrer Seitensprünge ihr diese verziehen habe. Der Herzog behauptete hingegen, sie hätten in dieser Nacht nichts getan, außer sich zu unterhalten. Der Richter glaubte ihm – obschon das dem Charakter der Herzogin widersprach, wie er ihn in seinem Urteil gezeichnet hatte. Nämlich, dass sie verdorben war und ihr sexueller Appetit unersättlich.

Margaret verlor an diesem Abend nicht nur den Fall, sondern dadurch auch einen Großteil ihres Geldes und den Kontakt zu ihren Kindern. Sie wurde von der besagten High Society, für die sie so lange eine so wichtige Protagonistin gewesen war und die sich an ihren lockeren moralischen Ansichten nie gestört hatte, künftig gemieden.

Die historische Bedeutung des Falles liegt in der dreistündigen Verlesung des richterlichen Urteils und der darin zum Ausdruck gebrachten moralischen Abscheu, die in auffälligem Gegensatz zum Lebenswandel der damaligen High Society stand. Der konservative Katholik stemmte sich mit dem ganzen Gewicht seiner Autorität gegen die sich in den sechziger Jahren lockernden Sitten und wollte ein Zeichen gegen die nach seiner Ansicht grassierende Laisser-faire-Moral seiner Zeit setzen. Die Öffentlichkeit hegte zwar keine großen Sympathien für die eitle Herzogin und ihre elitären Ansichten, doch liberalere Zeitgenossen wie der Journalist Bernard Levin kritisierten auch den Richter: Dessen moralische Vorlesung werfe eher ein Licht auf dessen eigene Psychologie. Er hätte besser daran getan, nur den vorliegenden Fall zu beurteilen und die Fragen zu sexueller Psychologie und Moral außen vor zu lassen.

Bewusste Promiskuität

Es ist wohl besser, dass der Richter nicht mehr erfahren hat, wie durchschlagend sich diese modernen Ansichten noch durchsetzen würden. Unsere ethische Schlampe Mariella hat ein breites Spektrum an Phantasien vorzuweisen, das sie noch zweihundert Jahre zuvor als Nymphomanin klassifiziert hätte. Sie interessierte sich schon als junges Mädchen für Pornographie, fand aber nicht den Mut, sich das entsprechende Material zu besorgen. In ihrer Jugend, in den achtziger Jahren, musste man dazu noch an einen Kiosk gehen und dem dortigen Verkaufspersonal in die Augen sehen, wofür sie keine Nerven hatte. Mit fünfzehn verlor sie ihre Unschuld an einen vier Jahre älteren Freund des Bruders: Es war ein aufregendes Erlebnis, auch wenn sie dabei keinen Orgasmus hatte. Ein Jahr später verliebte sie sich zum ersten Mal und verbrachte mit ihrem Freund ganze Wochenenden im Bett, bis ihre Scheide wund war und sein Penis eher einem Stück rohen Fleisches glich. Das hielt sie aber nicht davon ab, gelegentlich auch mit anderen Männern zu schlafen. Eine ihrer Lieblingsphantasien war Sex mit einem Fremden. Zum Beispiel im Zug, wie etwa den »zipless fuck«, also Sex mit einem gänzlich Unbekannten. Sie stellte sich vor, wie sie jemanden, den sie noch nie gesehen hatte, ins Visier nahm. Sich nur mit Blicken mit ihm verständigte, vielleicht lasziv die Beine übereinander kreuzte, so dass er einen Blick unter ihren Rock erhaschen konnte. Wie sie aufstehen und zur Toilette gehen würde, während er ihr folgte, wie sie sich küssten und er ihr den Rock hochschieben und in sie eindringen würde. Danach würden sie sich lösen und jeder seiner Wege gehen, ohne dass man sich je wiedersehen würde. Mariella stellte sich also eine Art sexuellen Verhaltens vor, wie man es in der Schwulenszene in den sogenannten Kontaktbars praktiziert. Oder wie er im Internet millionenfach durchexerziert wird: als reine Triebbefriedigung, losgelöst vom Werben um den Partner, frei von Verpflichtungen und längerfristigen Bindungen und unabhängig vom Bemühen um Fortpflanzung. Dieses Ideal erreichte Mariella nie. Aber die Phantasie weckte in ihr auch die Sorge, dass mit ihr etwas nicht stimmen könnte. Sie fürchtete um ihre geistige Gesundheit, denn mit niemandem konnte sie sich so über Sex austauschen. Doch Mariella ist nicht krank. Sie erfreut sich perfekter Gesundheit, leidet an keinerlei psychischen Störungen, im Gegenteil: Sie führt ihr Geschäft sehr erfolgreich. Niemand würde Mariella heute als Nymphomanin bezeichnen, aber sie hat gelernt, dass weibliche Promiskuität nach wie vor nicht besonders positiv bewertet wird.

Man könnte davon ausgehen, dass es nur Mariella und ihre jeweiligen Partner etwas angeht, ob sie ein monogames Leben führt oder nicht. Aber so individualistisch unsere Gesellschaft auch ist, so hartnäckig kollektiv sind unsere Moralvorstellungen, was das Thema Sexualität anbelangt. Insbesondere andere Frauen reagieren oft abweisend auf Promiskuität, weiß Mariella, vor allem diejenigen, die in monogamen Beziehungen leben, denn eine Frau wie Mariella bedeutet für andere eine Bedrohung. Deshalb verzichtet sie mittlerweile darauf, andere Frauen ins Vertrauen zu ziehen. »Ich habe Frauen oft als unglaublich moralisierend erlebt. Alle behaupten, sie würden niemals fremdgehen und sie verurteilen es auch entsprechend. Es ist unmöglich mit ihnen darüber zu sprechen.« Für viele Frauen kommt fremdzugehen tatsächlich nicht in Frage. Zunächst aus purem Eigeninteresse: Weil zunehmende Vertrautheit ganz wichtig ist für ihr sexuelles Verlangen und ihre Fähigkeit, sich fallen zu lassen. Wer Sex und Liebe ausschließlich als Einheit sieht, der kann auch die Idee von unverbindlichen, sexuellen Kontakten nicht ertragen. Aber für Menschen wie Mariella hat das nicht wahnsinnig viel miteinander zu tun.

Sex tut zwar gute Dienste, wenn es um Liebe, lebenslange Paarbindung und Verpflichtung geht, und er kann zu solch wertvollen Erfahrungen führen wie Intimität, Bindung, Kameradschaft oder Liebe. Aber es gibt noch ganz andere Gründe, Sex zu haben. »Partnerschaft und Beziehung sind schön, aber mit wem ich sexuelle Beziehungen pflege, ist meine Sache. Das geht niemanden etwas an«, sagt sie. Jede Begegnung ist auf ihre eigene Art und Weise intim und Liebe ist als Gefühl großzügig und freigebig genug, dass es für mehr als einen Partner reicht.

Die Männer zeigen bei Mariella zwar jeweils »hohe verbale Aufgeschlossenheit« gegenüber dem Thema. Doch leider erfordert das entsprechende Beziehungsleben mehr als ein flüchtiges Lippenbekenntnis. Heute weiß Mariella, wie viel Arbeit und Selbsterkenntnis nötig ist, um mehrere intime Beziehungen zu leben, eine Erfahrung, die Schritt für Schritt entfaltet und stetig neu evaluiert werden muss. Sie machte die Erfahrung, dass ihre Partner ihre Ansage entweder schnell vergaßen oder davon auszugehen schienen, sie habe das wohl nicht ernst gemeint. Meistens währte die Aufgeschlossenheit nur so lange, bis jemand bei Mariella konkret nachfragte. Die Wahrheit ist selten leicht zu ertragen, und im Kopf frei zu sein ist einfach. Aber das Herz verfolgt oft einen eigenen Plan. Es dauert bei Männern manchmal lange, bis sie tatsächlich nachfragen. Während Frauen in Beziehungen sich für emotionale

Dinge sehr interessieren und deshalb auch entsprechend empfindlich reagieren, wenn sich Veränderungen abzeichnen, ziehen sich Männer eher zurück und sind ihren Frauen gegenüber oft emotional blind und bemerken nicht, wenn diese sich zu entfremden beginnen. Sogar wenn die Männer selbst fremdgehen, wollen sie glauben, dass ihre Frauen ihnen treu sind – auch wenn diese ihnen signalisieren, dass sie nicht treu sein wollen. So ist zumindest Mariellas Erfahrung. Männer wollen glauben, dass Frauen nicht betrügen. Und Frauen lassen ihre Männer gern in dem Glauben. Das heißt natürlich nicht, dass Männer grundsätzlich nie merken würden, wenn ihre Frau sich nach anderen Männern umsieht – manche interessieren sich sogar ein bisschen zu sehr dafür, findet Mariella. »Immer wieder wurde mir gesagt: ›Aber von mir bekommst du doch alles!‹ Nur ist das nicht der Grund, ich gehe nicht fremd, weil er mir zu wenig bietet. Das war nie mein Motiv.« Affären müssen nicht notwendigerweise dazu dienen, der Intimität einer Primärbeziehung auszuweichen – auch wenn das natürlich vorkommt. Eine Affäre kann aber auch den Effekt haben, dass in der Primärbeziehung größere Intimität entsteht, weil sie vom Druck entlastet wird, alles bieten zu müssen. Die Vorstellung einer promiskuitiven Frau, die ihre Sexualität freigiebig und ohne moralische Skrupel auslebt, scheint unsere Gesellschaft nach wie vor schwer zu ertragen. Sex ist für Mariella und für viele andere Frauen, die in diesem Buch zu Wort kommen, gleichermaßen ein physisches wie emotionales Bedürfnis. Sex ist nicht nur da, um Kinder zu zeugen, Beziehungen aufrechtzuerhalten, um zu entspannen, ist gut gegen Langeweile oder Schmerzen. Sex macht Spaß, er fühlt sich gut an und ist es wert, um seiner selbst willen praktiziert zu werden. Und er gehört zu uns – sonst hätte die Evolution nicht das aus uns gemacht, was wir sind.

Mariella unterscheidet sich insofern von der Mehrheit,

weil sie schon als ganz junge Frau so empfunden hat. »Erotische Energie ist überall, in jedem Blick, der dich trifft, von Männern und von Frauen. Sie ist immer da in unseren Gedanken und kann überall entzündet werden, es braucht nicht einmal Körperkontakt. Manche Gespräche sind sexueller als manch ein lustloser Fick.«

Andere Frauen bekommen erst ab Mitte 30 eine Ahnung davon, dass es beim Sex um mehr gehen könnte als darum, den sie zwanghaft bespringenden Mann ruhigzustellen. Zum Beispiel um die eigene Befriedigung, um Spiel, Intimität, Nähe. Man kann daran ablesen, dass sich die Motive für Sex im Laufe des Frauenlebens ändern. Oder man kann daran ablesen, dass Frauen mit den Jahren genug Selbstsicherheit entwickeln, ihre Sexualität ungehemmter auszuleben. Dass sie also von Anfang an dazu bereit wären, wenn sie nur ein bisschen besser wüssten, wie sie sexuell funktionieren.

Der geplante Seitensprung

Bei einer Affäre handelt es sich um Abenteuerlust.
Siegfried Walche

Wollte man das Spektrum der Motive zum Ehebruch auf-
zeichnen, dann steht am einen Ende der Skala der ungeplan-
te und nicht vorherzusehende »Unfall«. Die unerwartete
Begegnung, vielleicht auf einer Geschäftsreise, ein Fremder
in einer Bar, die vom Alkohol zum erfolgreichen Geschäfts-
abschluss bereits gelockerte Stimmung, der ungebetene und
verräterische Kalkulator im Hinterkopf, der die Ehejahre vor-
rechnet, die Jahre, seit man zum letzten Mal ekstatischen Sex
hatte, Sex, bei dem das Neue die Sensation ist, jeder Blick,
jede Berührung von ungeahnter Intensität, dann die Jahre,
die noch bleiben dürften, die Gelegenheiten, die man hinter
dem Schutzschild der eigenen moralischen Ansprüche un-
genutzt vorüberziehen ließ – was zwar in der privaten Bilanz
Auszeichnungen für gutes Betragen zur Folge hatte, und auch
leichtes Bedauern. Und lange, nächtliche Stunden voller Erinnerungen an Sex, der hätte stattfinden können, aber nicht
stattgefunden hat.

Man denkt an das Hotelzimmer mit dem synthetischen
Teppich und dem trostlosen Ausblick auf den Hinterhof. Und
an das pastellfarbene, graphische Muster, das Papierkorb,
Vorhänge, Bettzeug ziert. Auf einer Karte unter der Glasplat-

te des Nachttisches steht: »Um Enttäuschungen zu vermeiden, werden unsere Gäste gebeten, rechtzeitig einen Tisch im Restaurant zu reservieren.« Und hat man nicht sein ganzes Leben zu vermeiden versucht, andere zu enttäuschen? Und wäre es vielleicht nicht einmal an der Zeit, sich den eigenen Enttäuschungen zu widmen?

Und dann sitzt da dieser Fremde und sein Blick zündet eine Hitzewelle zwischen den Beinen, mit der Kettenreaktion bis hinauf ins Hirn und von dort zur Hand, die die Hand des Fremden packt. Und nach fünf oder zehn oder zwanzig Ehejahren bricht man das Eheversprechen und die eigenen moralischen Ansprüche, auf die man sich zeitlebens so viel eingebildet hat. Und es ist das Beste, was man in diesen fünf oder zehn Jahren erlebt hat – abgesehen vielleicht von der Geburt der Kinder. So denkt man zumindest, bis die Geschäftsreise vorbei ist und man sich wieder in dieses Eheleben und diese Beziehung und das Wertesystem der eigenen moralischen Ansprüche eingliedert und sich fragen muss, wie man sich zu einem solch unverzeihlichen Fehltritt hinreißen lassen konnte.

Am anderen Ende der Skala steht der stolze Anspruch jener Frauen, die sich bewusst dafür entscheiden, ihre Sexualität ungehindert von den Einschränkungen der Monogamie zu leben. Sie wollen sich von niemandem sagen lassen, wann sie mit wem Sex haben können und dürfen und mit wem nicht. Sie sind willige Sklavinnen ihres Triebs und es ist ihnen egal, wen sie dabei verletzen. Ihnen bringt die Gesellschaft nicht besonders viel Wohlwollen entgegen, deshalb hängen sie das ungern an die große Glocke.

Die Moral und jeder Therapeut sagen, dass Seitensprünge nicht einfach so passieren. Dass es keine »Unfälle« gibt, dass Seitensprünge sich nie einfach aus heiterem Himmel ergeben, sondern dass eine ganze Kette von Entscheidungen und bewussten Akten dazu führt, dass man schließlich in den Armen eines anderen liegt. Wer seinem Partner treu bleiben will, der sagt am besten schon ganz am Anfang nein und nicht erst dann, wenn man schon alleine mit dem zukünftigen Lover Seite an Seite in einer Hotelbar sitzt und Gin Tonic nippt. Die Moral und der Therapeut sagen auch, dass es nichts Beschisseneres gibt, als jene zu verletzen, die man liebt, nur weil man sich gut fühlen will. Sie machen sich munter was vor, wie viele bewusste Akte es braucht, bis man im Bett eines anderen landet.

Die Moral hat natürlich recht, aber die Moral versteht nichts von der Magie einer Begegnung. Und sie reagiert auch sehr schlecht auf Alkohol. Und deshalb kümmern sich aufgegeilte Frauen genauso wenig um Moral wie Männer, wenn sich eine perfekte Gelegenheit bietet. Und wenn sie sich nicht von selbst bietet, kann man sie auch suchen gehen.

Wer andere nicht verletzen will, muss ehrlich zu sich sein und immer nach der wahren Motivation des eigenen Handelns fragen. Gerade Frauen scheinen damit die größten Probleme zu haben. Oft tendieren sie dazu, sich selbst zu belügen und damit in Situationen hineinzumanövrieren, von denen sie später behaupten, sie hätten es nicht kommen sehen. Aber das ist falsch. Wer fremdgehen will wie ein Profi, der darf sich nicht selbst belügen, sondern muss sich Klarheit verschaffen: über die eigenen Gefühle, über die möglichen Konsequenzen – und über die geschicktesten Strategien, wie die Affäre unbemerkt umzusetzen ist.

Für die meisten Frauen beginnt der Seitensprung weder an dem einen noch an dem anderen Ende der Skala, sondern irgendwo in der Mitte. Nach den Gründen gefragt, warum sie fremdgegangen sind, beginnen die meisten Frauen ihre Geschichte mit dem Satz: »Eigentlich war alles in Ordnung.«

Im Verlauf des Gesprächs stellt sich dann aber heraus, dass das eher eine Schutzbehauptung war, dass es nur die richtige Gelegenheit gebraucht hatte. Dass sie in ihrer Beziehung unzufrieden und unbefriedigt waren. Dass sie zu viel in die Beziehung investiert und zu wenig zurückbekommen hatten. Dass sie die unbefriedigende Beziehung lange erduldet hatten, um andere zu schützen. Die Kinder, die gesamte Familie, die Sicherheiten. Oder den Partner selbst. Aus Angst, am festen Gefüge zu rütteln. Weil alles so selbstverständlich zu sein schien und nie jemand danach gefragt hatte, wie es ihnen eigentlich ging. Weil sie sich ungesehen und ungeliebt und leer fühlten.

Aber das kann man sich nicht eingestehen, weil es kindisch zu sein scheint, sich nach dem Gefühlsrausch zu sehnen, wenn man Verantwortung trägt. Sie wollen etwas verändern, aber der andere will nichts verändern. Sie wollen reden, aber der andere will nicht reden. Nichts bewegt sich, die Probleme bleiben dieselben, die Aussichten auf Veränderung sind düster, und auf dem Boden der Zukunft sind die Geleise von Unzufriedenheit und Frustration bereits verlegt. Der von der Vergangenheit so vorbereitete Zug gleitet brav in die Zukunft, und alles, was bleibt, ist der bittere Gedanke an all die Wege, die man auch hätte einschlagen können.

Absolut ausbruchssichere Gefängnisse gelten als unmenschlich, sagte mal ein Gefängnispsychologe, weil Strafgefangene zumindest theoretisch die Hoffnung auf Ausbruch brauchen. Ähnlich ist es mit Beziehungen. Ein Seitensprung ist wie ein Ausbruch. Der Rausch eines neuen Körpers, der Rausch von verbotenem Sex, die Arbeit am Cover-up, das Doppelleben, die Aufregung, das Abenteuer, die Risiken, all das führt in viele, neue Abhängigkeiten, aber gewissermaßen auch in die Freiheit. Und selbst wenn Sie auffliegen oder freiwillig gestehen: Sie werden sicher nicht mehr in dasselbe Gefängnis zurückkehren.

Angelika ist eine sechsundvierzigjährige Marketing-Verantwortliche, verheiratet, kinderlos. In ihren Zwanzigern führte sie ein wildes Leben nach dem Motto »Work hard, play hard«, voller Partys und wechselnder Beziehungen. Mit Mitte 30 entwickelte sie das Bedürfnis, das Ganze etwas ruhiger anzugehen. Sie kam beruflich gut voran, stand auf eigenen Beinen, verdiente ihr eigenes Geld, hatte ihren Freundeskreis. Und nun wünschte sie sich eine feste Beziehung, ein Heim, einen Hafen, ein Zuhause.

Mit 36 verliebte sie sich in den Mann, der ihr Gefährte werden sollte, mit dem sie sich zur Ruhe setzen wollte. Es war die große Liebe, eine schöne Beziehung, ruhig, ohne Dramen, sie waren einander sehr zugetan und verstanden sich gut. Nach acht Jahren heirateten sie, um das unausgesprochene Bündnis zu besiegeln, das Band zwischen sich zu stärken, einen neuen Abschnitt zu markieren. Doch es kam nicht so, wie sie es sich ausgemalt hatten.

Ihr Ehemann verlor seinen Job und mit dem Job seine Motivation. Sie ging im Businesskostüm zur Arbeit, und er lag im Trainingsanzug zu Hause auf dem Sofa und gammelte herum. Wenn sie abends nach Hause kam, hatte er nichts erlebt und nichts zu erzählen, und von ihr wollte er höchstens wissen, was sie zum Abendessen eingekauft hatte. Ihre Dialoge reduzierten sich auf die Themengebiete Einkaufen, Waschen, Aufräumen, Putzen – und versanken schließlich wie Kieselsteine im Meer der Gleichgültigkeit. Es gab auch keinen Sex mehr. »Er fand immer neue Ausreden, warum er mich nicht mehr ficken wollte. Ich weiß bis heute nicht, wieso.«

Angelika ist eine rationale Person. Sie hat gelernt, ihre Gefühle zu beobachten und zu analysieren und Lehren daraus zu ziehen. Bis zu jenem Punkt wäre es für sie nie in Frage gekommen, ihren Partner zu betrügen. Sie hatte genügend Erfahrungen mit Seitensprüngen und Affären gemacht.

Mit Anfang 20 hatte sie ihre erste große Liebe getroffen, mit ihm hatte sie zum ersten Mal Sex. Marcel war einiges älter und hatte sehr konkrete Pläne für die gemeinsame Zukunft: heiraten, aufs Land ziehen, eine große Kinderschar in die Welt setzen und zusammen alt werden. Angelika wollte nichts von alledem – aber das wurde ihr erst später klar. Damals dachte sie, dass das eventuell auch ihr Plan hätte sein können. Mit Mitte 20 ist man zwar alt genug zu wissen, dass man eine Art Plan braucht, aber auch oft zu jung, um tatsächlich einen zu haben.

Sie war ein Landei und dachte, das sei schon richtig so. Dann zogen sie zusammen nach Zürich. Sie begann ihre zweite Ausbildung, fand neue Freunde, entdeckte Clubs und Bars und Partys. Er beklagte sich, drängte sie, häuslicher zu werden, aber sie dachte nicht daran. Ihre Devise war: »Jetzt erst mal leben!«

In einem Ausbildungskurs traf sie Stefan. Sie ging mit ihm essen, und nach dem Grappa zogen sie noch weiter und landeten bei ihm. Über einen gemeinsamen Freund lernte sie Tobias kennen, mit dem sie ebenfalls eine Affäre anfing. Ein ganzes Jahr lang führte sie drei Beziehungen gleichzeitig. »Es ging nicht in erster Linie um Sex, sondern um Möglichkeiten, um Spiel und Aufregung. Ein schlechtes Gewissen hatte ich nicht, dazu hatte ich gar keine Zeit.«

Sie wurde eine Meisterin der Organisation und Planung. Und der Lüge. Sie wohnte mit ihrem Freund zusammen, verbrachte die Tage mit Stefan, der wie sie noch studierte und den ganzen Tag Zeit hatte, abends ging sie wieder nach Hause und am Wochenende traf sie Tobias. Nur Stefan wusste von den anderen, denen sie etwas vorlog, und bald wusste sie selbst kaum mehr, wann sie die Wahrheit sagte und wann nicht. Ein Jahr lang ging das gut, dann wurde ihr alles zu kompliziert. »Die Situation ist entstanden, weil ich unfähig war, mich von meinem ersten Freund zu trennen. Aber keiner meiner drei Lover war richtig.« Sie begann, die Problematik sukzessive abzubauen.

Angelika zog ihre Schlüsse aus diesen Erfahrungen. »Wenn eine Beziehung funktioniert, gibt es keine Seitensprünge, keinen Sex-Chat, kein Fressen über den Zaun. Das Leben ist nie geradlinig, aber wenn etwas passiert, dann muss man es besprechen. Wenn man merkt, dass man so weit ist und eine Affäre leben will, sollte man damit nach Hause gehen und sich fragen, beziehungsweise mit dem Partner besprechen, warum man es macht.« Lust und Begehren sollten exklusiv sein. Theoretisch.

Mit dieser Überzeugung war sie die Beziehung zu ihrem neuen Partner und späteren Ehemann eingegangen. Sie war in einem Alter, in dem sie sich schon sehr gut kannte. Sie suchte über Sex keine Selbstbestätigung mehr. Und selbst wenn der eheliche Sex nicht mehr das war, was er mal gewesen war, ja eigentlich kaum noch stattfand, dann war das für sie nicht weiter schlimm, sondern normal. Dachte sie jedenfalls.

Die Frage nach der Treue stellt sich in jeder langjährigen Beziehung irgendwann. Besonders wenn Kinder im Spiel sind und es deshalb ein übergeordnetes Interesse daran gibt, dass die Partnerschaft irgendwie funktioniert. Wer Kinder hat, ist zu sehr damit beschäftigt, Windeln zu wechseln und Babybrei von den Wänden zu kratzen, um sich zu fragen, ob der Mann an seiner Seite wirklich der richtige ist. Wenn der Partner abends nach Hause kommt, dann ist man einfach nur froh um Ablösung. Kein normaler Mensch stellt in diesem Moment in Frage, ob er eine Ablösung überhaupt braucht.

Anders ist es ohne Kinder. Man kann sich in der Beziehung einrichten, in aller Ruhe Strukturen etablieren und sie auf ihre Haltbarkeit testen. Doch auch ohne Kinder schrumpft das Feuer gegenseitiger Anziehung irgendwann auf eine Glut zusammen und in den Ecken sammelt sich die Asche. Man spricht nicht mehr über die großen, die tiefen, die welterschütternden Gefühle, sondern tauscht sich über den Einkaufszettel und die anstehenden Hausarbeiten aus. Aber irgendwo bleibt die heimliche Sehnsucht nach etwas, das über die Ödnis des gemeinsamen Alltags hinaus weist: existentielle Wahrheit, emotionale Tiefe, bewusstseinserweiternder Sex. Eigentlich ist alles in Ordnung, wäre da nur nicht diese unbeantwortete Frage. Das kleine, selbstverliebte Teufelchen, das Frauen manchmal zuflüstert, was sie wirklich wollen. Sich im Glanz männlichen Begehrens sonnen, alle verrückt machen. Leben.

Angelika hatte ihre eigene Art, ihre Theorie der Treue einer praktischen Prüfung zu unterziehen. Um sich zu beweisen, dass mit ihrer Beziehung alles in Ordnung war, führte sie sich zuweilen absichtlich in Versuchung. Da war dieser alte Freund, der plötzlich wieder auftauchte und auf den sie schon früher gestanden war. Da waren diese Chats mit dem neckenden, flirtenden Unterton, da war der Drink, auf den man sich eines Nachmittags noch verabredete, das Abendessen, das darauf folgte. Nur dass sie sich am Ende der Nacht jeweils nach Hause verabschiedete. Sie wollte sich beweisen, dass es einfach war, treu zu bleiben.

Und das war es auch, wenn man von ihren sich automatisch im Hinterkopf abspulenden Abwägungen absieht: Wie würde sie vorgehen? Gäbe es eine Freundin, der sie sich anvertrauen oder deren Wohnung sie ab und zu haben könnte? Oder würden sie sich ein Hotelzimmer nehmen? Wie könnte man die nächsten Stunden noch miteinander verbringen, wohin gehen, was tun? Und wenn sie *es* doch tun würde, welche Ausreden würde sie erfinden? War ihr Mann überhaupt zu Hause, würde er etwas merken? Wenn sie jetzt mit dem anderen nach Hause gehen würde, könnte sie einfach später nach Hause kommen und ihrem Mann erzählen, dass sie mit einer Freundin noch im Kino gewesen war. Aber dann müsste sie lügen und bräuchte zudem das Alibi besagter Freundin. Also besser früher, über Mittag.

Aber selbst dann, wenn es eine todsichere Sache gewesen wäre, unternahm Angelika nichts weiter. Sie sagte irgendwann gute Nacht und ignorierte die Tatsache, dass sie und ihr Gegenüber den ganzen Abend damit verbracht hatten, das eine und einzige Motiv der unterschwelligen, sexuellen Anziehung zu variieren. Dass beide sich auch noch anderes zusammen vorstellen konnten, als zusammen in einer Bar zu sitzen und Drinks zu bestellen. Aber am Ende verabschiedete Angelika sich immer. Sie nahm lieber die Moral mit nach Hause als einen Lover.

Wenn sie dann spätabends nach Hause in die dunkle Wohnung tapste, in der sie irgendwo den tiefen Atem ihres schlafenden Mannes hörte, sie selbst angeheitert, aber darauf bedacht, ihn nicht zu wecken, wenn sie nach dem Lichtschalter tastete und ins Bad schlich, um sich abzuschminken, wenn sie in der Küche noch eine Zigarette anzündete und dabei durch die Fensterscheibe ins Dunkle schaute, in der sich ihre Erscheinung spiegelte, dann war sie erleichtert. Erleichtert, dass sie es nicht getan hatte, dass sie nach Hause gekommen war, die Möglichkeit hatte ziehen lassen. Und sich zu ihren Grundsätzen, ihrem Charakter, ihren Theorien gratulieren konnte. Denn ihr war klar: Selbst wenn ihr Mann an diesem Abend nichts merken würde, sie selbst würde es nicht so schnell loslassen. Und sie wollte kein schlechtes Gewissen haben.

Zwei-, drei-, viermal hatte sie sich in Versuchung geführt und ihr widerstanden. Damit war für Angelika der Beweis erbracht, dass ihre Beziehung in Ordnung und sie vor Seitensprüngen gefeit war. Dass sie sich jetzt entspannen, sich selbst vertrauen konnte.

Und dann klopfte die Realität an die Tür.

In Angelikas Fall war es die Türe eines Hotelzimmers. Es passierte während eines Geschäftsausflugs, ein Skiweekend mit den Bürokollegen. Das Wetter war prächtig, die verschneite Berglandschaft wirkte so frisch und unverbraucht, als hätte eine göttliche Hand eben die Klarsichtfolie davon abgezogen und in die gleißende Sonne gestellt. Von den Kanten ihrer Skier stob der Schnee auf und die sich in der Luft verteilenden Schneekristalle glitzerten in allen Farben. Sie fuhren den ganzen Tag Ski, abends gingen sie essen, später noch in die Hotelbar. Der Abend wurde später, die Gruppe immer kleiner. Dann schloss die Bar, aber der verbleibende Rest wollte immer noch nicht schlafen gehen, also zogen sie sich zu viert in ein Hotelzimmer zurück. Schließlich blieben nur noch Angelika und der Bürokollege übrig. Sie beendeten den Abend im Bett. Ein Klassiker.

Der nächste Morgen war genauso frisch wie der vorhergehende, nur war er an Angelika verschwendet, denn ihre Kopfschmerzen erlaubten ihr keine gebührende Würdigung der perfekten Wetterverhältnisse. Wer schon einmal ungeplant fremdgegangen ist, kennt den Morgen des bitteren Erwachens, die Klauen von Schuld und Scham und die Frage nach dem »Was nun?«. Was sie getan hatte, bestürzte Angelika. Sie war fremdgegangen. Das ganze Büro hatte es mitbekommen. Sie hatte sich auch selbst betrogen, denn wenn sie sich und ihre Theorien zur Monogamie ernst nahm, gab es nur einen Schluss: Sie musste sich eingestehen, dass ihre Ehe kaputt war.

Noch vom Hotel aus rief Angelika eine Freundin an. Ihre Bürokollegen waren ohne sie zurückgereist, sie hatte sich nur kurz in der Hotellobby von ihnen verabschiedet. Sie musste sich sammeln. Von ihrem Zimmer aus rief sie eine Freundin an und heulte ihr vor, was passiert war. Aber die Freundin meinte: »Ach was, Ehe kaputt! Das musst du ihm doch nicht sagen, das findet er nie heraus!« Das brachte Angelika erst recht durcheinander.

Wenn einem nach einem Seitensprung am anderen Morgen dämmert, was man getan hat, hat man zwei Möglichkeiten. Erstens: Man kann gestehen und die Konsequenzen in Kauf nehmen, die dann aus Drama, Wut, Verhör, schlaflosen Nächten, Angst, Eifersucht, Misstrauen, vielleicht Paartherapie und endlosem Erörtern von Grundsatzfragen bestehen: Warum ist es passiert und wie kann ich garantieren, dass es nicht wieder passiert? Und können wir jetzt überhaupt noch als Paar zusammenleben oder hat das alles vergiftet? Zweitens: Man kann die Klappe halten und mit der Lüge leben. Und dem Risiko, dass die Lüge einem irgendwann um die Ohren fliegt.

Angelika betrog ihren Gatten letztendlich zwei Jahre lang systematisch. Zunächst war sie sehr vorsichtig. Trotz ihrer Theorie, dass ihr Fremdgehen nur eine Manifestation ihrer Eheprobleme war, fürchtete sie nichts mehr, als ihn zu verlieren. Und sie wollte ihn nicht verlieren.

Sie sprach mit ihren Freundinnen darüber. Manche gestanden ihr, das ebenfalls schon gemacht zu haben. Andere redeten ihr ins Gewissen und drängten sie dazu, die Situation mit ihrem Gatten zu klären. Eine Freundin sagte: »Bei mir hat es die Ehe gerettet.« Angelika war skeptisch, aber in den folgenden Wochen begann sie zu begreifen, was die Freundin meinte. Ihre Liebhaber machten ihr Komplimente, nahmen sie ernst, interessierten sich für ihre Gedanken und Gefühle, lachten mit ihr. Sie tankte Energie, fühlte sich wieder schön, lebendig, glücklich. »Du siehst gut aus!«, sagten ihre Freunde, denn es ging ihr gut. »So etwas kann einem die Kraft geben, wieder in die Beziehung zurückzugehen und versuchen, sie zu flicken. Aber das geht nur, wenn man es nicht gesteht.«

Sie hielt sich an alle Regeln: keine Überschneidungen mit den Kreisen ihres Mannes, egal, ob geographisch oder freundschaftlich. Nur todsichere Arrangements, mit minimalem Risiko und zweifach abgesichert. Ihr Mann hätte keine Chance gehabt, ihre Seitensprünge herauszufinden, außer er hätte sie auf den Kopf zu gefragt, ob sie eine Affäre habe – und selbst dann hätte sie alles abstreiten können, weil er keine Beweise hatte. Angelika hatte aber ein anderes Problem: Ihren Ehemann interessierte das alles kein bisschen. Er fragte nie nach, wurde nie misstrauisch. Und so lebte sie, nachdem sie den Schock des ersten Seitensprungs überwunden hatte, ihre Affären offener aus. Was ihr die Beziehung nicht bieten konnte, holte sie sich einfach außerhalb.

Doch auch das war keine Lösung.

Kann man mit *einem* Mann alles haben? Hat man nur die Wahl, seine Bedürfnisse aufzuteilen und auf gewisse Dinge zu verzichten? Kann man ewig darauf verzichten? Und worauf kann man auf keinen Fall verzichten? Angela wusste keine Antworten. Also beschloss sie, alles einfach mal laufen zu lassen, die Situation anzunehmen und das Beste daraus zu machen.

Sie weihte ihre zweiundsiebzigjährige Mutter ein. Auch die eine oder andere Freundin. Die meisten kannten ihre

Situation, wussten um die Kämpfe, die sie kämpfte, und waren entsprechend verständnisvoll. Manche konnten dagegen gar nichts damit anfangen, eine Freundschaft ging dadurch sogar in die Brüche. Sie lernte, vorsichtig auszuloten, wen sie einweihen konnte und wen nicht.

Sie dachte über die Möglichkeit einer offenen Ehe und Polyamorie nach. Dass sie den Mann von der Pflicht entlasten könnte, ihr Aufmerksamkeit zu bieten für Dinge, die ihn nicht mehr interessierten. Sie an den Hintern zu fassen, sie zu lecken, sie besinnungslos zu ficken. Wenn sie das mit jemandem tat, der ohnehin nicht für eine Beziehung geeignet war, war dann nicht jedem geholfen? Ihr Mann hätte seine Ruhe und sie ihr Nest, ihre harmonische Beziehung und aufregenden Sex mit ihrer Affäre. Sie kannte Leute, die es probiert hatten, aber meistens waren solche Versuche schnell wieder vorbei. Also ließ sie es bleiben.

Aber dann begann es sie zunehmend zu nerven. Der ungelöste Zustand, die Lügen, die Geheimnistuerei, die Baustellen. »Wenn man nicht offen über seine Erfahrungen und Gefühle sprechen kann, findet es gewissermaßen gar nicht statt. Man kann es nicht leben, sich nicht darüber freuen, es ist sehr lästig. Man unterdrückt ständig etwas, zumal wenn man sich verliebt. Und man verliebt sich ja eigentlich immer.«

Irgendwann beschloss Angelika, die Baustellen abzubauen. Sie erzählte ihrem Mann alles und rechnete mit allem. Nur nicht mit dem, was tatsächlich passierte. Nämlich nichts.

Sie hatte sich eine Entscheidung herbeigesehnt, einen Wutausbruch, irgendetwas, das sie darin bestätigte, dass sie gemeinsam neu beginnen oder die Ehe beenden könnte. Aber es war ihm egal. Angelika mag sich unbewusst gewünscht haben, dass ihr Verhalten ihn dazu provoziert, die Situation zu klären. Stattdessen klärte sie sie am Ende selbst und reichte die Scheidung ein.

Von Wahrheit und Lüge

Alles, was du sagst, sollte wahr sein.
Aber nicht alles, was wahr ist, solltest du auch sagen.
Voltaire

Im Film *Titanic* gibt die gealterte Rose gleich zu Beginn eine Weisheit zum Besten. Sie hat den Untergang der *Titanic* überlebt und dabei Jack verloren, ihre große Liebe, mit der sie den ihr zugedachten, künftigen Ehemann betrogen hat: »Das Herz einer Frau ist ein tiefer Ozean voller Geheimnisse.« Wie wahr.

»Ehrlich währt am längsten« lautet ein altes Sprichwort und wie viele Sprichwörter enthält auch dieses einen Funken Wahrheit. Aber auch nicht mehr: ein kleines Fünkchen.

Im jüdisch-christlichen Kulturkreis ist die Lüge verpönt. Zahlreiche Bibelstellen warnen davor, und Generationen von Philosophen, Theologen und Juristen werden nicht müde, die Bereitschaft zur Wahrheit als Fundament der sozialen Ordnung zu betonen. Der ganze Kanon der Literatur beruht darauf, dass Menschen lügen, einander betrügen und verraten und sich selbst belügen und dafür bestraft werden. Ohne Lügen gäbe es keine Geschichten und kein Drama. Der Lügner hat weder im Jenseits etwas Gutes zu erwarten, noch im Diesseits, wenn er auffliegt. Der heilige Augustinus wusste es schon im 5. Jahrhundert: »Sieh, wie hilflos die Seele da-

liegt, die nicht wurzelt in dem Felsengrund der Wahrheit.«
Und: »Nur die Wahrheit trägt den Sieg davon; der Sieg der
Wahrheit ist die Liebe.« Letzteres Zitat ist für Fremdgeherinnen besonders interessant, denn sie alle fragen sich, welcher
Wahrheit sie die Ehre geben sollen: der ihrer Gefühle oder
jener, die die Gesellschaft von ihnen verlangt. Die Denker
haben sich deshalb so sehr mit der Lüge beschäftigt, weil sie
zu uns gehört wie der aufrechte Gang, und wie alles, was der
Homo sapiens tut, hängt sie mit dem Überlebenstrieb zusammen: Wir alle bemühen uns, bei den anderen gut anzukom-
men, recht zu haben und die Situation zu kontrollieren. Und
wir alle wissen, dass lügen zwar falsch ist, aber es in gewissen
Situationen für alle Beteiligten besser ist, nicht die Wahrheit
zu sagen. Meistens aber ist es vor allem der Lügner selbst,
der profitiert. Wenn wir uns Vorteile davon versprechen und
viel auf dem Spiel steht, dann betrügen, stehlen und lügen
wir Menschen ziemlich skrupellos – das war schon immer
so. Entsprechend kennen die Mythologie und die Literatur
die entsprechenden Figuren. Es sind Hochstapler, die mehr
sein wollen, als sie sind, sozial Benachteiligte, die sich durch
List und Tücke Vorteile verschaffen und durch Fallstricke
von Göttern und der menschlichen Gesellschaft zu Fall gebracht werden. Denn der Lügner ist meistens nur auf den
kurzfristigen sozialen Gewinn aus und missachtet den langfristigen sozialen Schaden. Das sollen uns diese Geschichten
lehren.

Wir belügen uns auch selbst, manchmal ist es ein psy-
chologischer Überlebensmechanismus, wenn etwa Opfer
ihre traumatischen Erlebnisse verdrängen, das Bewusstsein
also eine falsche Wirklichkeit vorgaukelt. Wir lügen, weil wir
gestresst sind, um weiteren Stress zu vermeiden, um uns
selbst oder andere zu schützen. Oft rechtfertigen wir unsere
Lügen vor uns selbst, weil wir glauben, uns stehe mehr zu,

als wir bekommen, oder man den Wert unserer Arbeit oder Stellung nicht anerkennt.

Auch rationale Menschen belügen sich oft in einer Form von magischem Denken, indem sie Offensichtliches verleugnen oder vor sich herschieben. Auch Selbstmotivation ist ein spezielles Wahrheitskonstrukt, das wir aber nicht als Lüge kategorisieren, sondern als etwas, das uns hilft, soziale Ziele effizient zu erreichen. Man stellt sich vor anderen besser dar, und wenn sie diese positive Selbstdarstellung glauben, glaubt man es selbst auch. Das ist eine eher männliche Form der Lüge. Bei Frauen verläuft es oft umgekehrt: Sie suchen Bestätigung von außen, gerade weil sie nicht gelernt haben, an sich zu glauben. Sie halten sich lieber an ihre eigene, gnadenlose Kritik. Moralisch gesprochen, sind manche Lügen also durchaus erlaubt, auch im Sinne der Manipulation. Man sagt nicht immer jedem, was man denkt. Das tut man sogar ziemlich selten, denn wer immer radikal ehrlich wäre zu seinen Freunden, hätte bald keine mehr. Meistens sind unsere Lügen sogar ehrbar, wir machen Komplimente, weil wir den anderen sich gut fühlen lassen wollen, oder wir lügen, wenn die Wahrheit alles nur verkomplizieren würde. Wir schwindeln und flunkern, simulieren, beschönigen, schmücken aus, verschweigen, wobei der Grundsatz immer derselbe ist: dem anderen etwas vorzuspielen, um ihm etwas zu geben oder von etwas anderem abzulenken. Dazu braucht es eine konstante und pragmatische Kosten-Nutzen-Analyse, in der die Risiken, beim Lügen erwischt zu werden, aufwiegen gegen den Nutzen, den sie uns bringen kann. Sicher ist, dass Lügen in unterschiedlicher Größe, Dichte und Form daherkommen und jede ihr eigenes Preisschild hat.

Wahrheit und Lüge bilden keine monolithische, von einer moralischen Linie streng getrennte Einheit. Die Lüge ist so eng in unsere tägliche Kommunikation eingewoben, dass wir sie oft gar nicht als solche erkennen. Vor allem dann nicht, wenn es um uns selbst geht.

Im Sinn der bewussten Täuschung ist die Lüge eine anspruchsvolle Kulturtechnik. Kinder sind erfrischend ehrlich. Sie nennen Dicke dick und Dumme dumm, bis man ihnen beibringt, vielleicht nicht ganz so ehrlich zu sein. Man versucht ihnen klarzumachen, dass gewisse Dinge in einem bestimmten Kontext erlaubt sind und in einem anderen nicht. Man erläutert ihnen, dass die Wahrheit zwar bis zu einem gewissen Grad frisiert werden darf, manchmal auch soll, aber nur im Bereich des Sozialverträglichen. Kinder müssen lange üben, bis sie auch nur eine annähernd überzeugende Lüge hinkriegen. Denn um lügen zu können, muss man erst mal das Konzept der Wahrheit begreifen und eine »Theory of Mind« haben, das heißt, man muss sich vorstellen können, was im Kopf des anderen vor sich geht. Lügen bedeutet, man muss sich in die Perspektive des Gegenübers versetzen können, und das ist nicht für jeden unmittelbar einleuchtend. Lügen heißt, etwas zu sagen, von dem man weiß, dass es nicht stimmt, aber glaubt, der andere wisse das nicht. Lügen ist ein wichtiger Teil der kognitiven Entwicklung bei Kindern und eng an die intellektuelle Entwicklung gekoppelt. Intelligente Kinder lügen früher als weniger intelligente. Und wenn ein Kind nicht lernt zu lügen, deutet dies auf ein kognitives Defizit hin. Die Lektion, welche die Kinder sehr schnell begreifen: Die Wahrheit ist eine Waffe, welche die Verhältnisse schneller zu klären vermag als alles andere. Und im Zweifelsfall gibt es noch ein weiteres Sprichwort: Reden ist Silber, Schweigen ist Gold.

Daran schließt die obligate Frage an, ob man einen Seitensprung beichten oder verheimlichen soll. Wie alle großen Fragen der Menschheit wurde auch diese bisher nicht schlüssig beantwortet. Und wie bei den meisten großen Fragen der

Menschheit gibt es zwei Lager. Lügen ist falsch, sagt die Moral, sagen Therapeuten und Betrogene. Nur die Wahrheit führt zu Stabilität; ein Seitensprung ist ein Verrat am Partner und an der Beziehung, weshalb die Beichte hierfür das einzig Richtige ist.

Frauen versuchen in der Regel, zu ergründen, warum sie eigentlich fremdgegangen sind, und dann wägen sie Pro und Kontra ab, bevor sie entscheiden, ob sie beichten oder lügen sollen. Manche stoßen ihre Partner mit radikaler Ehrlichkeit vor den Kopf, obschon er nie im Leben vom »Unfall« mit dem Fremden in der Bar hätte erfahren müssen. Sie suchen die Katharsis der Beichte und hoffen, die Wahrheit würde sie befreien. Weil sie realisiert haben, dass sie mit der Beziehung unzufrieden waren und sich etwas ändern muss. Das andere Lager unterscheidet zwischen einem bedeutungslosen Seitensprung und einer »echten« Affäre. Viele Fremdgeher und Betrogene sind im Laufe der Jahre zum Schluss gekommen, dass es manchmal besser ist, nicht alles zu beichten. Dem lieben Frieden zuliebe. Und dass ein süßes Geheimnis am Grunde des Ozeans nicht immer geborgen werden muss.

Das weibliche Talent zur Lüge ist belegt und lässt sich experimentell schon sehr früh nachweisen. Mädchen lernen in der Regel früher zu sprechen als Jungen und können Mimik und Ausdruck ihrer Mitmenschen besser lesen. Sie denken und funktionieren emotionaler, bilden komplexere Beziehungsgeflechte und kommunizieren vielschichtiger als Männer. Neurologen begründen diese Unterschiede damit, dass Männer Sprache tendenziell in der linken Gehirnhälfte verarbeiten, während Frauen dazu beide Hälften benutzen, was ihnen eine emotionalere und intuitivere Verarbeitung verbaler Informationen erlaubt. Und weil sie den anderen besser durchschauen, sind sie auch besser darin, ihm zu sagen, was er hören will oder ihn dazu zu bringen, was er tun soll. Weil sie den Männern physisch unterlegen sind, müssen sie auf andere Mittel zurückgreifen, um ihren Willen durchzusetzen, und Manipulation hat sich dabei gut bewährt. Frauen mögen das emotionalere Geschlecht sein, aber sie sind auch die besseren Psychologinnen. Gerade bei emotionalen Dingen wie Beziehungen funktionieren sie rationaler und manchmal auch kaltblütiger als Männer und können unsere heimlichen Passionen problemlos in einem der zahlreichen Geheimfächer unserer Herzen verstauen.

Für manche Frauen haben Lügen und Heimlichkeiten eine erregende Komponente, die fast noch reizvoller ist als die sexuelle Erfahrung selbst. Den eisernen Vorhang des Faktischen zu manipulieren, andere zum Glauben an eine Wahrheit zu verführen, ist eine Form der Machtausübung, auf die Frauen sich besonders gut verstehen. Dabei gehen sie Risiken ein, oft sogar beträchtliche Risiken. Aber wie alle, die sehr gefährliche Dinge tun, sind sie überzeugt, sie korrekt einschätzen zu können. Weshalb sie Dinge tun, gegen die sich Verstand und Körper gleichermaßen sträuben. Hohe Felswände ohne Seil zu erklimmen oder nur mit einem kleinen Rettungsschirm auf dem Rücken von einer Felswand zu springen. Oder fremdzugehen. Denn sehr gefährliche Dinge zu tun ist sehr erregend. Damit wäre Fremdgehen wohl die Risikosportart mit dem größten Frauenanteil.

Die meisten Fremdgeherinnen finden es kinderleicht zu lügen. Rein technisch gesehen, ist es auch leicht zu bewerkstelligen. Der Verstand ist nämlich in seiner Natur träge und glaubt gern das Augenscheinliche. Hat er einmal seine Überzeugungen gefasst, dann ist es nur schwer, ihn wieder davon abzubringen. Er biegt lieber alles so zurecht, bis es in sein Weltbild passt, als dass er sein Weltbild revidiert, denn das wäre meistens zu schmerzhaft. Der Verstand ist konservativ, er liebt nur sich selbst und das Bild, das er von der Welt entworfen hat. Darauf kann jeder Fremdgeher zählen.

Lügnerinnen denken genau wie Kinder. Sie reden sich ein, dass sie nicht lügen. Kinder wissen, dass sie nicht lügen sollen, aber sie tun es trotzdem, weil sie glauben, nicht erwischt zu werden. Und dabei bleibt es, auch wenn eine erwachsene Frau meistens ein bedeutend schlechteres Gewissen hat. Sie redet sich ein, es sei nicht falsch, wenn sie nicht direkt die Unwahrheit behauptet, sondern einfach gewisse Dinge auslässt. Dass sie nicht direkt lügt, sondern den anderen bloß nicht teilhaben lässt an der gesamten Wahrheit, weil sie sich vormacht, sie gehe ihn nichts an. Und dass diese Wahrheit nicht wirklich existiert, wenn er nichts davon mitbekommt, wenn sie also nur sorgsam genug ihre Spuren verwischt. Darin liegt die philosophische Dimension: Können wir wissen, dass ein Baum im Wald tatsächlich umgefallen ist, wenn niemand da ist, es zu bezeugen — weder, ob dort jemals ein Baum gestanden hat, noch was danach mit ihm geschehen ist. Natürlich nicht, sagt die Lügnerin, was in ihrem Fall *natürlich* vollkommen lächerlich ist, weil man immer Spuren hinterlässt und es heutzutage so einfach ist wie nie, diese Spuren zu verfolgen. Vorausgesetzt, jemand möchte herausfinden, wie die Wirklichkeit wirklich beschaffen ist.

Aber meistens scheitern Lügnerinnen an viel Banalerem. Wenn man mit einer Person wacht, schläft, atmet, träumt und denkt, dann spürt man sie auch. Und so kann es sich ergeben, dass der andere etwas träumt oder direkt nachfragt, am Morgen gleich nach dem Aufwachen oder nach dem gemeinsamen Sex. In einer solchen Situation ist zu lügen sehr viel schwieriger, weil man gelöst und unvorbereitet ist. In solchen Situationen sind Lügen auch sehr einfach zu durchschauen. Und wenn man einmal Verdacht geschöpft hat, sind Beweise einfach zu finden.

Eine oder mehrere Affären neben einer Beziehung zu managen gelingt nur mit einer nüchternen Analyse der jeweiligen Situation und umsichtiger Planung – eine großartige Marktlücke für Jungunternehmerinnen, wären Frauen in dieser Disziplin nicht von Natur aus so talentiert. Das zentralste Interesse bei jedem Seitensprung ist, nicht erwischt zu werden, und dazu braucht es analytische Fähigkeiten und kaltblütiges Handeln. Wer eine oder mehrere Affären lebt, der errichtet komplexe Lügengebilde, die man managen können muss. Das ist natürlich sehr verletzend und wird entsprechend verurteilt, aber zu den moralischen Implikationen kommen wir später noch. Hier soll es zunächst nur um die praktischen Basistechniken gehen.

Punkt 1: Geschichten

Lügen umfassen eine spezielle Art der Rhetorik, und wie bei jeder Kunst spielen Talent und Arbeit zusammen. Sie besteht aus einem Skript und der Performance. Das Skript ist die Geschichte, die man sich zurechtgelegt hat. Sie sollte hieb- und stichfest sein, so dass man auch im Kreuzverhör bestehen würde. Nicht dass man sich auf ein tatsächliches Kreuzverhör einstellen sollte – wenn es bis dahin geht, ist es meistens ohnehin schon zu spät. (In diesem Fall siehe Punkt 3). Aber die Geschichte sollte plausibel, naheliegend und unauffällig sein. Vor allem unauffällig. Und damit kommen wir zur Performance. Wer überzeugend lügen will, muss das leicht, flüssig und unbeschwert tun, und wenn ihn moralische Skrupel daran hindern, sollte er sich vielleicht die Grundsatzfrage stellen, ob es nicht besser wäre, die Wahrheit zu sagen. Denn wenn man schon lügt, dann richtig. Eine Lüge muss leicht und beifällig über die Lippen kommen. Jede Lüge ist nämlich auch eine Verneigung vor dem Zuschauer beziehungsweise Zuhörer, und der will nichts von den komplizierten Hintergründen und den seelischen Nöten des anderen spüren. Das Zentralste dabei ist natürlich die Backup-Story.

Punkt 2: Lügen
Lügen haben Beine. Die sind manchmal kurz, dann wieder lang und schön, vor allem aber befähigen sie die Lüge zu einem Eigenleben. Sind sie erst mal in die Welt gesetzt, machen sie sich in gewisser Weise selbständig. Und wie jeder Schöpfer, der einer Kreatur Leben einhaucht, sollte man zusehen, die Kontrolle darüber nicht zu verlieren. Lügengeschichten können jederzeit und in einem anderen Kontext auftauchen, und der Lügner muss sich darum bemühen, seine Kreaturen nicht zu desavouieren. Wenn man dem Partner verklickert, dass man das Wochenende mit seiner Freundin Susanne verbracht hat, sollte man ihm gegenüber nicht eine Woche später die Bemerkung fallenlassen, man habe Susanne schon ewig nicht mehr gesehen. Und natürlich sollte Susanne eingeweiht sein, dass sie als Alibi herhalten musste.

Punkt 3: Wahrheit
Beim Lügen gilt Ähnliches wie beim Erzählen: Keep it simple. Und bleibe so nahe bei der Wahrheit wie möglich. Wer ein außereheliches Abenteuer plant, sollte seine Backup-Story auf ein reales Fundament gründen. Wer erzählt, er habe Person XY getroffen, sollte diese Person am besten auch treffen – wenn auch vielleicht nur kurz. Die Zeit, in der man sich mit anderen Partnern vergnügt, sollte wie ein Ballon in sich geschlossen bleiben. Das hilft insbesondere dann, wenn beiläufige Fragen nach dem Treffen auftauchen. Gleichzeitig aber sollte man sich an seiner alternativen Wahrheit nicht allzu sehr erfreuen. Wer zu detailreich erzählt, macht sich verdächtig.

Punkt 4: Alibi

Jedes Alibi involviert andere Leute, und weil Aussagen zu einem Alibi einigermaßen sensible Daten sind, sollte man Mitwisser mit Bedacht auswählen. Die einfachste Möglichkeit besteht darin, Freundinnen einzuweihen, doch das ist gerade unter Frauen eine delikate Angelegenheit. Männer haben gewöhnlich Verständnis für die Nöte anderer Männer, aber Frauen sind auch da unberechenbarer. Sie haben im Vergleich zu Männern oft wenig Verständnis für außereheliche Verhältnisse und reagieren missbilligend. Weil sie sich mit dem Belogenen identifizieren. Oder weil sie sich durch Mitwissen kompromittiert fühlen.

Angelika weihte gleich mehrere Freundinnen ein, ebenfalls aus strategischen Gründen. Es ist verdächtig, immer dieselbe Freundin als Alibi zu bemühen. Wie im Aktienhandel geht es darum, die Risiken angemessen zu verteilen. Dankbare Alibis sind Geschäftsanlässe, Wochenendausflüge, Besuche bei Freundinnen, die man dann durch außereheliche Aktivitäten erweitert. Dabei muss man sich bewusst sein, dass der Partner nachfragen kann, wie die Verabredung gewesen sei, in welchem Hotel man abgestiegen sei, wo man gegessen habe, was man bestellt habe. Wer dabei auf eine reale Story zurückgreifen kann, ist im Vorteil.

Punkt 5: Themenwechsel

Umschiffen Sie das Thema Fremdgehen und Treue, als ob Sie das alles nichts angehen würde und Sie auch beim anderen nichts befürchten würden. Denn wenn die Diskussionen darüber einmal angefangen haben, landet man schneller in einer Verhörsituation, als den meisten lieb ist. Denn um ein Verhör zu überstehen, muss man schauspielerisch begabt und skrupellos sein und man darf sich nichts daraus machen, dem anderen einen Dolch in die Brust zu bohren, denn das bedeutet es letztlich. Und je besser der Partner Sie kennt, desto schwieriger wird es mit dem Lügen. Lügner verraten sich zum Beispiel gern durch ihre Körpersprache. Man weicht dem Blick des anderen aus oder erwidert ihn einige Sekunden zu lange. Man fasst sich an die Nase, hält den Kopf wie sonst nie, benimmt sich ganz einfach ungewöhnlich. Doch auch in dieser Situation gibt es einige Tricks, auf die Sie zurückgreifen können:

Punkt 6: Angriff

Angriff ist die beste Verteidigung. Wenn Ihr Partner versucht, Sie in die Enge zu treiben, dann machen Sie ihm einfach auch Vorwürfe.

Punkt 7: Glaubwürdigkeit

Stehen Sie hinter Ihrer Story. Verhörexperten arbeiten etwa mit dem Trick, plötzlich das Thema zu wechseln und achten dabei auf die Reaktion des Befragten. Zeigt er Erleichterung, dann wirkt das verdächtig. Versuchen Sie also nicht, der Situation zu entkommen, sondern steigern Sie sich hinein. Sie müssen selbst an Ihre Lüge glauben und etwaige Schuldgefühle verdrängen, denn Schuldbewusstsein verrät sich in der Mimik, ebenso die Angst, der Lüge überführt zu werden. Lügner wiederholen die Frage, um Zeit zu gewinnen. Sie gehen zu sehr ins Detail. Sie zögern, wenn man ihnen Fragen stellt, die nicht der eigenen Chronologie folgen. Real Erlebtes kann an jedem Punkt nacherzählt werden, Lügner haben meistens Mühe damit. Also prägen Sie sich Ihre Story ein. Vorwärts, rückwärts, denken Sie darüber nach.

Punkt 8: Improvisation

Meistens entstehen Verhörsituationen aus kleinen Unachtsamkeiten; der Partner entdeckt einen Fehler in der Matrix und stutzt. Für Sie bedeutet das, dass Sie Ihre Geschichte entweder aus dem Dreck ziehen oder weiterentwickeln müssen und dabei hilft es, sich die goldenen Regeln des Improvisationstheaters in Erinnerung zu rufen. Die erste Regel lautet, die Vorgabe des Partners immer mitzunehmen und gleich weiterzuspinnen. Wenn Ihr Partner etwa sagt: »Warst du nicht eben erst ein Wochenende bei Susanne?«, dann erfinden Sie eine Geschichte, dass Sie das ganze Wochenende über *House of Cards* geguckt haben, und deshalb kaum dazu gekommen sind, sich über andere Themen auszutauschen. Bleiben Sie auch hier wieder so nahe wie möglich bei der Wahrheit, erwähnen Sie eine Serie, die Sie kennen. Scheuen Sie sich nicht, Ihre Geschichte auszuschmücken, gleich beim Thema *House of Cards* weiterzufahren, nicht ohne noch die eine oder andere Anekdote über Susannes bevorzugte Figuren einzuflechten.

Punkt 9: Körpersprache

Viele Bücher über Lügen und wie man sie aufdeckt räumen der Körpersprache viel Platz ein. Wer lügt, befindet sich unter Stress, und der Körper verrät Stress immer auf die eine oder andere Weise. Nur kann der menschliche Lügendetektor nicht wissen, ob der Stress wirklich mit einer Lüge zu tun oder einen ganz anderen Grund hat. Dieselben Lügenexperten betonen auch, es werde zu viel Aufhebens gemacht um einzelne Signale, die einen Lügner todsicher verraten würden, zum Beispiel, wenn er Augenkontakt vermeidet oder bei einer Antwort nach links oben schaut. Zwar sind diese Signale Indizien, aber für sich genommen sagen sie wenig aus. Es muss immer das Gesamtbild betrachtet werden. Oft wird gewissen Gesichtsausdrücken sehr viel Bedeutung beigemessen und der Körper insgesamt vernachlässigt, obschon etwa Haltung und Bewegung der Füße Stress viel eher verraten.

Das Lügen kann man bis zu einem gewissen Punkt erlernen und auch hier kann das entsprechende Training einiges bewirken. Aber wie jeder weiß, der schon einmal eine langjährige und intime Partnerschaft geführt hat, entwickeln Paare einen siebten Sinn für Bullshit. Und auch der begnadetste Lügner sollte sich im Klaren sein, dass jede Lüge in der Partnerschaft eine Hypothek ist. Selbst wenn einem der Partner nicht auf die Schliche kommt, kann es sein, dass er die Lüge anderweitig kompensiert und plötzlich Stellvertreterkonflikte vom Zaun bricht, weil er über das eigentliche Thema im Unklaren gelassen wird. Die Lügnerin dagegen muss mit ihrer Lüge und damit einer Dimension des Irrealen leben, die sie unter Umständen mit kaum jemandem teilen kann – am allerwenigsten mit dem Menschen, den sie jeden Tag sieht. Jede Fremdgeherin muss sich bewusst sein, dass dies mit der Zeit sehr belastend werden kann und das Geständnis am Ende der einfachere Weg ist. Selbst wenn es das Ende der Beziehung bedeutet.

Angelikas Tipps lauten: »Man muss wissen, was man will, warum man es will, welches Risiko man einzugehen gewillt ist. Ich habe immer Halbwahrheiten erzählt, niemals Unwahrheiten. Denn noch Wochen später können Fragen kommen ›Hast du nicht gesagt, dass du mit Alexandra im *Rossini* warst?‹ Wenn du dann keine Ahnung hast, wovon er spricht, ist das nicht gut.

Man muss Komplizen haben, aber das ist eine heikle Sache. Wenn man von Freunden verlangt, dass sie einem ein Alibi geben, muss man sich gut überlegen, von wem man es möchte. Es ist belastend für jemanden, ein Geheimnisträger zu sein. Ich habe mir anfangs Alibis bei meiner Freundin organisiert, für die das unkompliziert war, weil in ihrer Beziehung ebenfalls ein Durcheinander herrschte. Mit der Zeit musste ich diversifizieren, weil man sich nicht immer mit derselben Freundin treffen kann. Manchmal verabredete ich mich auch mit Freundinnen und verwendete sie dann ohne ihr Wissen als Alibi, ich erzählte zu Hause von unseren Gesprächen und so. Mit der Zeit wurde es auch Routine, ich war einfach einen Abend die Woche aus. Und wenn mein Mann weg war, nutzte ich die Situation aus.

Einmal war ich ein Weekend im Tessin wegen eines Geschäftstermins. Ich besuchte ihn einfach nur am Rand und verbrachte die restliche Zeit mit meiner Affäre. Ich hatte Fotos, ich konnte von unseren Spaziergängen erzählen. Wichtig ist, dass die Story glaubhaft ist und Substanz hat. Man muss damit rechnen, dass plötzlich Fragen kommen: ›Was hast du gegessen?‹ Wenn man mit dem Geliebten eine Bratwurst gegessen hat, zu Hause aber erzählt, man sei im Restaurant gewesen, kann man nicht mit der Bratwurst kommen. Solche Dinge muss man sich zurechtlegen. Man sollte Geschichten auf Vorrat produzieren, daran denken, wie man zu Hause was verkaufen könnte. Man lernt mit der Zeit, woraus man eine Story machen kann. Es braucht eine gewisse Nonchalance, sich nicht verdächtig zu machen. Wenn eine SMS kommt und man stürzt sich sofort darauf, macht man sich verdächtig. Wenn viele SMS kommen, erst recht. Wenn er nachfragt, muss man auch für die SMS ein Alibi haben. Einmal kam ein Anruf meines Lovers, und mein Mann stand direkt daneben. Wenn man diesen Anruf annimmt, muss man natürlich schon im Voraus wissen, wen man angeben wird als Anrufer. Ich gab meinen Liebhabern falsche Namen, legte in meinem Kopf Profile, falsche Identitäten an, meistens als Kolleginnen. Auch hier möglichst nahe an der Realität bleiben und auch hier möglichst immer schon einen Schritt weiter denken.

Beim Sex sollte man daran denken, dass man keine Spuren am Körper hinterlässt. Ich habe immer an Ort und Stelle bei meinen Liebhabern schon geduscht, ohne Seife, damit mein Mann keine fremde Seife an mir riecht. Es ist immer gut, wenn man eine kleine, zeitliche Pufferzone einberechnet, bevor man den Gatten wiedersieht. Ich kam meistens spät nach Hause, so dass er bereits im Bett war.

Die Heimlichkeit war für mich kein Reiz, das stresste mich eher. Eine gute Affäre sollte doch spannend genug sein, wozu muss man da noch den Reiz des Verbotenen haben? Ich konnte nie verstehen, was anderen daran gefällt.

Man muss auch lernen, mit den eigenen Gefühlen klarzukommen. Meistens verliebt man sich, aber mit der Zeit merkt man, dass das etwas Körperliches ist, ausgelöst von Hormonen, und dass man das nicht so ernst nehmen muss. Das ist anfangs zwar schwierig, aber mit der Zeit lernt man es. Das hat auch mit persönlicher Reife zu tun.«

Zum Schluss noch ein paar praktische Regeln, an die sich Fremdgeherinnen in jedem Fall halten sollten:

Regel 1: Lügen
Wenn Sie keine Erfahrung im Lügen haben, üben Sie! Lügen Sie zum Beispiel in Bezug auf unwichtige Dinge, wann Sie aufgestanden sind, was Sie zu Mittag gegessen haben, wen Sie getroffen haben. Das ermöglicht Ihnen, sich an das Gefühl zu gewöhnen und kein Herzklopfen zu bekommen, wenn Sie plötzlich größere Lügen stemmen müssen.

Regel 2: Alibi

Zu den beliebtesten Alibis von Fremdgeherinnen gehören Fitnesscenter. Man hat jederzeit ein perfektes Alibi, das nicht nur die Abwesenheit zu erklären vermag, sondern auch, warum man mitten am Nachmittag frisch geduscht nach Hause kommt. Bitten Sie Ihre Affäre auch, auf Aftershave zu verzichten, wenn Sie sich treffen – der Duft könnte einem aufmerksamen Ehepartner auffallen.

Regel 3: Telefon

Benutzen Sie für Ihre Affäre ein anderes Telefon als Ihr privates. Wenn Sie nicht bereit sind, so weit zu gehen, dann speichern Sie den Lover unter dem Namen einer Freundin ab. Wechseln Sie den Namen der Freundin regelmäßig, so dass Ihr Partner sich nicht wundert, warum Susanne plötzlich so oft anruft.

Regel 4: Ort

Treffen Sie Ihren Liebhaber an einem neutralen Ort, am besten in einem Hotelzimmer. Bezahlen Sie in bar oder benutzen Sie eine Prepaid-Kreditkarte, von der Ihr Partner nichts weiß, um unangenehme Fragen zu vermeiden. Ist Ihr Liebhaber ungebunden, geht auch seine Wohnung. Aber nehmen Sie ihn nie mit nach Hause, nie! Sie gehen damit nur unnötige Risiken ein. Die Nachbarn könnten Sie sehen oder hören und Sie pflanzen sich Erinnerungen in den Kopf, die in Ihren Alltag funken werden. Und sollte Ihr Partner jemals davon erfahren, wird er Sie dafür noch viel mehr hassen, als er es ohnehin schon tut, weil Sie ihn betrogen haben.

Wenn beide verheiratet sind und Sie es sich nicht leisten können, jedes Mal für ein Hotelzimmer zu bezahlen, gibt es andere Möglichkeiten: Mieten Sie ein Airbnb. Man kann auch Sex haben in einem Auto, auf einem Boot, im Wald oder in einer Waldhütte. Bedenken Sie aber, dass Sie danach einen Ort haben müssen, um duschen zu können. Und dass es beim Sex im Wald oder im Auto schnell einmal zu Kratzspuren auf Ihrem Körper kommen kann, die Sie Ihrem Partner dann erklären müssen.

Regel 5: Computer

Kommunizieren Sie nicht über den Computer, den Sie auch zu Hause benutzen. Kommunizieren Sie auch nicht über alle möglichen Kanäle wie WhatsApp, Facebook, SMS – jeder Kommunikationskanal birgt eigene Risiken, Sie zu verraten. Entscheiden Sie sich für einen Kanal und nutzen Sie nur diesen. Kreieren Sie eine neue E-Mail-Adresse, am besten bei einem Anbieter, den Ihr Partner selbst nicht verwendet. Wenn Sie aus welchen Gründen auch immer Ihren Heim-computer im Zusammenhang mit Ihrem Lover benutzen müssen, vergessen Sie nicht, den Browserverlauf zu löschen. Sitzen Sie niemals mit dem Rücken zur Türe, denn sollte er plötzlich eintreten, machen Sie sich mit hastigen Reaktionen auf dem Bildschirm verdächtig. Lernen Sie die jeweilige Tas-tenkombination Ihres Betriebssystems, um schnell von einem Tab zum nächsten wechseln zu können.

Regel 6: Anrufe

Beantworten Sie keine Telefonanrufe, wenn Sie mit Ihrem Lover zusammen sind. Die Stimme kann in einer solchen Situation mehr verraten, als Ihnen lieb ist. Umgekehrt sollten Sie aus offensichtlichen Gründen auch keine Anrufe des Lovers entgegennehmen, wenn Sie mit Ihrem Partner oder Ihrer Familie zusammen sind. Eheleute haben feine Senso-ren für unerwartete Stimmungsveränderungen, wenn jemand Besonderes anruft.

Regel 7: Routine

Behalten Sie Ihre Routinen und Gewohnheiten bei. Versuchen Sie, keine neuen zu entwickeln. Auch wenn Sie auf Wolke sieben schweben und sich sexy fühlen wie seit Jahren nicht mehr, kaufen Sie keine entsprechenden Kleider. Versuchen Sie einfach, ganz normal zu bleiben, Ihre normalen Launen und Ihre normalen Streitigkeiten beizubehalten.

Regel 8: Ehebett

Probieren Sie keine neuen Sachen im Ehebett aus, die Sie durch Ihren Lover entdeckt haben, auch wenn Sie total begeistert davon sind. Ihr Partner wird Verdacht schöpfen, wenn Sie im Bett plötzlich mit Plüschhandschellen gefesselt werden möchten, obschon Sie das zuvor nie interessiert hat.

Multiple Affären

Eine Frau, die einen Liebhaber hat, wird sehr nachsichtig.
Honoré de Balzac

Verschwitzte Sommernachmittage mit einem Liebhaber zwischen den Laken eines Hotelbetts verbringen, sexuelle Experimente im Swingerclub, mehrere parallele Affären und einen Ehemann zu Hause, der von alldem nichts weiß – hätte jemand Luise als Jugendliche geweissagt, dass ihre Zukunft solches für sie bereithalten würde, sie wäre wütend geworden oder hätte denjenigen ausgelacht. Ganz sicher hätte sie ihm kein Wort geglaubt, denn so jemand war sie nicht. Luise ist klein, kräftig, mit langem, glattem braunem Haar und großen Rehaugen. Sie strahlt Lebenslust und Neugier aus, vielleicht, weil sie schon so viel erlebt und gelernt hat, dass es auf die großen Fragen des Lebens keine definitiven Antworten, sondern nur Experimente mit unsicherem Ausgang gibt. Und dass das Leben aus Versuch und Irrtum besteht.

Luises Eltern lebten eine traditionelle Ehe, der Vater war Importeur und oft unterwegs, die Mutter zu Hause bei Luise und ihren beiden jüngeren Brüdern. Sie wohnten in einem großen Haus in einem Dorf mittlerer Größe im Schweizer Mittelland – glücklich. Und doch wartete Luise ihre ganze Kindheit nur darauf, endlich aus der beklemmenden Enge dieser Familie, dieses Dorfes und dieser Mentalität zu entkommen. Auch wenn sie keinen genauen Plan hatte, was sie eigentlich suchte.

Ende der achtziger Jahre war es endlich so weit. Sie bezog in der nächstgelegenen Universitätsstadt ein Zimmer, fand einen Job als Hilfssekretärin, studierte Germanistik und fand in ihrem neuen Umfeld endlich den Schlüssel zu ihrer Biographie, den sie schon so lange gesucht hatte: die Frauenbewegung. Sie lernte, wie ihr Geschlecht seit Jahrtausenden systematisch unterdrückt worden war. Wie sie selbst den Lehrgang zur traditionellen Frau schon beinahe fertig absolviert hatte, wie das konservative, dörfliche Milieu es darauf anlegte, sie in eine Rolle zu drängen, in der sie sich nie selbst gesehen hatte. Plötzlich wusste sie, was sie immer so beengt hatte. Das Patriarchat! Das Machtgefälle zwischen Vater und Mutter, ihre Rolle als einzige Tochter neben ihren Brüdern, der ganze mittelständische Mief der siebziger Jahre, die Säufer in der Dorfkneipe, die dem »Fräulein« in den Arsch kneifen durften, ohne Konsequenzen befürchten zu müssen.

Überhaupt Sexualität. Sie selbst hatte sich früh von den Blicken ihrer jüngeren Brüder zurückgezogen und zwischen ihr und ihrer Mutter war der Körper oder Sex kaum je ein Thema gewesen. Grundsätzlich war ihr die Mutter, die sich in Luises Augen aufgegeben hatte, kein gutes Vorbild. Obschon sie das traditionelle Konzept der auf Treueversprechen und Loyalität beruhenden Ehe nicht grundsätzlich in Frage stellte, beschäftigte sie ihre Herkunft. Dass der Vater der Chef war und die Mutter einfach kuschen musste. Nicht, dass er sie besonders schlecht behandelt hätte, aber er schien sich auch nicht besonders für sie zu interessieren. Er engagierte sich im Reitverein und verbrachte lange, weißweingetränkte Nachmittage mit seinen Freunden. Er veranstaltete große Feste, bei denen er seine Gastgeberrolle mit lauten Zoten zelebrierte, während die Mutter fleißig, aber fast unsichtbar herumwuselte und ums leibliche Wohl der Gäste besorgt war. Maximal tauschte sie mit den anwesenden Ehefrauen mal ein Kochrezept aus. Aber mehr war da nicht. Ihre Welt waren der Haushalt und die Kinder. Sie kam Luise immer ein bisschen einsam vor. Als ob sie von einem unsichtbaren elektrischen Zaun davon abgehalten würde, neue Erfahrungen zu machen. Luise wollte etwas anderes, eine andere Ehe, einen anderen Mann, wenn überhaupt einen Mann. Denn zunächst wollte sie eine Ausbildung machen, so dass sie später arbeiten und auf eigenen Beinen stehen konnte. Sie wollte arbeiten, sie wollte reisen, sie wollte die Welt entdecken, Freundschaften knüpfen. Sie wollte, was ihr zustand. Auch Sex. Nur war ihr nicht ganz klar, wie.

Sie kannte die Zirkel und die WGs, in denen über solche Dinge diskutiert wurde. Und so manchen Abend wärmte sie sich an einem Glas Ingwertee, während sie mit erhitzten Wangen den Diskussionen und Theorien lauschte, die mit großer Geste über den Küchentisch geworfen wurden. Selbst war sie viel zu scheu, um der Sache auch praktisch auf den Grund zu gehen, aber theoretisch fand sie das alles sehr interessant.

Und dann traf sie an einem Sommernachmittag in ihrem vierten Jahr an der Uni Thomas. Er war eine Erscheinung, ein Turm von einem Mann, dünn mit einer spitzen Nase, einem rotblonden Lockenkopf und blitzend hellen grünen Augen. Luise fand ihn wahnsinnig attraktiv. Er war Assistent an der Uni und drückte sich nur in gewählten Sätzen mit vielen Fremdwörtern aus. Zudem war er ein wandelndes Lexikon, und es gab kein Thema, zu dem er nicht aus dem Stegreif einen fünfminütigen, druckreifen Vortrag halten konnte. Luise hatte nach dem Unterricht immer noch einige Fragen und stellte fest, dass man kurze, erfrischende oder lange, unberechenbare Gespräche mit ihm führen konnte.

Luise war sich damals nicht bewusst, was sie genau wollte. Sie wusste nur, dass es sich gut anfühlte, in seiner Nähe zu sein, und dass sie ihm endlos hätte zuhören können und dass sie an nichts anderes mehr dachte als an ihn. Die Welle der Begeisterung für Thomas trug sie durch ihr Studium, er war mittlerweile so etwas wie ein Freund geworden. Er war so ganz anders als ihr Vater, ein faszinierender Unterhalter, unheimlich aufmerksam ihr gegenüber, bewandert in der feministischen Literatur. Luise deutete das als Hinweis, dass das Leben an Thomas' Seite ganz anders für sie verlaufen würde als das ihrer Mutter. Und das wiederum ließ nur einen Schluss zu: Thomas war die Antwort. Ihre große Liebe. Er war etwas Besonderes, und sie waren füreinander bestimmt. Als er sie endlich, endlich eines regnerischen Abends in den Gängen des deutschen Seminars küsste, stürmisch, genau so, wie sie es sich immer gewünscht hatte, fragte sie sich nur noch, warum es eigentlich so lange gedauert hatte, bis er sie packte. Als er sie küsste, da hätte sie ihn am liebsten auf der Stelle geheiratet. Das tat sie dann auch bald darauf. Obwohl ihre Freundinnen weit weniger fasziniert waren von Thomas als sie selbst. Auch ihre Eltern fanden ihn komisch, aber das machte ihn für Luise nur noch attraktiver. Luise heuerte in einer literarischen Agentur an, wurde dann aber schnell schwanger. Und immer noch war alles gut, großartig, vielversprechend, denn so sollte es doch sein, so war doch alles gedacht?

Und dann veränderte sich mit einem Schlag alles. Thomas veränderte sich, und zwar auf eine Art und Weise, wie sie es im Traum nicht für möglich gehalten hätte. Das passiert tatsächlich vielen Frauen. Aber Luise hätte beim besten Willen nicht vorhersehen können, dass Thomas krank wurde.

Es begann, als sie im ersten Drittel ihrer Schwangerschaft zusammenzogen. Der Umzug war ein Stress für alle. Als sie endlich in der Wohnung angekommen waren, alles ausgepackt und einsortiert hatten, freute sich Luise darauf, nun endlich entspannen zu können. Aber Thomas schaltete stattdessen noch einen Gang hoch. Er arbeitete noch mehr, redete noch mehr, wurde noch sprunghafter. Anfangs glaubte Luise, es liege an ihr, sie sei einfach langsamer geworden und nahm auch viele andere Dinge stärker wahr. Aber nach einiger Zeit war Thomas kaum mehr auszuhalten, so gereizt, launisch und ruhelos. Ihre anfänglich so erfüllenden Gespräche wurden zur Tortur, sie konnte kaum folgen, wenn er bis in die späten Stunden mit ihr reden wollte. Wenn sie einschlief, schüttelte er sie, damit sie weiter seinen Ideen folgte, die vom Kleinsten ins Größte und wieder zurück führten. Als er schließlich gar nicht mehr aufhörte zu reden und Dinge zu sehen begann, die es nicht gab, rief Luise den Arzt, gegen seinen Widerstand. Manischer Schub, sagte der. Thomas musste für ein paar Monate in die Klinik und fiel danach in eine Depression, aus der er nie wieder auftauchte.

Luise wartete ziemlich lange, bis sie auf einer Dating-Plattform inserierte. Sie musste gegen ihr schlechtes Gewissen kämpfen, einen kranken Mann zu hintergehen. Aber nach zwölf Jahren, Mitte dreißig, sah sie ein, dass ihr Mann sich nicht mehr erholen würde und dass sie entweder dies als ihr Leben akzeptieren oder etwas anderes suchen musste. Zwölf Jahre sind eine lange Zeit – Luise hatte reichlich Gelegenheit gehabt, ihren Entschluss zu überdenken, so dass sie nie mit Schuldgefühlen zu kämpfen hatte. Sie hatte schließlich genug erduldet.

Als Luise ihren Sohn im örtlichen Krankenhaus zur Welt gebracht hatte, war Thomas zu Hause im Bett gelegen, wo er den Großteil der nächsten Jahre auch blieb. Luise organisierte sich derweil. Sie brauchte eine Arbeit, Betreuung für den Sohn, sie musste Thomas helfen, die Reste seiner Uni-

Karriere zu retten, was sich als aussichtsloses Unterfangen erwies. Es war anstrengend, aber es erfüllte sie auch mit Stolz, dass es ihr gelang, dieses neue Leben zu meistern, als finanzielle und emotionale Säule der Familie, Stütze ihres kranken Gatten, als seine Therapeutin, Freundin und Mutter. Kraft gab ihr der Job, gaben ihr ihre sonstigen Aktivitäten. Sie engagierte sich in der Gemeinde, übernahm Aufgaben in der Verwaltung, besuchte den Turnverein und spielte mit dem Gedanken an eine politische Karriere. Sie tat alles, um mit der Situation zu Hause fertig zu werden, denn anders als Thomas wollte sie noch etwas vom Leben, war sie neugierig, was es für sie noch bereithalten mochte, wollte etwas erleben. Und so organisierte sie auch Ferien mit Freunden, denn Thomas ertrug Kinder nicht, nicht einmal den eigenen Sohn. Die Einzige, die er ertrug, war Luise, aber auch nur, weil er bei ihr seine schlechten Gefühle und Aggressionen abladen konnte.

Trotz aller Belastungen fühlte sie sich wie eine moderne Frau, die mit beiden Beinen mitten im Leben steht. In guten Momenten sagte sie sich, dass sie ihren Lebensplan ganz gut hinbekommen hatte. Doch wenn sie ehrlich war, musste sie sich eingestehen, dass sie in einer fast identischen Situation steckte wie ihre Mutter: mit einem Mann, der alles dominierte, während sie einfach tat, was von ihr erwartet wurde. Nur dass ihr Vater ihre Mutter vermutlich noch ab und zu gefickt hatte, während in dieser Hinsicht bei Thomas gar nichts mehr lief. Es überraschte Luise selbst, dass sie sich damit nicht abfinden wollte. Dass sie nicht bereit war, auf Sex zu verzichten. Bislang hatte ihr das nicht allzu viel bedeutet. Sie war immer zurückhaltend gewesen, gehemmt, erst mit Thomas hatte sie wirklich Freude am Sex entwickelt, bis er krank wurde. Aber da ihr Mann nur noch im Bett lag, ruhiggestellt mit Antidepressiva, und jegliches Interesse an Sex verloren hatte, merkte sie, dass sie mit diesem Thema noch nicht abgeschlossen hatte. Ihre Ehe war am Ende, daran gab es keinen Zweifel. Doch was hatte sie für Handlungsoptionen? Was sollte sie tun? Den Mann verlassen und ihm mit einer Scheidung den Rest geben kam schon deshalb nicht in Frage, weil Thomas mit Suizid drohte, sollte sie ihn verlassen. Aber einfach so weiterzumachen kam auch nicht in Frage. Luise hatte nun zehn Jahre Rücksicht genommen, war auf Zehenspitzen durch die Wohnung geschlichen, hatte auf so vieles verzichtet, Reisen, Partys, Freundschaften, sie fuhr mit dem Sohn alleine in die Ferien, weil Thomas sie nicht ertrug und überhaupt jeden Wechsel nicht ertrug. Und wozu das alles? Um ihren Mann zu schonen? Und was war mit ihr? Sie war noch zu jung, um sich in das Schicksal zu fügen, bis an ihr Lebensende die Pflegerin eines psychischen Wracks zu sein. Sie hatte auch ein Leben, und das würde sie sich jetzt holen. Sie wollte etwas erleben, neue Erfahrungen, Abenteuer, Adrenalin. Und sie wollte Sex. Sie wollte sich mit all ihren Sinnen hingeben, nichts mehr denken und einfach genau das verlangen, wonach ihr gerade der Sinn stand. Nur wie sie das anstellen sollte, ohne dass das Gefüge ihres fragilen Alltags durcheinanderkam, das wusste sie nicht.

Luise inserierte auf einer der damals noch ziemlich neuen Dating-Plattformen in der Rubrik »Affäre«. Dort stieß sie auf das Profil von Jean-Luc, einem verheirateten Franzosen. Sie schrieb ihn an, und die beiden mailten und simsten sich zwei Monate lang intensiv hin und her, bis sie sich zum ersten Mal trafen. Er war klein, breit gebaut, behaart, kräftig, mit verschmitzten Augen. Ganz anders als Thomas. Sie war hin und weg.

Zu Anfang hatte Luise eine fixe Vorstellung: Die Affäre sollte nur ihrem Amüsement dienen, sie sollte nichts weiter bedeuten, sie sollte nur von ihrem Alltag ablenken. Und diesen Zweck erfüllten die Stunden mit Jean-Luc. Sie waren wie eine Oase für Luise. Zuerst traf sie sich sporadisch an Orten mit ihm, wo es sich gerade ergab, für ein Schäferstündchen von zwei bis drei Stunden. Mit der Zeit wurde daraus ein Arrangement: ein fester Nachmittag pro Woche im Hotel. Luise versuchte ihre Gefühle für Jean-Luc zu verorten, wie man an der Uni so gern sagte, eines dieser Modewörter, das plötzlich auftaucht und mit dem sich bald alle schmücken, so dass es im Grunde gar nichts mehr bedeutet. Leider weigerten sich Luises Gefühle, sich verorten zu lassen. Sie empfand ihm gegenüber immer mehr, als sie ursprünglich eigentlich wollte, hatte aber im Grunde auch gar nicht viel dagegen, im Gegenteil: Es gefiel ihr außerordentlich gut. Bis Jean-Luc aus beruflichen Gründen nach Frankreich zurückkehrte und ihre Affäre damit auf Eis gelegt wurde. Das war alles andere als einfach zu akzeptieren für Luise, aber es dauerte nicht lange, da hatte sie sich damit abgefunden.

Dennoch kehrte Luise nicht in ihr altes, trauriges Dasein zurück, sondern zur Dating-Plattform, wo sie sich nach einem »Ersatz« umsah. Das bisherige Arrangement war für sie perfekt und ein schlechtes Gewissen hatte sie auch nicht. Nicht ihrem Mann gegenüber, nicht wegen der Heimlichtuerei, die es erforderte. Schließlich schadete ihr Verhalten niemandem – im Gegenteil, es ging ihr besser denn je, und wenn es ihr besser ging, dann ging es auch ihrem Sohn besser. Und Thomas war ohnehin nicht zu helfen. Ihm ging es schlecht, ob sie ihm nun treu war oder nicht.

Ihre zweite Affäre hieß David. Gewarnt von den unberechenbaren Gefühlen für Jean-Luc, hatte Luise wieder etwas Unverbindliches gesucht, keine Affäre oder dergleichen. Aber als sie David zum ersten Mal begegnete, diesem großen, schönen, erfolgreichen Mann, war es Liebe auf den ersten Blick. David war Consultant, immer gut gekleidet, beredt und charmant. Er verdiente gut und leistete sich gerne exklusive Din-

112

ge, hatte zwei begabte Kinder und eine schöne Frau. Sie war blond, schlank, durchtrainiert, braungebrannt und einschüchternd. Aber Luise wusste auch, dass sie depressiv war und, was das für David bedeuten musste. Auch er verliebte sich auf der Stelle in Luise, und das war für Luise genug.

Zum ersten Mal trafen sie sich an einem lauen Sommerabend am Bellevue in Zürich. Sie trug hochhackige Schuhe, ein geschlitztes schwarzes Kleid und nur einen knappen Slip. Sie war furchtbar aufgeregt. Sie tranken einen Cocktail in der Kronenhallenbar, und Luise glaubte, vor Aufregung gleich vom Barhocker zu schmelzen. Sie gratulierte sich selbst zu ihrer Kleiderwahl. Später gingen sie ins Hotel, und er zog sie aus. Sie sprachen wenig und ließen sich viel Zeit. Danach lagen sie zusammen im Bett, ihr Kopf auf seiner Schulter und sie versuchte, nicht zu denken, so wenig wie möglich zu denken, bloß den Moment zu genießen ohne Gedanken daran, wie es weitergehen und was die Zukunft bringen würde. Das Leben konnte so schön sein.

Luise wehrte sich erst gegen das Verliebtsein, aber aus dem unverbindlichen Flirt, den sie eigentlich gesucht hatte, wurde eine vier Jahre andauernde Beziehung, in der die beiden alles durchmachten, was man als Paar in Sachen Liebe, Treue und Eifersucht durchmachen kann.

Luise gewöhnte sich sehr schnell an ihr neues Dasein als Ehebrecherin, nur die Heimlichtuerei ging ihr mit der Zeit auf die Nerven. Zunächst wusste niemand von ihrer Affäre, nicht einmal ihre beste Freundin. Luise wollte alles für sich behalten. Es schien ihr die unkomplizierteste Lösung zu sein, denn auch die Affäre war unkompliziert, leicht wie ein Sommertag ohne Verpflichtungen. Doch Glückliche haben in der Regel das Bedürfnis, sich mitzuteilen, denn Glück ist nicht gerne allein, wird unwirklich, wenn man niemanden daran teilhaben lässt. Luise zog die eine oder andere Freundin ins

Vertrauen, vorsichtig, denn sie rechnete nicht mit vorbehaltloser Zustimmung für ihr Verhalten. Und tatsächlich reagierten nicht alle besonders positiv auf Luises Geständnis. Eine, selbst verheiratet, wurde richtig wütend. Was ihr eigentlich einfallen würde, eine Familie zu zerstören, fragte sie, ob sie sich denn gar nicht schäme! Luise wusste nicht, ob die Freundin meinte, sie zerstöre mit ihrem Verhalten Davids Familie. Aber war das nicht alleine Davids Entscheidung? War er nicht erwachsen und für seine eigenen Handlungen verantwortlich? Hatte er nicht ebenso wie sie auf einer Dating-Plattform inseriert und war nicht das Ziel einer solchen Aktion, eine Affäre zu beginnen? Und wäre es nicht Luise gewesen, wäre es dann nicht jemand anderes? Oder meinte die Freundin, Luise zerstörte mit ihrem Verhalten ihre eigene Familie, jene Familie, die so gänzlich auf ihren Schultern lastete? Sie fand die Reaktion ungerecht, weil doch ihre Affäre mit David ihr überhaupt die Kraft gab, dieses andere Leben weiter durchzuhalten. Und was wäre die Alternative? Zu verzichten und selbst kaputtzugehen? Selbst für den hypothetischen und im Grunde doch sehr unwahrscheinlichen Fall, dass Thomas von ihrer Affäre erfahren könnte, ist es fraglich, ob es ihn überhaupt kümmern würde. Die Freundin wusste von Luises familiärer Situation und meinte, sie sollte sich schämen für das bisschen Glück, das sie mit David wiedergefunden hatte. Aber mit der Zeit begriff Luise, dass es dieser Freundin im Grunde nur um sich selbst ging und um ihre eigene Angst, betrogen zu werden.

Frauen nehmen es nicht nur ihren Männern übel, wenn sie betrogen werden, sie nehmen es vor allem den anderen Frauen übel. Es gibt viele psychologische Erklärungsversuche für dieses Phänomen. Es ist viel leichter, jemand Fremden für etwas verantwortlich zu machen, als die Person, der man nahesteht und die man liebt. Jede Frau ist gern Verführerin, denn das gibt ihr Macht, nicht nur über den Mann, sondern gewissermaßen auch über die andere Frau. Deshalb ist es auch so verletzend, betrogen zu werden. Weil die Intimität, die der Mann mit der anderen Frau hat, eine Macht erzeugt, die man für sich selbst beansprucht. Für diese Frauen ist jede Frau eine potentielle Männerdiebin und damit in der Lage, den Selbstwert, Sicherheit und Zukunft der Betrogenen zu gefährden. Wer so denkt und empfindet, zahlt einen hohen Preis, wenn er betrogen wird. Die Folge bedeutet Herzschmerz, Eifersucht, Wut, Furcht und Erniedrigung. Deshalb reden Frauen über alles, aber übers Fremdgehen reden sie selten. Und wenn, dann ist die Missbilligung nicht weit. Frauen, die fremdgehen, gelten nach wie vor als unanständig, sind Schlampen, auch für andere Frauen. An diesem Bild hat sich nichts geändert. Luise beschloss, künftig den Mund zu halten und sprach über ihre Affäre nur noch mit ihrer Therapeutin.

Vier Jahre dauerte die Affäre mit David. Sie hatte ihre Tücken, aber auch ihre Höhepunkte. Dazu gehörte der Sex. Weil ihnen die Stunden in den Hotelzimmern irgendwann zu kostspielig wurden, gingen sie zusammen in den Swingerclub. Ihre anfängliche Reserviertheit legte Luise bald ab. Die meisten Paare schauten einfach den anderen zu, hatten dann aber miteinander Sex. Und das taten sie und David bald auch, einmal die Woche, sie schauten zu und fielen dann übereinander her. Das waren Erlebnisse, die sie noch lange in Erinnerung behielten und über die sie sich auch gern unterhielten. Nie zuvor hatte Luise ihre eigene Sexualität so unbeschwert von moralischen Leitplanken ausgelebt, spielerisch, experimentierfreudig, ohne Scham. Es störte sie nicht, wenn David andere Frauen ansah oder anfasste, wenn sie dabei war. Es störte sie auch nicht, wenn er ab und zu eine Prostituierte besuchte. Was sie reizte, war, neue Grenzerfahrungen zu

115

machen, zu sehen, was möglich war und was nicht. Und sie stellte fest, dass sie die vor allem den Männern zugeschriebene Promiskuität ebenfalls in sich trug. Wenn sie es sich zugestand, dass sie Männer anders, sexuell interessiert ansah, hatte sie auch nichts gegen Spontanficks einzuwenden, wenn der Rahmen stimmte. Dann hatte sie auch kein Problem, Liebe und Sex zu trennen. Entscheidend war, dass sie sich bei David als Nummer eins fühlte und er ihre Nummer eins war. Und das war der Fall.

Eigentlich.

Es ist nicht einfach, jemanden zu lieben, der mit jemand anderem verheiratet ist. Man kann versuchen, die Tatsache auszublenden, aber so einfach ist das nicht. Davids Frau war zunächst kein Problem gewesen für Luise, weil er sich innerlich von ihr entfernt hatte, sie schon so lange krank war. Das versicherte er ihr wenigstens. Und Luise wusste aus eigener Erfahrung, wie sich das anfühlte, was es ihr leicht machte, mit dieser Situation zu leben. Sie teilte etwas sehr Spezielles mit David, und das gab ihr Sicherheit. Und trotzdem waren da die Wochenenden, die Ferien, die Feiertage und Geburtstage, die er mit seiner Familie verbrachte. All diese Stunden war er nicht mit ihr zusammen und sie fehlten ihr, jede einzelne dieser Stunden. Es fühlte sich an wie ein Phantomschmerz, verursacht durch ein amputiertes Körperteil. Stets empfand sie ihn, ob sie zu Hause Thymian in die Minestrone rührte oder ihrem Sohn den Rucksack für die Schulreise packte.

Sie wusste, irgendwann würde sie aussteigen, aus ihrer Ehe, aus der Familie, aus der ganzen Situation. Aber dazu musste der Sohn alt genug und eine Lösung für ihren depressiven Mann gefunden sein, mit der sie selbst gut leben konnte. So weit war sie aber noch nicht. Denn was kam dann? Würde sie mit David eine normale Beziehung führen können? War ein Neuanfang mit David überhaupt noch möglich? Sie hatte ihre Zweifel.

Vier Jahre einer heimlichen Beziehung haben wenig mit einem normalen Beziehungsalltag zu tun. Luise war realistisch genug zu wissen, dass der Einstieg in eine echte Beziehung schwierig werden würde. David blieb bei seinen Routinen, er reiste mit Frau und Sohn in die Ferien, und Luise versuchte so zu tun, als machte ihr das nichts aus. Aber es war eine Lüge. Wenn David mit seiner Frau in den Ferien war, quälte sie eine innere Unruhe, Eifersucht war es wohl, die sie in der Nacht aufschrecken ließ, das Handy zur Hand nehmen, ihm Nachrichten schreiben, die er viel zu lange nicht beantwortete, bis sie es schließlich aufgab. Und nur noch Nachrichten schrieb, die sie nicht abschickte.

Und dann Sex. Luise hatte seit Jahren nicht mehr mit Thomas geschlafen. David hingegen schlief am Sonntagmorgen hin und wieder mit seiner Frau, und das zu wissen machte Luise wahnsinnig. Es war quälend, nicht nur die Eifersucht, sondern auch ihr eigener Anspruch, nicht eifersüchtig sein zu dürfen. Sie wollte es nicht sein und konnte sich dennoch nicht dagegen wehren. Bis sie sich eines Tages zu einer Entscheidung durchrang. Diesen Zustand wollte sie so nicht, nicht mehr. Weil die Eifersucht das ganze Affären-Konstrukt gefährdete, versuchte sie sie zu unterdrücken. Als es ihr nicht gelang, versuchte sie, mit ihm darüber zu sprechen, aber auch dieser Versuch scheiterte, weil er jedes Gespräch darüber abwürgte. Er sagte ihr, sie solle sich nicht so zickig verhalten. Dabei hätte sie nur gern gehört: »Ich würde auch lieber mit dir in die Ferien fahren. Ich weiß, es muss schwierig sein für dich.« Aber das tat er nie. Bei ihrem nächsten Treffen mit David, ein Weekend in Adelboden, Berghotel mit Kerzenlichtdinners und Schaumbädern, brachte sie das Thema auf den Tisch.

»Wenn du mir keine exklusive Beziehung bieten kannst, dann werde ich mich auch nach anderen Partnern umsehen«, sagte sie.

»Aber ich führe doch keine Nebenbeziehung. Susanne ist meine Frau, ich kann mich ihr nicht einfach verweigern!«

»Das ist mir egal. Ich habe lange genug gewartet, und die Situation quält mich. Ich muss etwas tun, ich halte es nicht mehr aus.«

»Aber das haben wir doch bereits besprochen, Luise. Es ist nur eine Frage der Zeit. Du solltest von allen Menschen am besten wissen, dass es nicht so einfach ist.«

»Die Situation setzt mir zu; ich muss etwas unternehmen. So gehe ich kaputt. Und außerdem will ich das gleiche Recht haben wie du.«

»Aber wenn du dir einen Liebhaber nimmst, dann ist das einfach nicht dasselbe. Ich kann damit nicht umgehen; ich bin noch nicht so weit. Habe doch noch ein bisschen Geduld.«

Sie drehten und wendeten die Sache in aufgewühlten Gesprächen ein paar Wochen lang hin und her. Es waren mühselige Diskussionen, aber sie waren auch aufregend und aufschlussreich. Luise war überzeugt, dass ein solches Arrangement ihre Beziehung nicht gefährden würde. Schließlich gab David nach und willigte ein – allerdings nur unter der Bedingung, dass sie ihn wissen ließe, mit wem sie sich treffen würde und wann.

Das süße Gift der Eifersucht – auch David bekam es zu kosten. Luises erster Liebhaber Jean-Luc war in der Zwischenzeit wieder aus Frankreich in die Schweiz zurückgekehrt; sie hatten sich seit Jahren nicht gesehen und trotzdem hatte Luise immer noch die wärmsten Gefühle für ihn. Sie ließ David wissen, dass sie sich wieder mit ihrem ehemaligen Liebhaber treffen würde, was diesen alles andere als freute.

Sie trafen sich in einem Hotel und verbrachten drei Stunden zusammen. Es war schön und zärtlich, für Luise war es aber auch nicht mehr, als es früher gewesen war: eine willkommene Ablenkung. So wie man am Wochenende auch schon mal am Nachmittag eine Flasche Weißwein öffnet. Aber für David war es anders. Für ihn war es eher, als hätte sie Crack geraucht und sich auf eine dreitägige Orgie mit 20 Männern eingelassen. Er ertrug die Konkurrenz nicht, er flippte aus. Zum ersten Mal, seit Luise ihren Reigen begonnen hatte, hatte sie ein schlechtes Gewissen: Sie hatte drei Stunden Spaß in einem Hotelzimmer, und er litt wie ein Hund? Die Leichtigkeit ihrer Zusammenkünfte, die früher ganz im Zeichen von Ausbruch aus dem normalen Beziehungsalltag und gegenseitiger Zuneigung gestanden hatten, wurde nun von quälenden Diskussionen überschattet. Er bombardierte sie mit den drängenden Fragen der Eifersüchtigen, die sich nie befriedigend beantworten lassen: »Was hat er, was ich nicht habe? War er besser als ich? Ist es das, was du willst? Was ist denn anders mit ihm? Genüge ich dir nicht?« Und Luise machte mit, antwortete mit dem klassischen Dreiklang von Beruhigung, Beschwichtigung und Beschönigung: »Ich empfinde nichts für ihn. Unsere Treffen bedeuten nichts. Unsere Beziehung kann man nicht vergleichen.« Aber davon wollte David nichts hören. Ganz der eifersüchtige Liebhaber, reagierte er wütend auf Luises Verteidigungsstrategie.

»Du bist nicht ehrlich zu mir. Ich glaube dir kein Wort!«

Das Letzte, was Luise wollte, war, David zu verletzen, aber sie stellte fest, dass es sehr naiv von ihr gewesen war zu glauben, dass sich das vermeiden ließe. Schließlich verlangte David ein Time-out. Eine Pause in ihrer Beziehung, um es später noch einmal zu versuchen. Luise fügte sich seinem Wunsch. Sie traf sich weiter mit Jean-Luc, doch diesmal ohne David davon zu erzählen. Außerdem traf sie noch einen weiteren Mann, Murat, den sie ebenfalls von früher her kannte und mit dem sie ebenfalls ins Bett ging.

Auch David sah sie in dieser Zeit wieder ab und zu. Eines Tages entdeckte er bei einem Besuch auf ihrem Computer ein offenes Skype-Fenster, das an Jean-Luc adressiert war. David tobte. Was ihr eigentlich einfalle, ihn so zu hintergehen. Mit dem Fremdgehen hätte er leben können, sagte er, aber nicht damit, dass sie es ihm verheimlicht hätte. Luise glaubte ihm kein Wort, zumal sie wusste, dass er selbst bereits eine neue Flamme hatte, die er mit ihr, Luise, betrog. Das war schließlich das Ende ihrer Beziehung. Auch als sie es ein Jahr später noch einmal probierten, ganz unverbindlich, funktionierte es nicht mehr richtig. Luise hatte Davids ausschweifende Predigten noch im Ohr, über den Wert von Offenheit und Ehrlichkeit in einer Beziehung, über Respekt und Loyalität. Doch sobald es ihn selbst betraf, legte er seine hehren Prinzipien viel großzügiger aus. Für beide hatte es als außereheliche Affäre begonnen und ist schließlich selbst wie eine ganz normale Beziehung an der Eifersucht gescheitert. Trotzdem hatte Luise am Ende gewonnen, denn der Entschluss zur Affäre hatte einen Prozess der Selbstbefreiung angestoßen und Luise ging als neue Frau aus der gescheiterten Affäre mit ihrer großen, verheirateten Liebe David heraus. Sie wusste nach der schmerzhaften, aber auch aufregend neuen Erfahrung viel besser, wer sie war und was sie wollte. Oder zumindest wusste sie, was ihr half, es herauszufinden. Sie wusste nun auch, dass sie ihre Sexualität ausleben wollte – darauf hatte sie ein Anrecht.

Luise traf eine Entscheidung. Als Erstes ließ sie sich von Thomas scheiden, ein längeres und unerfreuliches Unterfangen, das mit einem Gerichtsbeschluss endete, mit dem sie ihn aus der Wohnung wies. Dann beschloss sie, die Heimlichtuerei zu beenden. Sie hatte genug davon, ihre Freundinnen und die eigenen Eltern zu belügen, die grundsätzlich keinerlei Verständnis für ihren Lebenswandel hatten. Sie wollte einen Weg finden, ihre Bedürfnisse zu leben, ohne jemandem weiter etwas vorspielen zu müssen.

Heute ist Luise eine offene, lebenslustige Frau, neugierig auf das Leben und alle Erfahrungen, die es bereithalten mag, auch wenn sie schmerzhaft sind. Sie hatte es zunächst mit Polyamorie, also mit mehreren, offen gelebten Beziehungen versucht; alles offen gelebt, das sei genau das, was sie jetzt brauchte, dachte sie. Sie machte die Erfahrung, dass es unter gewissen Umständen möglich ist, mehrere Beziehungen gleichzeitig zu führen, wenn es auch keineswegs einfacher ist als eine monogame Zweierbeziehung.

Wenn sie jemand fragt, dann gibt Luise folgende Tipps:

Punkt 1: Geh nicht sofort mehrere Beziehungen ein!
Es ist einfacher, von einer bestehenden, festen Beziehung aus neue Partner zu integrieren.

Punkt 2: Stecke keine Grenzen ab!
Wer zum ersten Mal offene Beziehungen ausprobiert, verwendet oft sehr viel Zeit darauf, die jeweiligen Grenzen abzustecken, bis wohin der andere gehen darf. Das ist vielleicht fürs Erste notwendig, aber langfristig gesehen nicht sehr zielführend. Wenn du die Grenzen deiner Beziehung öffnen willst, verschwende nicht zu viel Zeit und Energie darauf, die Grenzen festzulegen. Geh von deinen Bedürfnissen und von denen deines Partners aus und entwerft von den konkreten Bedürfnissen ausgehend Strategien, wie man sie befriedigen könnte, ohne dass sich der andere verletzt oder zurückgewiesen fühlt.

Punkt 3: Kommunikation ist der Schlüssel für das Gelingen jeder Beziehung – auch für mehrere parallele Beziehungen!

Lerne, deine eigenen Bedürfnisse zu erkennen und zu benennen. Lerne, deinem Partner genau zuzuhören und unterbrich ihn nicht, bis er ausgeredet hat. Wenn er fertig ist, fasse zusammen, was du vom Gesagten verstanden hast und wie du es interpretierst. Wenn ihr feststellt, dass du ihn richtig verstanden hast, kannst du deine eigenen Gedanken und Gefühle artikulieren. Bestehe darauf, dass du ausreden kannst und dass der Partner genauso verständnisvoll zuhört.

Punkt 4: Kenne deine Grenzen und respektiere sie!

Benutze immer Kondome. Sei dir bewusst, was dir gefällt, was du noch nie ausprobiert hast, dir aber vorstellen kannst zu tun. Wenn dir jemand etwas vorschlägt, du aber ein schlechtes Gefühl dabei hast, dann lehne ab. Selbst wenn du fürchtest, die Person könnte sich zurückgewiesen fühlen. Vertraue dir selbst. Wenn du gelernt hast, deine Grenzen zu benennen, dann respektieren sie auch andere viel eher. Erst wenn du deine eigenen Grenzen kennst und respektierst, wirst du dich auch selbst lieben. Und erst wenn du dich selbst liebst, wirst du in der Lage sein, andere Menschen zu lieben.

Punkt 5: Beziehungen passieren nicht einfach!

Sie erfordern Arbeit und ein Bekenntnis zueinander; mehrere Beziehungen erfordern vor allem Planung.

Um eine oder mehrere Affären neben Familie, Arbeit und Primärbeziehung zu organisieren, reicht es nicht, die Dinge dem Zufall zu überlassen. Außerdem sollte man seine Verabredungen unter allen Umständen einzuhalten versuchen, denn Zuverlässigkeit steigert die Erfolgschancen. Wer sich nur von seinen Launen lenken lässt, könnte irgendwann feststellen, dass Polyamorie für ihn zu kompliziert wird. Und wenn alle sich nur von Launen lenken lassen, muss man sich die Mühe gar nicht erst machen. Dann wird es niemals klappen.

Punkt 6: Übernimm Verantwortung für deine Gefühle!

So verlockend es scheint, anderen Menschen die Schuld für das eigene Gefühlschaos zuzuschieben, so sind es letztlich deine eigenen Gefühle. Du hast die Macht, sie zu kontrollieren und mit ihnen entsprechend umzugehen. Selbst wenn es um Angst oder Scham geht, die schwer kontrollierbar zu sein scheinen: Man hat immer eine Wahl. Du kannst dich den Gefühlen stellen, Ängste überwinden, dir jemanden suchen, an dessen Schulter du dich ausweinen kannst. Selbst wenn jemand es darauf anlegt, dich zu verletzen, entscheidest du schließlich selbst, wie du reagierst, und ob du nach deinen eigenen Gefühlen handeln willst oder nicht.

Punkt 7: Du bist nicht verantwortlich für die Gefühle deines Lovers!

Du kannst ihn unterstützen, du kannst ihm zuhören, du kannst versuchen, ihm zu helfen – aber es ist nicht deine Aufgabe, dafür zu sorgen, dass er anders empfindet. Und es ist auch nicht deine Aufgabe, seine Probleme für ihn zu lösen.

Punkt 8: Du wirst deine eigenen Probleme haben!

Probleme, von denen du nie gedacht hättest, dass du sie jemals haben würdest. Du wirst Fehler machen und andere werden Fehler machen. Du wirst dich von anderen missverstanden fühlen und dich vielleicht nicht so behandelt fühlen, wie du es dir wünschst. Fehler sind da, um aus ihnen zu lernen und im besten Fall an ihnen zu wachsen.

Nach einigen Experimenten im Bereich der Polyamorie kam Luise zu dem Schluss, dass diese Beziehungsform sie überforderte und nicht das war, was sie suchte.

Sie besprach ihre mannigfaltigen Erfahrungen mit ihrer Therapeutin, die nur vielsagend lächelte. Die Therapeutin sagte, Luises Vorstellungen seien naiv, dahinter stecke eine Art Selbstlüge, Bindungsunfähigkeit und ein gestörtes Verhältnis zu Nähe und Distanz. Fremdzugehen wäre eben viel einfacher, als sich mit den echten Problemen auseinanderzusetzen. Man könnte sie auf diese Weise sozusagen outsourcen und besser kontrollieren, während echte Partnerschaften komplex, anstrengend, strukturiert und schwierig wären. Luise beschloss, es wieder mit einer klassischen Zweierbeziehung zu probieren.

Die Kunst des Fremdgehens

Keines Mannes Hand in meiner Hand.
Warum brauche ich die männlichen Quäler?
Alma Mahler

Die Comedy-Serie *Crazy Ex-Girlfriend* handelt von einer hochintelligenten, jungen Anwältin in einer angesehenen New Yorker Anwaltskanzlei, die eines Tages die Partnerschaft in der Firma angeboten bekommt. Doch anstatt den Job für eine halbe Million Dollar im Jahr anzunehmen, reist sie einem Mann an die Westküste hinterher, an den sie als Sechzehnjährige im Sommerlager ihre Jungfräulichkeit verloren hatte. Dabei spielt es keine Rolle, dass sie sich zehn Jahre nicht mehr gesehen haben, der Mann sich nicht besonders für sie interessiert, und er ihr in jeder Hinsicht unterlegen ist. Sie war allein und unglücklich in New York, jetzt ist sie verliebt, mehr braucht es nicht. Auch wenn ihre Sehnsucht unbefriedigt bleibt. Oder gerade weil ihre Sehnsucht unbefriedigt bleibt, denn nur das verheißt stets neue Sensationen des Herzens. »Ich bin nur ein Mädchen, das sich verliebt hat«, singt Schauspielerin Rachel Bloom im Intro, »man kann mich für meine Handlungen nicht zur Verantwortung ziehen. Ich habe keine anderen Probleme, als hübsch und besessen zu sein.« Der Chor singt dazu: »Man sagt, Liebe macht einen verrückt, aber deswegen ist sie doch nicht verrückt, und wenn, dann heißt das nur, sie ist verliebt!«

Alma Mahler war die Femme fatale der anbrechenden Moderne, die Königin aller Fremdgeherinnen und Crazy-Ex-Girlfriends. Sie wusste nie, was sie eigentlich wollte. Sie wusste nur, dass sie den Rausch der Liebe suchte, stets aufs Neue. Dreimal war sie verheiratet, zweimal verwitwet und niemandem wirklich treu. Sie gebar vier Kinder, musste drei davon zu Lebzeiten begraben, hatte elf Abtreibungen und wurde in unzähligen Meisterwerken verewigt. Alma Mahler war ein theatralisches Naturtalent, eine Meisterin der Inszenierung. Ähnlich wie die heutigen Social-Media-Stars produzierte auch sie Bilder von sich, die in ihren Kreisen geteilt wurden und immer weitere Kreise der Bewunderung zogen. Nur waren es keine Selfies, die sie von sich machte, und sie gab sich auch nicht mit flüchtigen Likes zufrieden: Sie verlangte von ihren Verehrern, Kunstwerke für sie zu erschaffen.

Ihr unerschöpfliches Lebensthema war die Liebe als Quelle von Macht. Sie wollte geliebt werden, um Macht über ihre Verehrer zu gewinnen. Und diese verehrten sie, in der Hoffnung, Alma auf diese Weise ganz für sich gewinnen zu können. Doch keiner ihrer Männer konnte sie jemals nur für sich alleine haben. Obschon in einer Epoche aufgewachsen, die alles andere als bereit war, den Frauen sexuelle Freiheiten zuzugestehen, nahm Alma Mahler sich diese ganz selbstverständlich. Wahrscheinlich gibt es auch von kaum einer anderen Fremdgeherin so viel Zeugnis von all ihren Affären. Alma Mahler scheint jede Regung ihres Herzens festgehalten zu haben – und das, obwohl ihr Leben alles andere als eintönig gewesen war. Sie scheint ihre außerehelichen Eskapaden moralisch nicht sonderlich hinterfragt zu haben; sie folgte vielmehr einem größeren Plan. Sie sammelte Genies, das sollte ihr Werk sein, das sie der Nachwelt hinterließ: »Mit eisernen Klauen kralle ich mir den Weg zu meinem Nest empor. Jedes Genie ist der rechte Halm für mich, an den ich mich klammern kann, die rechte Beute, mein Nest mit ihm zu schmücken.«

Sie war eine eigentümliche Figur, Produkt ihrer Zeit, in einer atemlos in die Moderne hetzenden Welt kurz vor Ausbruch des Ersten Weltkriegs. Sie stand an der Schwelle zu einem Jahrhundert, das zwei Weltkriege und einen einmaligen Wirtschaftsaufschwung benötigen würde, bis man bereit war, den Frauen einen gleichberechtigten Platz in der Gesellschaft einzuräumen. Frauen sind heute unabhängiger, die Gesellschaft liberaler denn je – doch nur vordergründig.

In der Single-Gesellschaft, in der Beziehungen meistens nur kurz dauern und auf romantischer Grundlage beruhen, ist das Versprechen sexueller Treue gerade für die kurze Zeit des Zusammenseins noch viel wichtiger geworden. Die bürgerliche Ehe hingegen beruhte auf einer wirtschaftlichen Grundlage, diente Repräsentationszwecken und Scheidung war nur in Notfällen vorgesehen. Das bot einen ausreichend stabilen Rahmen, so dass ein Seitensprung nicht das Ende der Welt bedeuten musste, wie Almas Beispiel zeigt.

Aufgewachsen in einem Künstlerhaushalt, früh gefördert und gewohnt, im Mittelpunkt zu stehen, verstand sie Macht durch Liebe auszuüben als ihr Geburtsrecht. Denn bis zu ihrem Lebensende beteten sie genügend Menschen an, so dass sie sich das erlauben konnte. »Es scharten sich die Männer um mich wie Mücken um die Lampen. Ich fühlte mich so recht als Königin, war unnahbar und stolz, sprach mit jedem 3 kühle Worte.« Vielleicht war das der Grund, warum sie so wenig Skrupel zeigte, eigene, moralische Normen für sich zu beanspruchen.

1912 war Wien die erotischste Stadt Europas, vibrierend

von Zukunftsglaube und kultureller Energie. In dieser fiebrigen Atmosphäre beauftragte der Maler und Kunstliebhaber Carl Moll einen berüchtigten, jungen Kunstrevolutionär, seine Stieftochter Alma Mahler zu porträtieren. Oskar Kokoschka war 26 Jahre alt, als er die dreiunddreißigjährige Alma Mahler bei einem Diner im Hause Molls kennenlernte. Sie war zu dieser Zeit schon die berühmte Witwe des früh verstorbenen Komponisten Gustav Mahler und Grande Dame Wiens. Ihren Gatten hatte sie bis zu seinem Tod mit dem jüngeren Bauhaus-Pionier Walter Gropius betrogen, und die beiden sahen sich bereits als Eheleute. Zumindest Gropius sah das so. Alma hingegen gab zwar gern blumige Liebesschwüre von sich, aber wirklich eilig hatte sie es mit einer zweiten Ehe auch nicht. Stets auf der Suche nach Sensationen – egal ob musischer, künstlerischer oder sexueller Natur –, wollte sie sich damit noch Zeit lassen. Gropius lebte in Berlin und Alma in Wien, als schöne, junge und reiche Witwe umschwärmt von Verehrern und Bewunderern.

So auch an jenem Abend im April. Nach dem Abendessen im Salon des Stiefvaters führte sie Kokoschka in ein Nebenzimmer, wo sie sich ans Klavier setzte und ihm inbrünstig den »Liebestod« aus *Tristan und Isolde* vorspielte. Alma war eine begabte Pianistin und Kokoschka verzaubert von dieser geheimnisvollen Person im Trauerschleier. Er stürzte auf sie zu und umarmte sie heftig. Sie blieb kühl, aber der Funke sprang trotzdem über. Es sollte eine der größten Amour fou des Jahrhunderts werden, von rasender Hingabe, quälender Eifersucht, viel Drama – und einem beeindruckenden künstlerischen Niederschlag: Daraus gingen nicht nur über 400 Briefe, zahlreiche Gemälde und Zeichnungen hervor, sondern auch eines der berühmtesten Gemälde der klassischen Moderne: »Die Windsbraut«, es hängt heute im Kunstmuseum Basel.

In ihrer Gegensätzlichkeit passten sie perfekt zusammen: Hier der atemlose Rebell und Exzentriker in ausgefransten Hosen und zerrissenen Schuhen, der sich zu Großem berufen fühlte. Dort Alma Mahler, die Königin der Extreme: Selbst eine verhinderte Komponistin, perfektionierte sie dafür ihre Gabe, sich zur Muse und zum Objekt der Begierde fast der gesamten Wiener Elite zu machen. Männer und Frauen verfielen ihr, obschon ihr Modus Operandi nichts Gutes verhieß für Verehrer: »Erst habe ich ihm den Kopf verdreht und dann kümmere ich mich nicht mehr um ihn. Er hat ja recht, ich bin ein ganz gemeines, oberflächliches, gefall- und herrschsüchtiges und egoistisches Weib.« Diese Einschätzung hätten wohl auch viele ihrer Liebhaber geteilt.

Als Frau und Liebhaberin war Alma Mahler ein Jahrhunderterereignis. Man muss sich eine »ziemlich große, allseits überquellende Frau, mit einem süßlichen Lächeln ausgestattet und hellen, weit offenen, glasigen Augen« vorstellen, meint der Schriftsteller Elias Canetti, eine mit gigantischen Hüten, Straußenfedern und viel Parfum geschmückte Matrone mit einer Vorliebe für Benediktiner-Likör. Der Schriftsteller Erich Maria Remarque traf Alma Mahler in Kalifornien auf einer Party. Da war sie bereits über 60 und in dritter Ehe mit dem Schriftsteller Franz Werfel verheiratet. Remarque, dem Alkohol ebenfalls nicht abgeneigt, hielt seinen ersten Eindruck für die Nachwelt so fest: »Die Frau ein wildes, blondes Weib, gewalttätig, saufend. Hat bereits Mahler unter die Erde gebracht. War mit Gropius u. Kokoschka, die ihr scheinbar entkommen sind. Werfel wird nicht. Wir soffen. Sie pfiff Werfel wie einen Hund, war stolz darauf; er kam auch.« Theodor W. Adorno nannte sie schlicht »Monster«, und die deutsch-französische Journalistin, Autorin und Gesellschafterin Claire Goll beobachtete nüchtern: »Diese aufgequollene Walküre trank wie ein Loch.«

Aus heutiger Perspektive ist die Besessenheit der Epoche mit Alma Mahler schwer zu verstehen. Ihr Ruf als legendäre Schönheit lässt sich anhand ihrer Fotografien nur schwer nachvollziehen, aber Schönheit ist relativ. Es gibt hübsche Frauen, die kein bisschen sexy sind. Und man muss nicht wirklich schön sein, um Männer um den Verstand zu bringen. Dafür eignen sich andere Talente mehr. Alma war beispielsweise eine Meisterin der Illusion. Sie erahnte die Bedürfnisse der Männer und wusste diese perfekt zu verkörpern. In den Augen ihrer Bewunderer war sie die verführerischste, unwiderstehlichste Frau überhaupt. Aber genauso leidenschaftlich, wie sie verehrt wurde, wurde sie auch verachtet. Zeitgenossen schilderten sie als herrisch und eifersüchtig, berechnend und unberechenbar, hysterisch, herrsch- und gefallsüchtig und gefühlskalt. Die Männer wurden süchtig nach ihr.

Viele kamen nicht mehr von ihr los, obschon sie mit ihnen spielte, sie demütigte, ihnen falsche Hoffnungen machte und sie hinterging. Aber man verzieh ihr, vielleicht, weil jeder wissen musste, worauf er sich bei ihr einließ. Ihre gesellschaftlichen Salons waren legendär für ihre aufgeladene, sexuelle Stimmung, wie sich ihr späterer Schwiegersohn, der Komponist Ernst Krenek, erinnerte: »Sex war das Hauptgesprächsthema, und meistens wurden lärmend die sexuellen Gewohnheiten von Freunden und Feinden analysiert, wobei Werfel eine ernste und intellektuelle Note einzubringen versuchte, indem er sich feierlich über die Weltrevolution verbreitete.«

Alma Mahler bestätigt die Schlampen-Theorie, dass Frauen, die es sich leisten können, auch fremdgehen auf geradezu umfassende Weise, aber sie entging der Schlampen-Falle. Trotz ihres wilden Lebens blieb sie als Muse und Grande Dame respektiert. Was in erster Linie mit ihrem Umfeld zu tun hatte, den Musikern, Künstlern und Literaten des anbrechenden Jahrhunderts. Sie rangen um eine neue Kunst, erforschten das Unterbewusste und die Träume, suchten neue Musik, ein neues Sehen und Bauen, eine neue Logik und Moral. Als deren Muse nahm Alma Mahler eine moralische Sonderstellung für sich in Anspruch und kam damit durch. Das war ihre Kunst.

Gustav Mahler

Das Talent zum Fremdgehen sog Alma Mahler, geborene Schindler, quasi bereits mit der Muttermilch auf. Ihr Vater Emil Schindler war ein angesehener Landschaftsmaler, der aber beruflich oft unterwegs und für längere Zeit abwesend war. Von der Bühne Erfolg und Bewunderung gewohnt, verzichtete Almas Mutter Anna von Bergen als ehemalige Opernsängerin ungern auf Aufmerksamkeit und Applaus. Deshalb vertrieb sie sich während der Abwesenheit ihres Mannes die Zeit mit dem einen oder anderen Liebhaber. Im 19. Jahrhundert hatten Ehebrecherinnen mit anderen Problemen zu kämpfen als mit verräterischen SMS oder Facebook-Chats. Als Emil Schindler nach einer mehrmonatigen Kur wieder nach Hause kam, überraschte seine Frau ihn mit der Nachricht, dass sie schwanger war. Schindler sah großzügig darüber hinweg, dass er zum Zeitpunkt der Zeugung nicht in Wien gewesen war, und akzeptierte das Kind, ein Mädchen namens Margaretha, als sein eigenes.

Ein paar Jahre später nahm Emil Schindler einen zwanzigjährigen Schüler und Assistenten ins Haus, Carl Moll. Er bewunderte seinen »Meister« grenzenlos. Bald war er aus dem Haushalt der Schindlers nicht mehr wegzudenken. Seine Bewunderung beschränkte sich aber nicht nur auf Emil

Schindler. Wenn dieser auf Reisen ging, ließ er seine junge Familie vertrauensvoll bei Moll zurück – sehr zur Freude der dreiundzwanzigjährigen Anna. Bald waren sie ein Liebespaar, was sie sorgfältig zu verbergen versuchten, was ein schwieriges Unterfangen gewesen sein dürfte. Besonders wenn die Familie mit dem Hausfreund auf Reisen ging.

Alma hatte ein besonderes Verhältnis zu ihrem Vater. Dieser schulte seine Erstgeborene nicht nur in Musik, Kunst und Literatur, er betete sie an. Das beruhte auf Gegenseitigkeit, wie sich aus der späteren Schilderung ihrer Beziehung zum Vater entnehmen lässt: »Ich war gewohnt gewesen, ihm alles zu Gefallen zu tun, meine ganze Eitelkeit und Ehrsucht hatte als einzige Befriedigung den Blick seiner verstehenden, blauen Augen gehabt.« Nach dieser Intensität der Zuneigung verzehrte sie sich und suchte sie ihr ganzes Leben. Und wenn ein Mann sie nicht mehr in ihr wecken konnte, suchte sie sie woanders.

Hausfreund Carl Moll war auch mit von der Partie während jenes schicksalhaften Urlaubs auf der Insel Sylt im Sommer 1892. Es war die erste Reise, die sich Emil Schindler nach Abzahlung seiner Schulden leistete. Sie begann mit ausgedehnten Spaziergängen am Strand und in den Dünen und endete mit einer Katastrophe. Zuerst klagte Emil Schindler über Appetitlosigkeit und Unterleibsschmerzen, dann brach er zusammen und starb am 9. August an den Folgen einer verschleppten Blinddarmentzündung.

Alma und ihre Schwester saßen allein im Restaurant, als die Todesnachricht sie erreichte. Alma war 13 Jahre alt und machte sich von da an auf die Suche nach einem Mann, der ihre »ganze Eitelkeit und Ehrsucht« befriedigen konnte.

Schon als Mädchen war Alma Stadtgespräch. Als Sechzehnjährige verkehrte sie in den wichtigsten Künstlerkreisen. Sie gingen im Haus ihres neuen Stiefvaters Carl Moll, den ihre Mutter inzwischen geehelicht hatte, ein und aus. Besonders Gustav Klimt, der damalige Frontläufer zwischen Pornographie und Neuer Sachlichkeit, erlag dem Charme des kecken und selbstbewussten Mädchens mit der ausladenden Oberweite. Er war zudem ein Hausfreund ihrer Eltern. Er schrieb 1899 über die inzwischen Siebzehnjährige: »Alma ist schön, klug, geistreich, sie hat alles, was ein anspruchsvoller Mann von einem Weibe verlangen kann, in reichem Maß, ich glaube, wo sie hinkommt, hinschaut in die Männerwelt, ist sie Herrin, Gebieterin.«

Alma begann sehr zum Missfallen ihrer Eltern eine Tändelei mit dem 17 Jahre älteren Künstler, damals schon berühmt und dafür berüchtigt, mitten im Atelier mit seinen Modellen zu schlafen. Im Frühling 1899 besuchte Klimt die Familie Moll in ihrer Residenz in Florenz, und Alma verliebte sich in das »wilde Mannsbild«. Oder besser in die brennende Verehrung, die er ihr entgegenbrachte. Zu mehr als ein paar gestohlenen Küssen kommt es allerdings nicht, denn die Eltern bekommen schnell Wind von der sich anbahnenden Affäre – auch weil Mutter Anna sich kurzerhand Zugriff zu Almas Tagebüchern verschafft und dort auf seitenlange Schwärmereien des Teenagermädchens stößt. Bei allem Verständnis der Mutter für die Macht leidenschaftlicher Liebe, die sich nicht an moralische Konventionen hält, ist ihr doch klar, dass der notorische Frauenheld Klimt nicht der richtige Umgang für ihre Tochter war. Klimt muss abreisen, und Alma liegt nachts wach und denkt »in einem fort darüber nach, die Fenster zu öffnen und in die Lagune zu gehen«. Alma wird Klimt immer als ihre erste große Liebe im Gedächtnis behalten.

Das Muster, sich ihre Liebhaber hörig zu machen und an sich zu binden, während sie an anderer Front bereits mit dem nächsten anbandelte, war schon vor Almas erster Ehe erkennbar – und sollte sich oft wiederholen. Die damit verbundenen Gefühle, das Hin- und Hergerissen-Sein, die Hoffnungen, die Heimlichtuerei, die Resignation und vor allem die Macht über ihre Verehrer waren Alma Mahlers liebste Drogen. Sie kannte aber auch »den Kater danach« nur zu gut. Tagelang konnte sie im Bett liegen und weinen, in schwankender Verzweiflung, wenn sie wieder einmal unfähig war, eine Entscheidung zu treffen. Oder in Agonie verharren, wenn sie sich einsam, isoliert und unverstanden fühlte. Also genau so, wie sich die meisten Frauen im Laufe einer Beziehung irgendwann fühlen.

Mit 16 Jahren nahm sie Unterricht in Komposition bei Alexander von Zemlinsky. Nach anfänglicher Zurückhaltung verfiel ihr der ambitionierte Komponist bald, derweil Alma sich einem Wechselbad der Gefühle hingab. Sie war von ihm und der Aussicht auf Sex besessen und gleichzeitig demütigte sie ihn bei jeder Gelegenheit mit ihrer sozialen Überlegenheit. Ihre Tagebücher geben Aufschluss über die mit aller Macht losbrechenden, sexuellen Triebe, die sich mit romantischen Gefühlswallungen vermischten. »Mich dürstet nach Vergewaltigung! – Wer immer es auch sei!«, heißt es etwa in den Tagebüchern aus der damaligen Zeit. Oder »Alex – mein Alex. Dein Weihebecken will ich sein. Gieß Deinen Überfluss in mich.« Ihr wesentlich älterer Mentor Max Burkhardt gab sich derweil alle Mühe, sie von einer übereilten Eheschließung mit Zemlinsky abzuhalten – doch wenn sie sich einen Abend lang von ihm anhörte, warum es keine gute Idee war, sich der erstbesten Schwärmerei hinzugeben, notierte sie sich später ins Tagebuch: »Abends merkte ich mit Erstaunen, daß meine Blicke wie festgebannt auf jener runden Erhöhung auf der linken Seite von B.s Hose hingen. Meine Sinnlichkeit ist grenzenlos. Ich muss bald heirathen.«

Das tat sie schließlich auch. Aber keinen jungen Hengst,

der ihre in den Tagebüchern immer wieder beschworene »grenzenlose Sinnlichkeit« befriedigt hätte, sondern einen asketischen Workaholic, den damaligen Wiener Hofoperndirektor Gustav Mahler. Kennengelernt hatte sie ihn im Salon der Journalistin und Gesellschafterin Berta Zuckerkandl – Alma 21, Mahler 41 – sie waren sofort verliebt. Sie war skeptischer, obwohl er bereits berühmt war. Dann aber beeindruckte er sie mit seinem Intellekt und seiner Energie. Schon drei Monate nach ihrer ersten Begegnung hielt er um ihre Hand an. Almas Familie riet ihr ab, Mahler sei zu alt, verarmt, unheilbar krank. Trotzdem war sie versucht. Bevor sie sich zur Eheschließung durchringen konnte, schlug die Achterbahnfahrt ihrer Gefühle sich in ihrem Tagebuch nieder: »Wenn ich jetzt nur wüsste! Den oder – den.«

Gemeint war ihr Kompositionslehrer und Liebhaber Zemlinsky, der nichts von Mahler wusste. Sie schrieb: »Mahler war da, ich denke nur an ihn, nur an ihn. Es liegt eine Wand zwischen uns – Alex. Er kennt sie nicht u. fühlt sie dennoch! Ich weiß nicht, aber ich glaube, ich liebe ihn (Mahler)! Ich will aufrichtig sein, in der letzten Zeit empfand ich nichts mehr für Alex.« Sie entschied sich für Mahler, sie verlobten sich und schliefen zusammen. Und obschon Gustav Mahler bereits sehr erfahren war und auch Alma keineswegs eine Jungfrau, ließ es sich alles andere als verheißungsvoll an. »Er gab mir seinen Leib zur Verfügung – u. ich ließ seine Hand gewähren. Steif und in aller Pracht stand sein Leben. Er brachte mich zum Sopha, legte mich liebreich hin und schwang sich über mich. Da – im Moment, wo ich ihn eingehen fühlte, verlor er alle Kraft. Erschlagen lag er an meinem Herzen – er weinte fast vor Scham.«

Mahler stellte noch vor der Eheschließung klar, wer das Genie in der Familie war und worin er Almas Rolle in Zukunft sah: Sie sollte schön, geistreich, vorzeigbar und darüber hinaus noch Kameradin, Gefährtin und Mutter sein und ihm den Rücken freihalten. Eine Karriere war nicht vorgesehen, schon gar nicht im selben Fach, der Musik. Mahler fürchtete die Rivalität und beschnitt sie in ihrer Kreativität. Das sollte sie ihm nie verzeihen.

Sie heirateten 1902 und reisten im März nach St. Petersburg in die Flitterwochen – für Mahler war es zugleich eine Konzertreise. Ihre Ehe wurde nicht glücklich, denn »Almschi« langweilte sich fürchterlich. Als sie den Wunsch ankündigte, weiterhin Kompositionsunterricht bei Zemlinsky zu nehmen, hielt Mahler ihr eine Predigt, sie solle Zemlinskys Gefühle schonen und angesichts der Vorgeschichte meinte er damit wohl auch die eigenen. Leider hatte er keinen Plan B für ihre zahlreichen Sehnsüchte. Und als sich der Zauber seines Genies und Intellekts verflüchtigte und darunter den ganz gewöhnlichen Mann mit ganz gewöhnlichen Marotten freilegte, erntete er nur noch ihre Verachtung: »Er wedelt vor Madame X, er tanzt um Fräulein Y, und hier zu Hause ist er der uninteressierte, müde Ehemann, für den ich sorgen muss.«

Alma Mahler war aus ihrem Elternhaus ausschweifende Gesellschaften gewohnt, durchtanzte Nächte in Champagnerlaune und erhitzte Diskussionen über Kunst. Sie war ein Partygirl, und Mahlers Lebensstil entsprach in allem dem Gegenteil: durchorganisiert bis auf die Minute und von nervtötender Regelmäßigkeit. Zudem war er viel unterwegs. Alma Mahler fühlte sich einsam, vernachlässigt und ihrer Ambitionen beraubt.

Mehr noch: Sie wähnte sich zur Haushälterin degradiert, obwohl sie doch fühlte, dass sie zu Großem bestimmt war. Nur hatte sie keine Ahnung, worin dieses Große bestehen sollte. In der Liebe vielleicht? »Ich weiß nicht, was ich anfangen soll. So ein unerhörtes Ringen ist in mir!«, so schildert sie ihre Lage. »Jetzt vergehe ich vor Liebe zu ihm und im nächsten Moment empfinde ich nichts, nichts!« Und weiter: »Und immer diese Tränen! Noch nie habe ich so viel geweint als jetzt, wo ich doch alles habe, wonach ein Weib streben kann.«

Doch was will das Weib?

Der ganz auf seine Kunst konzentrierte Mahler verstand ihre Bedürfnisse nicht. Zwar schrieb er immer Briefe, wenn er unterwegs war, manchmal mehrmals am Tag, meldete, wo er sich befand, was er gegessen hatte und wie es ihm sonst ging. Wonach sie sich verzehrte, davon dürfte er schlicht keine Ahnung gehabt haben. Sie wollte das Leben entdecken, Kreativität, Anerkennung, Abenteuer erleben, Antworten bekommen. Für ihn war das alles seine Arbeit. Alma beklagte sich später über sein mangelndes Verständnis für Spaß: »Geld – Tand! Kleider – Tand! Schönheit – Tand! Reisen – Tand! Nur der Geist allein! (…) Ach, wenn er doch jünger wäre! Im Genießen jünger.«

Alma hielt sich bald wieder einen Pulk von Bewunderern. Zum Beispiel der Komponist Hans Pfitzner: »Eines nur weiß ich, er trachtete mir nahe zu kommen, berührte mich mit seinen Händen, wo er konnte, und bat mich endlich mit heißer Stimme um eine Photografie. Wir waren alleine im Wohnzimmer. Ich ließ mirs gefallen – fühlte diesen prickelnden Hautreiz, den ich schon so lange nicht mehr gefühlt habe.«

Ein halbes Jahrhundert zuvor hätte eine Dame ihres Standes diesen »prickelnden Hautreiz« vielleicht für ein Zeichen einer sich anbahnenden Nymphomanie gehalten und sich in die Hände eines Arztes begeben. Alma Mahler aber verstand den wohligen Schauer nicht als Symptom einer Krankheit, sondern als Therapeutikum. Im Sommer 1910 begab sie sich zu einer sechswöchigen Kur nach Tobelbad in der Steiermark, wo man die gehobene, aber nervlich angespannte Kundschaft nach einem ganzheitlichen Ansatz zu kurieren versuchte:

Buttermilch und Tautreten, Dampf- und Lichtbäder sowie grüne Kräuter. Als die Therapie nicht besonders gut anschlug, verordnete der Arzt Alma zusätzlich, abends mit den jungen, männlichen Kurgästen um die Tische zu tanzen. Darunter ein ungewöhnlich gutaussehender Deutscher, der siebenundzwanzigjährige Walter Gropius. Als Mahler seine Frau wenig später in Tobelbad besuchte, lobte er ihre »frische und feste« Erscheinung. Die Kur scheine gut anzuschlagen. Dass sie im Wesentlichen aus Liebesschwüren und ekstatischen Liebesnächten bestand, erfuhr er am 29. Juli, als ihn ein Brief von Walter Gropius erreichte. Der Inhalt war an Alma gerichtet und ließ ausführlich die Details ihrer Liebesnächte Revue passieren. Adressiert aber war der Brief an Mahler, »aus Versehen« behauptete Gropius später. Kurz darauf kam es auch zur Begegnung zwischen den Rivalen: Sie blickten sich in die Augen und zogen unverrichteter Dinge wieder ab. Beide wollten eine Entscheidung, vor allem Mahler. Nur Alma konnte ihre wankelmütige Stimmung nicht überwinden. Sie wollte beides, konnte die Ehe nicht aufgeben und wollte Gropius nicht aufgeben. Sie tat, was sie am besten konnte: beide hinhalten.

Werden Ehemänner plötzlich mit einer untreuen Frau konfrontiert, zeigen sie typischerweise zwei Reaktionsmuster, damals wie heute: Entweder ziehen sie sofort aus und gehen auf Distanz. Das ist der seltenere Fall. Oder sie fallen aus allen Wolken und sehen die Welt auf einmal mit anderen Augen. Es ist ein erstaunliches Phänomen. Männer, die vorher niemals zuhörten, sind nun plötzlich ganz Ohr, die niemals Blumen schenkten oder sonstige Aufmerksamkeiten, entdecken den Gentleman in sich, Probleme, für die man jahrelang keine Lösung fand, weil es ihn nicht interessierte, werden mit einem Mal im Handumdrehen gelöst.

In schrecklicher Angst, Alma zu verlieren, begann Gustav Mahler, heftig wie nie um seine Frau zu werben. Er fiel in seinem Atelier auf die Knie und küsste ihre Pantoffeln. Er kramte ihre alten Kompositionen hervor und rief: »Diese Lieder sind wunderbar. Mein Gott, war ich denn blind?« Er widmet ihr seine 8. Sinfonie, ließ in den USA sogar einige ihrer Kompositionen drucken und zur Uraufführung bringen. Doch es war zu spät. Selbst Sklavin ihrer Gefühle, die genau zu beobachten sie so viel Zeit verbracht hatte, konnte sie nicht mehr zurück. Zu gut kannte sie den Zustand, den alle ihre Liebhaber irgendwann beklagten: Wenn das Feuer erloschen war, ihre Zuneigung erkaltete, sie den anderen nicht verzerrt von romantischen Gefühlen mit kaltem Blick taxierte. Sie wusste, dass sie Mahler nicht mehr liebte, dass etwas anderes sie lockte, auch wenn sie ihn deswegen nicht verlassen konnte.

Also beruhigte und beschwichtigte sie ihren Ehemann des Abends und verfasste tagsüber heiße Liebesschwüre an ihren Liebhaber. Ein weibliches Herz kann so verlogen sein, aber auf seine Weise ist es trotzdem ehrlich, wenn auch in anderer Hinsicht. Schließlich ist es ohne weiteres möglich, zwei Menschen gleichzeitig zu lieben.

Das wusste auch Almas Mutter, letztendlich hatte sie damit selbst jahrelange Erfahrung. Entsprechend half sie Alma bei der Organisation, buchte Hotelzimmer, überbrachte Nachrichten, bot sich als Alibi an. Sie schrieb Gropius schmachtende Briefe, in denen sie Verständnis für Almas Situation forderte und seine Geduld beschwor. Im Oktober brach das Ehepaar Mahler zu seiner letzten Konzertreise in die USA auf, und Alma verbrachte mit ihrem Liebhaber eine letzte, heiße Liebesnacht in Paris. Kein halbes Jahr später erlag Mahler einer Herzklappen-Entzündung und starb am 18. Mai 1911 in Wien. Er hinterließ eine lustige Witwe.

Oskar Kokoschka

Oskar Kokoschka war keine Schönheit. Groß und schlank gewachsen war er eine grobe Erscheinung mit roten Händen und einem stechenden Blick. Er hatte sich in der Wiener Kunstszene bereits einen Namen gemacht, als er Alma kennenlernte. »Hoffnungslos proletarisch«, fand sie ihn, aber ihr gefiel, wie er »das Gesicht sehr erhoben« trug. Außerdem galt er als Genie und verfiel Alma ohne weitere Umschweife. Schon kurz nach ihrer ersten Begegnung im Hause Moll, bat er sie, seine Frau zu werden. Heimlich müsse es geschehen, denn er sei arm, aber dieses Opfer müsse sie bringen. So weit zu gehen war Alma zwar nicht direkt bereit, doch der von Kokoschka dargebotenen Leidenschaft konnte sie nicht widerstehen. Immerhin forderte er von ihr jene Art von Aufmerksamkeit, die sie als Mädchen ihrem Vater entgegengebracht hatte: »Deine Augen müssen immer, ob du bei mir bist oder nicht, auf mich gerichtet sein, wo du auch seist.« Er erwartete rauschhafte Ausschweifungen und mütterliche Hingabe, sie sollte ihm gehorchen und ihn gleichzeitig beherrschen, seine Mutter, Muse, Gebieterin sein. Ein Angebot, dem sie nicht widerstehen konnte.

Drei Jahre dauerte ihr »Liebeskampf«, wie Alma das Verhältnis nannte, und es brauchte ein Meisterwerk und einen Weltkrieg, bis Kokoschka sich wieder von ihr lösen konnte. Alma brauchte dazu nur einen neuen Liebhaber. »Niemals zuvor habe ich so viel Krampf, so viel Hölle, so viel Paradies gekostet«, charakterisierte Alma in der Rückschau die Affäre. Es sind immer auffällig stürmische und zerquälte Verhältnisse, die die wichtigsten Ereignisse in ihrem Leben markieren. Als ihr Vater auf Sylt starb, herrschte Sturm in den Dünen, ebenso verlor sie ihre erstgeborene Tochter in einer stürmischen Nacht.

Der Sex mit Kokoschka war von übersinnlicher Qualität: »An einem stürmischen, zerquälten Tag, als er mich leidenschaftlich, aber … selbstsüchtig liebte, schmolz die Welt plötzlich um mich hinweg, und seitdem bin ich überzeugt von einer Superwelt.« Kokoschkas genaue Techniken zu überliefern versäumte sie leider, dafür war sie an anderer Stelle um Details ihres gemeinsamen Sexlebens weniger verlegen. »Kokoschka konnte nur mit den furchtbarsten Vorstellungen lieben. Da ich mich weigerte, ihn während der Liebesstunden zu schlagen, begann er damit, die entsetzlichsten Mordbilder in seinem Hirn zu entsinnen und leise vor sich hin zu flüstern.« Kokoschka bat sie in seinen Briefen auch wiederholt, streng und ungnädig mit ihm zu sein und ihn zu schlagen. Damit konnte Alma sich arrangieren, nicht aber mit Kokoschkas Wunsch, völlig abgeschieden zu leben und jeglichen Sozialkontakt zu meiden. Sie traf sich weiterhin mit Verehrern, etwa Joseph Fraenkel. In ihren Tagebüchern rechtfertigte sie sich mit der ältesten Entschuldigung der Welt für solche Situationen: »Ich fühlte dies nicht als Untreue, weil er schon weit weg in mir war. Ich wollte es mir nur ein letztes Mal klar machen, daß es aus war.« Kokoschka wollte Alma unbedingt heiraten. Immer und immer wieder unternahm er entsprechende Versuche, manchmal sogar heimlich, um sie zu überrumpeln, aber sie bekam jedes Mal Wind davon und entzog sich, indem sie zu einem neuen Kurort aufbrach, um ihre Nerven zu beruhigen. Mit dabei war meistens ihre liebe Freundin Henriette Amalie Lieser, genannt Lilly. Wie Alma unterstützte sie Künstler, stieg gern in erstklassigen Hotels ab, schätzte das mondäne Leben und schätzte vor allem Alma. Erst später begriff diese, dass auch Lilly in sie verliebt war und sich mehr von ihr erhoffte als nur beiläufige Freundschaft. Als ihr das klarwurde, beendete sie 1915 diese Verbindung.

Schließlich versprach Alma Kokoschka, sie werde ihn erst heiraten, wenn er ein Meisterwerk geschaffen habe. Er nahm sie beim Wort. Im Sommer 1912 reiste Alma mit Kokoschka nach Mürren im Berner Oberland. Sie stiegen im *Regina* ab, dem besten Hotel am Platz, und Kokoschka malte und malte und malte, immer dasselbe Motiv: Alma Mahler. Doch sobald sie wieder in Wien waren, nahmen die Spannungen zu. Für Kokoschka war es unerträglich, dass Alma unverbindlich blieb, und sie machte sich einen Spaß daraus, ihn mit Eifersucht und Liebesentzug zu plagen. Ende Juli klagte er in einem Brief: »Auch daß Du in erster Linie nicht daran denkst, daß unser Wiedersehen von der Beendigung meiner Arbeiten und der mir dadurch ermöglichten finanziellen Freiheit abhängt, sondern von der Gefälligkeit einer Freundin von Dir, wann sie abreisen wird, daß ich mich bereithalten soll, einzuspringen, wenn eine Lücke eintritt, ist mir furchtbar weh.« Zur selben Zeit vermutete Alma eine Schwangerschaft. Für Kokoschka war dies ein Zeichen. Er wollte sie unbedingt heiraten, sie war weniger begeistert. Während ihres Aufenthalts in Mürren begann er heimlich mit den Hochzeitsvorbereitungen und hielt in Interlaken sogar Ausschau nach einer geeigneten Location. Aber Alma ging das alles viel zu schnell. Zurück in Wien, stellte sie fest, dass sie tatsächlich schwanger war. Und fühlte ganz deutlich: »Ich bin nicht Oskars Frau!« Nach einer harten Auseinandersetzung mit Kokoschka willigt er in eine Abtreibung ein. Er leidet wie ein Hund an dieser Entscheidung, wie blutige Bilder und grausame Zeichnungen aus der damaligen Zeit belegen. Eines trägt den Titel: »Alma Mahler spinnt mit Kokoschkas Gedärmen«.

Die Nachwelt sieht in Alma vor allem die verführerische, manipulative Egoistin, die ihre Männer schlecht behandelte. Tatsächlich ist nicht eben erfreulich, was sie ihren jeweiligen

Partnern zumutete, aber wie jede Ehebrecherin hat auch sie dafür gebüßt. Denn Fremdgehen erzeugt beträchtlichen psychischen Stress, insbesondere wenn man dabei erwischt wurde oder der Partner etwas vermutet. Man wacht nachts zu seltsamen Zeiten auf und ist tagsüber hundemüde. Man putzt, räumt auf, geht seinen Beschäftigungen nach. Aber das ist alles Fassade. Innen herrscht Aufruhr, wie ein Sandsturm schleift es am Selbstbild, an den Plänen und Zielen, an der Zukunft. Der Moment der Lust und das Vergnügen des Augenblicks scheint im grellen Licht der meist sehr unerfreulichen Konsequenzen plötzlich schal.

So selbstverliebt und ungnädig sich Alma Mahler zuweilen in ihren Tagebüchern gibt, ein Traum, der in die Zeit der Abtreibung fiel, zeichnet ein eindrückliches Bild ihres Schmerzes, den sie verursachte und zugleich selbst durchlitt. In ihrem Tagebuch findet sich die Schilderung eines Alptraums, von dem jede Fremdgeherin eine eigene Version kennt: »Enge Schiffskajüte – auf dem unteren Bett mit Leinwand zugedeckt der Sterbende [Gustav Mahler] – Oskar und ich ruhig dabei – Tod – im selben Moment selige Umarmung knapp neben dem Verschiedenen. Der Arzt kommt – Lilly [Lieser]: Hoffentlich bemerkt er nichts!!? – Der Arzt untersucht und sagt – gehen Sie in die nächsten Kabinen – die Enge und Hitze hier – der Leichnam dürfte bald riechen – wir wandern – und kommen zurück und das Bett ist leer – alles Grauen – vorüber entkräftet – so auch in mir – für immer.«

Das Leben passiert nicht einfach, sondern es setzt sich zusammen aus den Entscheidungen, die wir treffen. Wie die meisten Fremdgeherinnen verdrängte Alma diese Tatsache erfolgreich. Sie wollte und wollte nicht mit Kokoschka sein, vielleicht wollte sie auch lieber Gropius heiraten – oder doch frei und unabhängig bleiben? Sie wollte alles und hoffte wohl, dass die Entscheidung sich irgendwie ergeben würde. Kokoschka hielt Ende 1912 erneut bei Carl Moll um Almas Hand an. Dass diese nach wie vor in Briefkontakt mit Gropius stand, diesem aber nichts von ihrer Beziehung mit Kokoschka berichtet hatte, wusste er nicht. Auch nicht, dass sie ihn im Glauben gelassen hatte, ihn heiraten zu wollen. Doch als Kokoschka im Frühjahr 1913 ein Bild von sich und Alma als Liebespaar zur 26. Ausstellung der Berliner Secession schickt, verstand Gropius und brach zusammen.

Im Frühjahr 1913 nahm Kokoschka sein Meisterwerk in Angriff, auf einer Leinwand mit den Maßen ihres gemeinsamen Liebesnests. Alma musste ihm Modell liegen – natürlich nackt. Wenn Kokoschka nicht malte, trieb er die Hochzeitsvorbereitungen voran. Im Juli buchte er einen Termin im Döblinger Rathaus für die Trauung, ohne Almas Zustimmung einzuholen. Als diese davon Wind bekam, floh sie in einen weiteren Kurort, Franzensbad. Kokoschka fing sie am Bahnsteig ab, steckte ihr ein Bild zu, das sie dort über ihr Bett hängen solle, um die anderen Männer abzuwehren: »Bitte, mein Almili, schau niemanden an. Die Männer dort werden Dich anstieren«, mahnte er sie in Briefen. Und wollte wissen: »Warum hast Du denn gelacht, als ich gesagt habe, werde gesund? Ich hätte Dich so gerne noch gefragt, aber da bist Du schon weggefahren.« Natürlich erahnte Kokoschka Almas bevorzugte Medizin für eine schnelle Genesung: ein neuer Liebhaber – die Vorstellung befeuerte seine Eifersucht. Mitte Juli überraschte er sie mit einem Besuch in Franzensbad. Er fand sie nicht in ihrem Zimmer und auch nicht das Bild, das er sie geheißen hatte aufzuhängen. Er wurde wütend, es kam zum großen Streit und er reiste wieder ab. Alma beschwerte sich über Kokoschkas pathologische Eifersucht und giftete ihrerseits gegen Kokoschkas Zeichenschülerinnen. Sie beschimpfte ihn als Schlappschwanz – und nahm gleichzeitig wieder Kontakt mit Gropius auf. Vielleicht, so schrieb sie ihm, werde sie Kokoschka bald heiraten. Aber mit ihm, Gropius, werde sie dennoch auf alle Ewigkeiten verbunden bleiben. Derweil vollendete Kokoschka in seinem Atelier in Wien sein großes Gemälde, durch das Alma seine Braut werden sollte. Er hatte es zunächst »Tristan und Isolde« nennen wollen, doch nun hieß es »Die Windsbraut« und er wusste, ihm war etwas Großes gelungen. An seinen Berliner Galeristen schrieb er: »Das Bild ist ein Ereignis, wenn es öffentlich wird, meine stärkste und größte Arbeit, das Meisterwerk aller expressionistischen Bestrebungen: Erwerben Sie es für sich? Damit könnten Sie einen Welterfolg buchen.« Auch Alma ist beeindruckt: »In seinem groß angelegten Bild ›Die Windsbraut‹ hat er mich gemalt, wie ich in Sturm und höchstem Wellengang vertrauensvoll an ihn angeschmiegt liege, – alle Hilfe von ihm erwartend, der, tyrannischen Antlitzes, energieausstrahlend die Wellen beruhigt.« Sie erkannte im Bild ein Meisterwerk.

Kokoschka heiraten wollte sie deswegen trotzdem nicht. »Er reißt mich zurück ins Triebhafte«, hält sie in ihrem Tagebuch fest. »Ich kann damit nichts mehr anfangen. Und so lieb und hilflos dieses große Kind ist, so unverlässlich, ja verräterisch ist er als Mann. Ich muss ihn aus meinem Herzen reißen! Der Pfahl steckt tief in meinem Fleisch. Ich weiß, dass ich durch ihn krank bin – seit Jahren krank – und konnte mich nicht losreißen. Jetzt ist der Moment da.« Im August brach der Zweite Weltkrieg aus, Kokoschka meldete sich im Dezember als Freiwilliger und wurde im Dragonerregiment, dem vornehmsten Reiterregiment der österreichischen Monarchie, aufgenommen. Dafür brauchte er ein Pferd und kaufte es sich ausgerechnet vom Erlös, den er für seine »Windsbraut« bekommen hatte.

Alma langweilte sich derweil wieder einmal schrecklich.

Sie hatte ihre Wohnung in der Wiener Pokornygasse zu Beginn des Kriegs aufgelöst und sich in ihr Haus in Breitenstein in den österreichischen Alpen zurückgezogen. Über die größte Katastrophe der Zeit sinnierte die unverbesserliche Narzisstin: »Ich bilde mir manchmal ein, ich habe diesen ganzen Weltbrand entfacht, um irgend eine Entwicklung oder Bereicherung zu erfahren – und wäre es auch der Tod.«

Silvester 1914 verbrachte sie ein letztes Mal mit Kokoschka in Breitenstein, drei Tage später sollte er seinen Militärdienst beginnen. Es muss ein unvergesslicher Abend gewesen sein. Kerzenreihen zu beiden Seiten der Auffahrt, Sterne, die durch die Wolkendecke schimmerten, ein Feuer im Kamin, rotwangige Kellner mit Champagner, Stimmengewirr, durch das immer wieder Gelächter brandete. Oskar und Alma, die sich der Schicksalshaftigkeit ihres Zusammenseins ein letztes Mal beugten. Die Nacht war unsagbar schön und »erhaben«, schrieb Kokoschka später, auch der Sex, und wieder schöpfte der arme Mann Hoffnung auf eine gemeinsame Zukunft mit seiner Dame. Doch diese Dame hatte sich in den frühen Morgenstunden des 1. Januars bereits mit anderem beschäftigt. Noch während Kokoschka in ihrem Bett lag, schrieb sie einen sehnsuchtsvollen Brief an Gropius, in dem sie über ihre Einsamkeit in Breitenstein klagte.

Beim Abschied im Januar 1915 riet Kokoschka seiner Liebsten, in die noch sichere Schweiz zu fahren, doch das wäre ihr zu langweilig gewesen. Stattdessen kehrte Alma nach Wien zurück, mietete sich eine mondäne 10-Zimmer-Wohnung mitten in der Stadt und gab wieder Gesellschaften. Sie flirtete mit jedem, schrieb Kokoschka abwechselnd schmachtende Briefe und beschimpfte ihn dann wieder so heftig, dass er nicht mehr wissen konnte, wo sie stand oder ihm der Kopf. »Deine Briefe sind ebenso selten als ungleich, sodaß ich nicht weiß, was Du wirklich willst.«

Genau das wusste sie selbst nicht. Vielleicht wollte sie erst mal ein bisschen allein sein? Alma beschloss, dem Boheme-Leben zu entsagen: »Ich warne meine Seele, verstecke die emotionalen Silberlöffel – die Künstler kommen.« Doch kaum erzählte ihr Berta Zuckerkandl eines feuchtfröhlichen Abends von den Erfolgen eines gewissen Walter Gropius auf einer Werkbund-Ausstellung in Köln, war es mit ihrem Vorsatz nicht mehr weit her. Sie schrieb ihm: »Ich sehne mich nach einem Willen, der mich weise von dem wegführt, was ich erworben habe, hin zu dem, was mir eingeboren ist. Ich weiß, ich könnte auch allein dorthin gelangen, aber ich möchte so gern zu jemandem ›danke‹ dafür sagen.«

Was sie nun also wollte, war: Gropius heiraten. Mit ihrer Verehrerin Lilly Lieser reiste sie im Februar 1915 zu ihm nach Berlin in der »schmählichen Absicht, mir diesen bürgerlichen Musensohn wieder beizubiegen«. Es gelang besser als gedacht. Als sie ihn auf die Bahn nach Hannover brachte, »zog er mich kurzerhand in den schon abgefahrenen Zug«. Sie fuhr mit nach Hannover, »ohne die geringsten Bequemlichkeiten und Hilfsmittel«. Aber das brauchte sie im Hotel, in dem die beiden zusammen abstiegen, wohl auch nicht, sie waren sich beide genug. Und es störte sie nicht, »ziemlich gewaltsam die Beute dieses Mannes« zu werden, im Gegenteil. »Ich muss sagen, es gefiel mir nicht übel.« Seine Gattin, sein Eigentum für immer zu werden, sei jetzt ihr Lebenswunsch, schrieb sie ihm aus Berlin. Gleichzeitig stürzte sie sich ins gesellschaftliche Leben im vor Kriegsbegeisterung brennenden Wien. Und das hieß, sie ließ sich von Verehrern umschwärmen, die sich alle ihre allfälligen Chancen bei der schönen Witwe ausrechneten. Nur Lieser fiel in Ungnade, als Alma bemerkte, dass ihre Avancen auch körperlicher Nähe nicht abgeneigt waren. In ihrem Tagebuch aus dieser Zeit finden sich schwärmerische Liebesbekundungen an Gropius'

Adresse, sie war zugleich von ihm und seiner grenzenlosen Eifersucht auf Kokoschka, die sie gewöhnlich und vollkommen unnötig fand, genervt. Je reservierter sich Gropius gab, desto mehr wollte sie ihn. Wenn sie in ihren Tagebüchern über ihre Gefühle ihm gegenüber schrieb, dann klang sie wie eine Süchtige, die ihren Stoff brauchte: »Jetzt im Moment habe ich einen Brief von ihm bekommen, aber er wirkt nicht auf mich. Was bleibt mir? Ein entsetzlich leerer Abgrund.«

Am 15. August heirateten sie in Berlin, heimlich. Nach drei Tagen musste Gropius wieder an die Front in den Vogesen; und Alma kehrte verheiratet, aber ohne Ehemann nach Wien zurück. Natürlich konnte das nicht gutgehen. Alma vermisste körperliche Nähe und Sinnlichkeit, also schrieb sie darüber: »Das erste Mal, wenn wir uns wiedersehen, werde ich an Dir zu Boden sinken, auf Knien bleiben, kniend dich bitten, mir mit Deinen Händen das heilige Glied in den Mund zu stecken und alle meine Feinheiten, als das Raffinement, das ich an dir erlernt habe, will ich anwenden, um dir eine rasende [unleserlich. Anm. d. A.] zu geben.« Heute würde man Sexting sagen. »Wenn dieser Brief Dich verleitet, mit der erlauchten Hand Dein süßes Glied zu berühren, dann schicke mir wenigstens, was mir gehört davon, und ich gebe es in mich, so ist es wenigstens nicht verloren.«

Trotz der Fernehe wurde Alma schwanger und gebar am 5. Oktober 1916 ihr drittes Kind Manon. Doch der Krieg dauerte an, und Alma gewöhnte sich an das Eheleben ohne Ehemann. Ihre sonstigen Bewunderer halfen dabei. Im November 1917 lernte die Achtunddreißigjährige den siebenundzwanzigjährigen Schriftsteller Franz Werfel kennen – er sollte ihr dritter und letzter Ehemann werden. Sie war von ihm sehr angetan und wünschte sich ihn zunächst als Schwiegersohn. Er war auch zu ihrer Silvestergesellschaft im Hotel Bristol eingeladen, und sie erlebte im Verlauf des Silvesters manchen

Glücksmoment: Alle hatten irgendwie mit jenem Franz Werfel zu tun, sobald sie ihn unbemerkt sprechen konnte. »Ich muss mein Herz festhalten, sonst fliegt es fort«, notierte sie ins Tagebuch. Und schon waren sie und Werfel ein Liebespaar, Alma hatte ein weiteres »Gotteserlebnis« und Walter Gropius das Nachsehen.

Alma wurde erneut schwanger, wieder wusste sie nicht, von wem und ließ beide Männer im Glauben, es handle sich um ihr Kind. Doch nach einer heftigen Liebesnacht mit Werfel – er notierte sich später dazu: »Ich schonte sie nicht!«, – erlitt sie Blutungen, kurz darauf brachte sie das Kind verfrüht zur Welt. Werfel machte sich schwerste Vorwürfe. Auf dem Weg zum Arzt in jener regnerischen Nacht legte er zwei Gelübde ab: »1. Alma auf immer treu zu sein, nie mehr leichtfertige, sexuelle Befriedigung zu suchen und meine Augen nicht auf sexuell aufregenden Objekten auf den Straßen ruhen zu lassen und 2. Nicht mehr zu rauchen.« Zumindest der letzte Vorsatz ist von kurzer Dauer. Als ihn aus dem Wiener Krankenhaus die Nachricht erreicht, dass Alma das Kind lebend geboren hat, geht er zum Essen ins Café Herrenhof. »Seit ich das Gefühl habe, dass Almas Krise überwunden ist, rauche ich wieder.« Gropius war sofort an Almas Seite geeilt, doch noch im Wochenbett schrieb sie Werfel heiße Liebesbriefe, in denen sie ihn als »mein geliebter Mann« ansprach.

Der Sex war aufregend – in ihren Tagebüchern berichtete Alma fasziniert und abgestoßen zugleich von Werfels Fetisch für Krüppel, den sie sich als Liebhaberin zu eigen machte. Sie spielte sogar mit dem Gedanken, die Phantasie mit Werfel zusammen auszuleben. Der arme Gropius litt wie ein Hund. Er spürte, dass etwas nicht in Ordnung war, wusste aber nicht, was. Bis er eines Tages ins Zimmer trat, als Alma gerade am Telefon mit Werfel turtelte. Er stellte sie zur Rede und sie gestand ihm alles. Während Werfel auf diese Nachricht mit Panik reagierte, blieb Gropius erstaunlicherweise gelassen und ruhig. Noch erstaunlicher ist, dass er Alma nicht aufgeben wollte. Wieder hatte sie zwei Männer und musste sich entscheiden. Und wieder schwankte sie unschlüssig hin und her.

1919 meldete sich Oskar Kokoschka aus dem Krieg zurück. Er war bei einem Gefecht in der ukrainischen Kleinstadt Wladimir-Wolynsk schwer verwundet worden, sein Freund Adolf Loss hielt den Ablauf für die Nachwelt fest. Kokoschka erlitt einen Schuss in die Schläfe, der den Gehörgang durchbohrt hatte und beim Genick wieder ausgetreten war. Kokoschka wurde mit seinem Pferd und unter vier weiteren Pferden begraben, kämpfte sich unter den Leibern hervor, wurde dann von einem Kosaken mit einer Lanze angegriffen und erlitt eine Brustwunde bis in die Lunge. Ein russischer Soldat nahm ihn fest, verband ihn und wollte ihn abtransportieren, doch er bestach seine Bewacher mit 100 Rubel, um aus dem Waggon wieder in die von Russen besetzte Station getragen zu werden. Nach zwei Tagen griffen die Österreicher die Station an, die einstürzte, aber Kokoschka überlebte und ließ sich von den österreichischen Feldärzten versorgen.

Alma hatte diese Geschichte zwar vernommen, aber nicht so recht geglaubt. Sie hatte auch Kokoschkas Wunsch ignoriert, ihn im Lazarett zu besuchen. Dennoch schrieb er ihr in einem Brief, der Alma im März erreichte, er liebe sie noch immer, glühender denn je. Alma war nun vollkommen durcheinander. Zumal Kokoschka sich mittlerweile eine lebensgroße Puppe von Alma hatte anfertigen lassen, mitsamt allen intimen Details, so dass er in gewisser Weise doch noch mit ihr zusammenleben konnte.

Alma konnte sich wieder nicht entscheiden. Und nachdem Gropius das Angebot abgelehnt hatte, sie könnte die eine Hälfte des Jahres mit ihm, die andere mit Werfel verbringen, bat sie ihn Mitte Juli um die Scheidung. Sie erfolgte im Oktober 1920. Im Februar bereits machte Alma ihre Beziehung zu Werfel offiziell, als sie sich in Berlin an seiner Seite zeigte – es war eine Sensation.

Gropius wollte jetzt nur noch die Scheidung und trieb die Verhandlungen ums Sorgerecht für die gemeinsame Tochter Manon voran. Trotz allem, was er durch sie erlitten haben muss, war er Gentleman genug, Alma als Klägerin auftreten zu lassen. Um seine Untreue zu beweisen, ließ er sich von Privatdetektiven mit einer Prostituierten im Hotel in flagranti erwischen. Die Scheidung wurde reibungslos vollzogen.

Aber auch Werfel sollte es nicht besser ergehen als all ihren Liebhabern zuvor. Zwar trieb Alma ihn zum künstlerischen Schaffen an, aber immer wieder wies sie ihn auch ab, demütigte ihn und ließ sich auf andere Männer ein: »Gewiss, ich liebte ihn, aber … meine Seele reichte über ihn hinaus zu der Größe und Schöpfungskraft in allen Männern.«

Schließlich flohen sie vor den Nazis gemeinsam nach Kalifornien, wo Werfel 1945 einem Herzinfarkt erlag. 1958 erschien ihre Autobiographie mit dem Titel *And the Bridge is Love*, basierend auf ihren Tagebucheinträgen, später erschien das Buch auch in einer editierten Version auf Deutsch.

Ja, sie war flatterhaft, oberflächlich, liebessüchtig und liebeskrank. Sie war privilegiert und verwöhnt, gerissen und geschäftstüchtig. Jüngere Biographen und Texte über Alma Mahler betonen diese problematischen Charakterzüge, ganz zu schweigen von ihrem latenten Antisemitismus, dem sie trotz zweier Ehen mit Männern jüdischer Herkunft bis in ihre alten Tage treu geblieben ist. Doch in einem hatte sie recht: Liebe ist die Brücke, Liebe ist die Verbindung, Liebe ist unser Daseinszweck hier auf Erden. Sei es als rohe Sexualität, als romantisches Phantasma oder als beflügelnde Inspirationsquelle.

Die offene Beziehung

Was man Treulosigkeit zu nennen pflegt,
ist nichts anderes als ein Mittel, unser Ich vielfältig zu leben.
Oscar Wilde

Der große Philosoph Immanuel Kant hat die Ehe als »natürlichen gegenseitigen Gebrauch der Geschlechtsorgane« definiert. Es lässt sich kaum eine Definition denken, die weiter
entfernt ist von den Bedürfnissen einer Frau. Wenn es um
sexuelle Befriedigung in einer Beziehung geht, rangiert der
»Gebrauch« des geehelichten Penis eher auf den hinteren
Plätzen. Wenn Frauen etwas »gebrauchen« wollen, dann nehmen sie einen Staubsauger oder einen Vibrator, von denen es
inzwischen Modelle gibt, die sie durch Druckwellen oder
andere Geheimnisse in Sekundenschnelle mit multiplen Orgasmen explodieren lassen.

Die Grundlage für eine befriedigende Beziehung sehen
Frauen eher im geteilten Haus, geteilten Bett, geteilten Urlaub, gegenseitigen Vertrauen. Und in sexueller Treue auch,
wenn es geht. Darüber hinaus sind die sexuellen und anderen
weiblichen Bedürfnisse zahlreich und eng miteinander ver-
woben, ihr feines Netz verbindet alles miteinander und jede
Erschütterung zeitigt Auswirkungen aufs Ganze. Intimität,
Familienstress, die gemeinsame Toilette und seine kleinen
Gewohnheiten, die er selbst nicht bemerkt, sie aber zum

Wahnsinn treiben können, lässt die Motivation zum »Gebrauch der Geschlechtsorgane« mit der Zeit erlahmen. Gerade Frauen finden oft kaum mehr einen Weg zurück. Trotz dem Wunsch nach langen, monogamen Paarbindungen ist sexuelle Unlust heute der Hauptgrund, warum Frauen sich in der Praxis eines Paarberaters oder einer Sexologin wiederfinden. Und wenn Sex immer seltener wird, stellt sich die Frage, wie realistisch die Aussicht auf eine lebenslange, monogame Beziehung ist. Und ob nicht an all den Berichten über Polyamorie und offenen Beziehungen vielleicht doch etwas dran ist. Besonders wenn sie feststellen, dass ein einziger Blick eines Fremden sie entflammen kann. Viele Paare erwägen deshalb zumindest theoretisch andere Lösungen als lebenslange Treue. Vielleicht nicht gerade eine offene Beziehung – aber ein kleiner Seitensprung sollte doch verkraftbar sein, sagen sie sich. Wenn es sich um eine rein körperliche Angelegenheit handelt und keine Gefühle im Spiel sind. Nur gibt es keine Gebrauchsanweisung für diesen dritten Weg. Denn jeder Flirt und jeder Seitensprung hat sein eigenes Risiko.

Davon kann Mirjam erzählen, eine Frau Mitte 30 mit einem mütterlichen Gesicht und einem Körper einer Tänzerin. Ihre Wirkung auf Männer ist entsprechend groß, was sie weiß und seit jeher genießt. Sie war 22, als Mario in ihr Leben trat. Sie hatte einen Job angenommen als Aushilfslehrerin in einer Mittelschule und schon der erste Tag war ein Desaster. In der Pause hatten ihr die Schüler die Schlüssel gestohlen, was sie dem Rektor melden musste und ihr höchst peinlich war. Sie schwor sich, niemals Lehrerin zu werden und den Job an den Nagel zu hängen, sobald ihre Stellvertretungszeit beendet wäre. Der Abend nach ihrem beschissenen ersten Tag war lau, ein Frühlingsabend, aber der Himmel öffnete seine Schleusen in genau dem Augenblick, als sie vom Schulhaus auf die Straße trat. Es regnete so übertrieben heftig, wie man es sonst nur in romantischen Komödien sieht. Mirjam zog sich die Jacke über den Kopf und rannte zur Tramhaltestelle, die nicht überdacht war. Aber der gutaussehende Fremde unter dem Schirm lächelte sie an, winkte sie zu sich heran und lud sie ein, sich neben ihn unter den Schirm zu stellen. Wegen ihrer hohen Absätze war sie noch ein paar Zentimeter größer als er; sie schüttelte den Regen von der Jacke und aus den Haaren. Er grinste sie an und fragte: »Bist du nicht die neue Aushilfslehrerin? Ich bin froh, dass diese kleinen Monster dir und nicht mir die Schlüssel gestohlen haben. Ich hätte keine Lust gehabt, jeden Einzelnen von ihnen auf die Streckbank legen zu müssen, nur um nicht den Rektor bemühen zu müssen.«

Die Tram kam, sie stiegen ein, aber Mirjam fuhr nicht nach Hause, sondern sie gingen zusammen ein Bier trinken. Danach kochte Mario für sie Spaghetti vongole und sie konnte kaum glauben, dass ein Mann in ihrem Alter ihr einfach völlig ungeplant Spaghetti vongole auftischte. Schließlich landete sie in seinem Bett, es folgten weitere Nächte. Zwei Monate später war sie schwanger.

Sie wussten beide, was für ein Wagnis es bedeutet, mit einem im Grunde fremden Menschen eine Familie zu gründen. Aber sie sagten ja und waren begeistert genug, sich das Ziel »lebenslang« zu setzen. Weil sie für einen solchen Plan noch sehr jung waren und lebenslang eine lange Zeit ist, einigten sie sich darauf, die Tür für andere sexuelle Erfahrungen offen zu lassen, sollte das irgendwann mal ein Thema werden. Aber erst einmal war Mirjam schwanger, dann heirateten sie. Als sie ihr Studium begann, mit einem Mann bei der Arbeit und einem Haushalt und einem Baby zu Hause, waren die Stunden an der Uni eine Abwechslung, eine hart errungene, von zahlreichen organisatorischen Faktoren stets gefährdete, aber höchst willkommene Abwechslung in ihrem fordernden, neuen Dasein als junge Mutter.

An der Uni traf sie Sascha, ein Kommilitone, jung, süß, ungebunden. Sie besuchten zusammen eine Vorlesung und ein Seminar und machten zusammen Gruppenarbeiten. Bis er sie eines Tages über die abgewetzte Couch im Wohnzimmer seiner WG warf und sie von hinten bis zur Ekstase fickte. Und als Mirjam so dalag und sich auf eine Art ficken ließ, wie sie noch nie zuvor gefickt worden war, realisierte sie, dass sie sich genau das insgeheim immer gewünscht hatte, auch wenn sie sich das nicht eingestanden hatte. Danach zogen sie sich wieder an, erfrischt und lachend, als hätten sie sich ein Bad im See genehmigt, aber Mirjams Knie waren butterweich und innerlich bebte sie noch den ganzen Tag. Auf der Couch blieben keine Spuren, dennoch waren für Mirjam Ort und Zeit für immer geprägt, »eine kleine Koordinate des für alle Zeiten durch seine Geschichte geprägten und veränderten Universums«. Danach ging sie in die Stadt einkaufen, wie eine gute Hausfrau. Nein, sie schwebte meterhoch über dem Boden, sie ging auf den Markt, sie kaufte ein, prüfte die Früchte auf angeschlagene Stellen, ließ sich auf einen Schwatz mit der Marktfrau ein und erinnerte sich nur vage an die andere Frau, die sie sonst war. Die neue Mirjam gefiel ihr wesentlich besser. Zu Hause kochte sie für die Familie, und das Abendessen schmeckte nicht nach schlechtem Gewissen, sondern nach Freiheit. Sie war einfach nur glücklich.

Zwar schien alles noch so zu sein wie zuvor: Sie lebten in derselben Wohnung, Mario traf dieselben Kollegen und Mirjam besorgte Haushalt und Kinder. Aber es kam ihr so vor, als wären das alles nur Imitationen ihres früheren Lebens, als wäre sie plötzlich in ein Paralleluniversum eingetaucht. Nur sie selbst hatte sich verändert, so viel war klar. Aber so kam es ihr nicht vor. Wie bei Einsteins Relativitätstheorie sieht der Beobachter die Bewegung nur relativ zu sich selbst, so wie die Landschaft für den Reisenden im Zug vorbeischießt, während der Zugfahrer sich selbst als ruhenden Pol denkt.

Ein paar Wochen lang fickten Mirjam und Sascha sporadisch, wenn sich eine Gelegenheit bot, erst war sie wahnsinnig aufgeregt und auch verliebt, aber das Gefühl flaute bald ab und nach ein paar Monaten beendete sie die Sache im Bewusstsein, dass es nirgendwo hinführen würde. Mario wurde trotzdem zusehends missmutiger und unruhig; Mirjam wusste nicht, wieso. Und es gefiel ihr nicht und so erzählte sie ihm eines Abends von ihrem Abenteuer, denn schließlich hatten sie beide in das Arrangement eingewilligt; sie musste sich also keine Vorwürfe machen, dachte sie. Er reagierte nicht besonders gut darauf. Riesiges Drama, Tränen, aber am Ende Versöhnung, was sie freute. Es zeigte, dass es möglich war. Theoretisch.

Die Jahre zogen dahin. Mario wurde ins mittlere Management befördert, das gab ihm Selbstvertrauen. Dem ersten Kind folgten ein zweites und dann noch ein drittes. Der ersten Affäre folgten weitere. Manchmal erzählte Mirjam ihrem Mann davon, manchmal nicht, manchmal schöpfte er selbst Verdacht. Jeder Seitensprung führte zu Krisen und Grundsatzdiskussionen. Dann tigerte er mit zerknirschter Miene und Druck in den Ohren durch die Wohnung, angetrieben vom aufsteigenden Zorn und dem Bedürfnis zu streiten. Mit immer neuen Anklagen kam er schließlich zu ihr, dann die Eruptionen, das Beben, bis der Zusammenbruch folgte, mit Vergebung und Verzeihung, dann Sex, heftiger denn je. Diese Dramen waren für sie schwierig auszuhalten, erforderten mörderische Geduld. Aber ihre Liebe war mittlerweile groß geworden und sie wusste, dass sie sich das jetzt gefallen lassen musste und kein Selbstmitleid haben durfte, auch wenn wieder die Fragen kamen, das Verhör. Dieses verlief meistens so:

»Hattest du einen Orgasmus?«

»Ja.«

»Und wie hat er dich gefickt?«

»Nun ja, wir haben halt gefickt.«

»Von hinten?«

»Ja.«

»War er besser?«

»Ach komm. Dich liebe ich, das kann man nicht vergleichen. Mit ihm war es nur Sex.«

»Aber du hattest einen Orgasmus. Nur einen?«

»…«

»Bist du verliebt?«

»Nein, ich habe ja Schluss gemacht.«

»Wirst du ihn wiedersehen?«

»Nein.«

»Hast du ihm einen geblasen?«

»Ja.«

»Das auch? Warum bläst du mir nie einen?«

»…«

Interessanterweise fragen Männer in dieser verletzlichen Situation nie nach der Größe des Schwanzes des anderen. Obschon sie diese Frage wegen ihres ausgeprägten Konkurrenzdenkens brennend interessieren müsste, und gemessen am männlichen Hang dazu, Fotografien ihres besten Stücks auch an gänzlich unbekannte Frauen zu verschicken, im Bestreben, sie damit für sich einnehmen zu können. Das jedenfalls glauben Frauen, denn wirklich erklären können sie sich ein solches Verhalten nicht. Penisbilder wecken so gut wie nie das Verlangen, nähere Bekanntschaft mit dem Penis oder dem daran hängenden Mann zu machen oder es ihnen gleichzutun und ihre eigenen Intimteile zu fotografieren. Heutzutage weiß schließlich jeder, was sich daraus ergeben kann. Meistens sorgen solche Bilder allerhöchstens für peinliche Belustigung.

Aber mit oder ohne Auskünfte über den anderen Penis nehmen solche Dialoge selten ein gutes Ende. Wie soll man mit der Verletzung des anderen umgehen? Wo endet die Pflicht zur Wahrheit und wo beginnt die Pflicht, den anderen vor seinem Masochismus zu schützen? Die Worte verflüchtigen sich für den Moment, aber die Bedeutung brennt sich ein und verteilt sich giftig in den Blutbahnen, das Herz klopft zu schnell und verteilt das Gift noch weiter. Und die Bilder setzen sich im Kopf des Betrogenen fest wie ein Ohrwurm, den man nicht mehr loswird. Und Mirjam lernte mit der Zeit, dass sie sich nicht alles gefallen lassen und der ungezügelten Wissbegier ihres Mannes einen Riegel vorschieben musste. Auch wenn das zu Streit führte. »Unter Treue verstehe ich die Bereitschaft«, so Mirjam, »sich während oder nach einer Affäre der möglichen Gefühlsachterbahn des Partners zu stellen und auch bei heftigen Eifersuchtsattacken im Boot zu bleiben, um gemeinsam wieder einen Weg in stillere Gewässer zu finden.«

Mirjams Ehe dauerte mittlerweile 15 Jahre. In dieser Zeit hatten sie als Paar schon vieles ausprobiert: Beide hatten kleinere und größere Affären und sie gingen auch zu dritt ins Bett, mit einer guten Freundin. »Wir konnten von Anfang an sehr gut über eigene und auch gemeinsame sexuelle Bedürfnisse reden. Unsere Gespräche diesbezüglich sind bis heute stark von Neugier und Offenheit geprägt«, sagt Mirjam. Die Eifersucht drängte sie beide immer wieder dazu, sich mit der eigenen Beziehung auseinanderzusetzen.

Die Unsicherheit, die eine Affäre mit einem Mal aufwirft, kann ein neues Licht auf den anderen und auf die Beziehung

selbst werfen, so dass man den Partner plötzlich wieder er-
obern will und sich um ihn bemüht. Doch vor allem ist das
ganze Chaos anstrengend, das danach meistens folgt. Und
jedes Mal dies alles auf sich zu nehmen, für etwas, das einem
selbst nicht viel mehr bedeutet als ein bisschen Ablenkung
vom Alltag, erschien Mirjam zunehmend müßig. Sie hatte
keinerlei Probleme, zwischen ihren Affären und ihrer Beziehung zu trennen. War sie bei einem Liebhaber, war sie nur
dort und alles andere interessierte sie nicht. Vielleicht, weil
ihr bewusst war, dass ihr Interesse vollkommen narzisstisch
war, sie mehr in ihr eigenes Begehren und das Begehrtwerden
verliebt war als in den anderen Menschen.

Doch dann verliebte sie sich. Sie traf Toby bei einem Diner mit Freunden. Den ganzen Abend spürte sie seinen Blick
auf ihr ruhen, und wenn sie ihn erwiderte, bohrte er sich
förmlich in den ihren. Sie parierte mit einem Lächeln, leicht
und kühl, wie eine frische Brise, die von einem Berggipfel
hinabzieht. Mirjam war es seit der Pubertät gewohnt, dass
begehrliche Blicke unablässig an ihrem Körper haften blieben. Sie ließ es geduldig und meistens gleichgültig geschehen.
Aber Tobys Blicke schienen Löcher in ihre Bluse zu brennen.
Er hob die Bierflasche zum Mund, trank daraus, ohne sie aus
den Augen zu lassen, als ob er im Grunde sie trinken würde.
Noch am selben Abend lud er sie zum Essen ein. Sie hatte
mit nichts Derartigem gerechnet, es auch nicht forciert; es
beruhte auf Gegenseitigkeit. Auch Toby steckte seit zehn Jahren in einer Beziehung, und es war in den letzten Jahren nicht
mehr gut gelaufen. Er war bereit, für Mirjam alles aufzugeben, und sie spielte zum ersten Mal ernsthaft mit dem Gedanken, ihre Familie zu verlassen.

Toby wohnte in einer anderen Stadt, was die Sache er-
leichterte. Niemand will zufällig Bekannten begegnen, wenn
er mit seinem Liebhaber unterwegs ist. Unter der Woche,

wenn die Kinder in der Krippe waren, trafen sie sich zum Sex in Hotelzimmern, verschmolzen vor Rosenhecken in innigen Küssen. Wenn sie zu ihren Wellness-Wochenenden fuhr, machte sie den kleinen Umweg über seine Stadt, und wenn sie nach Hause kam, hatte sie keinerlei Skrupel, Mario ins Gesicht zu lügen. Er ahnte etwas, war wieder schlecht drauf oder blieb an den Wochenenden besonders lange weg, so dass sie nicht nur die Kinder, den Haushalt und alles andere zu versorgen hatte, sondern auch seine Katerstimmung, seine sexuellen Avancen nach durchzechten Nächten und seine schlechte Laune ertragen musste. Sie wollte die Affäre schützen, doch das schlechte Gewissen begann allmählich an ihr zu nagen und die ungeklärte Frage, wozu das alles hinführen sollte.

Doch dann kam Mario selbst eines Tages auf Knien angekrochen und gestand ihr unter Tränen seinen Seitensprung. Voller Reue erzählte er, wie er mit sich habe ringen müssen, wie Mirjam sich immer wieder zwischen ihn und die andere Frau geschoben habe. Mirjam war erleichtert. Dass er es ebenfalls getan hatte, dass er so offen und ihr offensichtlich so zugetan war. Und um ihn zu beruhigen, das Gleichgewicht wiederherzustellen, erzählte sie ihm ihre eigene Geschichte. Das hatte nicht den gewünschten Effekt. Er tobte. Mirjam beendete die Sache mit Toby, aber er blieb bis heute ein guter Freund. Zuerst litt sie wie ein Hund, wochen-, monatelang. Dann klang auch dieses Gefühl ab.

Trotz der Krisen war Mirjam glücklich über ihr Arrangement. Inzwischen weiß sie besser, wie sie mit ihren Gefühlsstürmen umgehen muss, wenn sie sich auf etwas eingelassen hat. Dass man ihnen ruhig misstrauen darf, besser erst ihre Wendungen und Wirbel beobachtet, bevor man sie interpretiert. »Es geht ja nicht nur um Sex. Man läuft zusammen durch die Stadt oder durch den Wald, man sitzt im Café,

161

schwimmt nachts nackt im See und wünscht sich, der Morgen würde nie anbrechen. Ich könnte eine ganze Landkarte Zürichs zeichnen mit meinen Erinnerungen. Die möchte ich auf dem Totenbett nicht missen.«

Eine Zeitlang schien es ihr gar überlebenswichtig, ihre Affären zu pflegen. Mutterschaft ist toll, aber Mütter geben und geben, denn kleine Kinder nehmen und nehmen ohne jede Rücksicht auf persönliche Bedürfnisse. Nicht selten laugt auch der Mann sie aus, der in der Mutter seiner Kinder seinen Hafen, den Mutterersatz gefunden hat und das Heil seines Gefühlslebens an sie delegiert, während sie sich fragt: Wo hole ich meine Kraft? Eine Affäre kann da sehr effizient und ökonomisch sein. Das intensive Begehren, die Glücksmomente, die Selbstbestätigung, plötzlich nimmt man alles lockerer, hat mehr Energie für den Alltag und endlos Geduld. Auch er hatte seine Affären. Jahrelang hatte Mario mehr Sex gewollt und sie weniger, und nicht selten hatte sie sich gewünscht, eine andere könnte das übernehmen. Oder gehofft, er möge eine andere ficken, auch um das moralische Konto auszugleichen.

Als besonderes Minenfeld erwies sich die Sache mit der Offenheit. Sich dem anderen samt seinem Begehren für andere Personen zu zeigen, ihn wissentlich zu verletzen mit Dingen, die einem selbst wenig bedeuten, ist schwierig. »Einmal bin ich bei einem meiner Liebhaber eingeschlafen und erst um neun Uhr morgens zurückgekommen. Er fragte mich auf den Kopf zu, ob ich bei einem anderen geschlafen habe, und im ersten Schock stritt ich alles ab.« Noch am selben Abend gestand sie, und er wurde wütend. Nicht so sehr, weil sie mit einem anderen geschlafen hätte, sagte er. Die Lüge machte ihn wahnsinnig. »Er sagte mir, für ihn sei es entscheidend zu wissen, woran er mit mir ist.« Aber sie sollte die satanische Klaue des Monsters Eifersucht noch zu spüren bekommen, samt ihrer Schwestern Kontrollsucht und Besitzanspruch.

Es war eine Grillparty unter Nachbarn, und Mirjam schwang große Reden über Monogamie, und dass diese doch überholt sei, etwas für Anfänger. Elsa, die attraktive Nachbarin Mitte 40, hörte aufmerksam zu. Sie war seit 20 Jahren verheiratet, mittlerweile unglücklich. Sie sah Mirjam an, als verkündete diese ihr das Evangelium, und ein paar Bier später erkundigte sie sich bei ihr, ob sie denn nichts dagegen einzuwenden hätte, wenn sie mit ihrem Mann flirten würde. Mirjam schwenkte die Bierflasche: Dem Partner einen Flirt verbieten? Also bitte!

Eines Abends, sie wollten am nächsten Morgen in die Walliser Berge reisen, erzählte Mirjams Gatte ihr von seiner Affäre mit Elsa. Elsa hatte ihrerseits ihrem Mann von der Sache erzählt, und nach den Ferien trafen sie sich zu viert, alle gaben ihr Einverständnis. Die Stimmung war locker, man machte Witze. Aber als ihr Mann tatsächlich mit Elsa loszog, war es nicht besonders lustig. Mirjam wusste: Heute Abend sind sie zusammen im Hotel und ficken. Sie sah sich zu Hause einen Film übers Bienensterben an und heulte Rotz und Wasser. Sie hielt es nicht aus. »Ich hatte dieses Bild von einer großzügigen, selbstbewussten Mirjam, die das locker handhaben kann. Aber mein Herz drehte durch. Und ich kapitulierte.«

Sie rief im Hotel an und pfiff ihn zurück. Großes Drama. Laute Diskussionen. Und in der Folge sah sie es nicht mehr so locker mit der offenen Beziehung. Die Geißeln der Eifersucht peitschten sie genauso erbarmungslos wie zuvor ihren Mann. Elsa war sexuell ausgehungert wie eine Frau, die ihr Leben lang in der Missionarsstellung Verkehr gehabt hatte und bereit war, alles nachzuholen, was sie verpasst hatte. Und sie vergötterte Mario, den willigen Erfüllungsgehilfen ihrer sexuellen Phantasien. Mirjam redete mit Elsa, aber mochte sie nicht, wollte ihr nicht nahe sein und der Gedanke, dass diese ihre intimen Gefühle so hautnah mitbekommen hatte, war unerträglich. Willig gab sie sich den Verlockungen von Paranoia und Selbstmitleid hin.

Die Beziehung überlebte auch diese Affäre, die Liebe war stark genug. Sie ist an den Jahren und den Erfahrungen gewachsen. »Wir haben nicht aufgegeben, sondern uns gesagt: Schauen wir mal, was das mit uns macht. Voraussetzung ist, dass man sich sehr nahe ist und sich sehr gut spürt und sich des anderen sicher ist. Und dann ist oft auch das Verlangen nach einer Affäre weg.« Trotzdem ist sie froh, dass sie sich diese Erfahrungen nicht versagt hat, es wäre eine Verschwendung gewesen, ohne sie älter zu werden. Sie sieht das Ganze als eine Art Weiterbildung. »Im Beruf geht man ins Ausland, macht Weiterbildungen und sei es nur, dass man den eigenen Mann wieder viel schöner findet.«

Fragen nach Treue, Wahrhaftigkeit, Vertrauen und Sex stellen sich in jeder langjährigen Beziehung immer wieder. Wie man mit der Lust aufs Neue umgehen soll, ohne das Gewachsene zu riskieren. Wie damit umgehen, dass man sich gegenseitig sexuelle Erfahrungen zugesteht. Oder wie mit dem Verzicht umgehen. Es ist ein Lernprozess mit offenem Ausgang. Gerade Fremdgeherinnen, die jahrelang in einer eher lustlosen Beziehung stecken und von einer Affäre entflammt werden, können zu unkontrollierten Ausbrüchen neigen, sagt Dania Schiftan, Sexologin mit einer eigenen Praxis in Zürich. Sie berät Frauen, Männer und Paare und bietet Orgasmuskurse für Frauen an. Sie weiß, was passiert, wenn ungeahnte Leidenschaften mit der Macht einer Naturgewalt aufbrechen. Ist der Korken erst mal aus der Flasche, beginnt oft ein amouröser Amoklauf, der nicht selten in den Armen von jemandem endet, auf den der ganze Freundeskreis nur mit Kopfschütteln reagiert. Es braucht ein gewisses Training zu erkennen, wie Gefühle entstehen, sich entwickeln und wie sie wieder abflauen. Oft verbrennt im Feuer dieser Emotionen die Zukunft der Beziehung und damit die Möglichkeiten, daran zu wachsen.

Nicht jeder Seitensprung führt zur Trennung. Aber jeder birgt eigene Risiken. Frauen, die sich jahrelang nach Leidenschaft, Glück, Schmerz, überhaupt nach Gefühlen verzehrt haben und dann entdecken, dass sie sich in einer Affäre plötzlich wieder schön und begehrt fühlen, baden darin und sind oft bereit, dafür alles andere über Bord zu werfen. Sie fühlen sich unbesiegbar. »Selbst ist die Frau!« lautet ihr Schlachtruf, bis sich Ernüchterung einstellt.

»Ihnen geht es um die emotionale Aufladung«, sagt Schiftan. »Sie wollen sich begehrt fühlen, sichtbar, sie wollen wilde Gefühle erleben. Es ist nicht nur die Freundin zwischen den Beinen, die ihre Entscheidungen diktiert, sondern genauso sehr der emotionale Überbau, den sie in der Beziehung schon so lange vermisst haben. Diese Frauen suchen in ihren Affären auch nicht per se Sex. Sie erleben ihn zwar als überwältigend, aber vor allem suchen sie das Gefühl, aufgehoben und verliebt zu sein. Gefühle, die dann dieselbe Laufbahn verfolgen wie auch andere Beziehungen zuvor. Wenn die Aufregung abflaut, sie sich plötzlich nicht mehr so unwiderstehlich fühlen, entdecken sie plötzlich wieder Seiten am Mann, die sie mögen. Sie wollten ihn nur wieder für sich entflammen.«

Schiftan glaubt nicht daran, dass Seitensprünge einfach so passieren wie Unfälle. Dafür stehen zu viele bewusste und strategische Akte dahinter. Aber sie glaubt daran, dass das Bewusstsein oft verdrängt wird, viele Frauen sich etwas vorlügen, weil sie sich gewissen Fragen nicht stellen wollen. Zum Beispiel, was für ein Mensch man sein will, welche Art von Beziehung man führen will. Denn wenn sie das tun, erschrecken sie ob des Ergebnisses. Manche Männer lassen sich darauf ein, andere Männer schicken die Frau in die Wüste. Und plötzlich sind sie alleinerziehende Mami und ihr Neuer ist kein Papi-Ersatz.

Es gibt auch andere Wege, aber dazu müssen beide bereit sein, sich zu fragen, was die Sehnsucht nach einer Affäre, nach wilden Gefühlen bedeutet. Es ist nicht einfach, aber es ist möglich.

Der kleine Unterschied

Großartiger Sex hat viel mit Freiheit zu tun und
damit, all das zu verkörpern, was du immer sein wolltest.
Wisse, dass bezüglich deiner Sexualität nur jene Grenzen
existieren, die du dir selbst auferlegst.
Roberto Hogue

Wer Dinge erforscht, die ihm gänzlich fremd sind, muss mit Missverständnissen rechnen, denn wir neigen dazu, unsere eigene Wahrnehmung auf andere zu projizieren. Im Frühjahr 1519 erreichte der spanische Eroberer Hernán Cortés nach langer und entbehrungsreicher Überfahrt des Ozeans mit seinen Mannen die Küste des mexikanischen Festlands. Er befahl seinen Leuten auszuschwärmen und einen Eingeborenen auf das Schiff zu bringen, um ihm einige Fragen zu stellen. Die Männer taten wie geheißen und kamen nach kurzer Zeit mit einem Einheimischen zurück, der Cortés höflich zuhörte, während er seine Fragen stellte. Cortés wollte zum Beispiel wissen, was der Name dieses exotischen, neuen Landstrichs sei, den er und seine Männer hier entdeckt hatten und den auszubeuten sie beabsichtigten. Der Mann antwortete mit »Ma c'ubah than«. Cortés filterte aus seiner Antwort ein paar Silben, die sich in seiner Wahrnehmung zu einem Namen fügten, wandte sich befriedigt an seine Mannschaft und verkündete, »Yucatan« sei offensichtlich der Name des Landstrichs, den er und seine Mannen entdeckt hätten und fortan sei dieser samt seiner Bodenschätze Eigentum des Königs von Spanien.

Es dauerte 400 Jahre, bis amerikanische Linguisten in den siebziger Jahren sich die Mühe machten, die archaischen Maya-Dialekte zu erforschen, welche von der damaligen, indigenen Bevölkerung an der Ostküste Mexikos gesprochen wurden. Sie fragten sich, was der von den Spaniern aufs Erobererschiff verschleppte Eingeborene den Spaniern wohl hatte mitteilen wollen und versuchten, »Ma c'ubah than« ins Englische zu übersetzen. Sie kamen darauf, dass der Mann zu Cortés gesagt hatte: »Ich verstehe Sie nicht.«

Die Geschichte menschlicher Forschungsbemühungen ist voll von solchen Missverständnissen. Das gilt insbesondere für die weibliche Sexualität, die bis in die jüngste Vergangenheit von männlichen Forschern erkundet wurde. Sie gingen dabei von dem aus, was sie kennen, nämlich ihre eigene Sexualität, die zwar nicht vollkommen anders ist als jene der Frauen, aber doch komplementär funktioniert. Entsprechend ist das Potential für Missverständnisse gewaltig. Wenn man verstehen will, warum Frauen fremdgehen, was sie suchen, wenn sie sich nach einem anderen Partner umschauen, muss man sich anschauen, wie ihr Begehren funktioniert.

Im Jahr 1989 publizierte das *Journal of Psychology and Human Sexuality* eine Studie der amerikanischen Psychologen Elaine Hatfield und Russell D. Clark III. Die beiden hatten als Experiment vier adrette, junge Männer und fünf adrette, junge Frauen auf den Campus der Florida State University geschickt und sie angewiesen, Männer und Frauen mit folgenden Fragen anzusprechen:

1. Würdest du heute Abend mit mir ausgehen?
2. Würdest du mich heute bei mir besuchen?
3. Würdest du mit mir ins Bett gehen?

Die erste Frage beantworteten beide Geschlechter ähnlich. Etwa jeder zweite ließ sich auf einen gemeinsamen Abend ein. Von den Männern sagten 69 Prozent, sie würden mit der Unbekannten nach Hause gehen. Und 75 Prozent sagten, sie würden mit ihr schlafen. Bei den Frauen sagten nur 6 Prozent einen Besuch im Haus des Fremden zu. Und für sexuellen Verkehr war gar keine zu haben. In den Nullerjahren wurde die Studie in Belgien, Dänemark und Deutschland wiederholt, die Ergebnisse waren ähnlich.

Diese Unterschiede haben sehr viel mit den Risiken zu tun, die Frauen im Umgang mit Männern eingehen. Näheren Kontakt mit dem anderen Geschlecht gilt es, sorgfältig auf mögliche Gefahren zu prüfen und die möglichen Konsequenzen abzuschätzen. Ganz abgesehen von den biologischen Risiken von Schwangerschaft, Stillzeit und Aufzucht von Kindern, die Frauen seit jeher getragen haben. Die mentalen Unterschiede in Bezug auf Sex zwischen den Geschlechtern haben jedoch eine neurologische Grundlage. Ob sich die Gehirne von Männern und Frauen schon bei der Geburt unterscheiden, oder ob sich die Unterschiede erst später ausbilden, ist umstritten. Sicher ist, dass sie sich im Laufe der Pubertät akzentuieren, wenn die Hormone verrücktspielen und eine Veränderung der Nervenstrukturen und der neuronalen Verknüpfungen in Gang setzen – was letztlich dazu führt, dass Männer und Frauen sexuelle Reize unterschiedlich verarbeiten. Es gibt zahlreiche Cartoons, die das unterschiedliche Begehren von Männern und Frauen illustrieren. Einer davon stellt das Ganze als Schaltboard dar. Beim Mann findet sich nur ein einziger Knopf zwischen den Beinen, nämlich ein simpler on/off-Schalter. Das Board der Frau ist ein unübersichtliches Gewimmel zahlloser Knöpfe, Schalter und Regler. Das entspricht auch in etwa dem, wie Männer und Frauen sexuelle Informationen verarbeiten. Mit großem Potential für Missverständnisse.

Wenn man etwas verstehen will, dann muss man sich seinen übergeordneten Zusammenhang anschauen. Das menschliche Herz hat seinen Zweck darin, Blut durch den Körper zu pumpen. Wer die weibliche Sexualität begreifen will, muss ihre komplementäre Rolle zum machtvollen, männlichen Trieb verstehen. Wo Männer begehren, wollen Frauen begehrt werden. Wo Männer auf die Jagd gehen und Risiken suchen, wollen Frauen Risiken minimieren, kontrollieren und steuern. Wo Männer den ersten Schritt machen, warten Frauen ab und steuern die Situation durch subtile Manipulationen. Wo Männer nehmen, was sich ihnen anbietet, wählen Frauen umsichtig und rechnen sich aus, was sie gewinnen und was sie verlieren können. Kein Wunder ist das Hirn die stärkste erogene Zone der Frau. Das wusste übrigens bereits im 11. Jahrhundert die berühmte Nonne Hildegard von Bingen: »Ist die Frau in Vereinigung mit dem Manne, so kündet die Wärme in ihrem Gehirn (…) bei der Vereinigung vorher an.«

Wie jeder Trieb manifestiert sich auch der sexuelle auf zwei Ebenen, auf der körperlichen und der mentalen. Und eines der größten Rätsel der Sexualforschung besteht darin, dass die beiden Ebenen bei Frauen stark divergieren können. Es gibt ein mittlerweile berühmtes und oft zitiertes Experiment der Psychologin Meredith Chivers aus dem Jahr 2006. Sie ließ Probanden, Männer und Frauen unterschiedlicher sexueller Orientierung, eine Reihe von Bildern und Videos sexuellen Inhalts betrachten. Zu sehen gab es heterosexuelle, homosexuelle Paarungen, Männer und Frauen allein beim

Masturbieren; auf einem Video konnte man sogar Bonobo-Affen beim Sex beobachten. Danach befragte die Studienleiterin ihre Probanden, welche Bilder sie speziell erregt hatten und gleichzeitig maß sie mit einem speziell konstruierten Apparat den Blutfluss in den Sexualorganen. Ziel des Versuchs war, herauszufinden, inwiefern die subjektive Wahrnehmung von Lust mit den objektiv messbaren, physiologischen Vorgängen übereinstimmte. Dabei stellte sie signifikante Unterschiede zwischen Männern und Frauen fest. Die Männer waren berechenbar. Heteros trieb der Anblick nackter Frauen das Blut in die Lenden, Schwule reagierten auf schwule Paare und nackte Solo-Männer, welche wiederum die Heteros völlig kaltließen. Vor allem aber deckten sich bei den Männern die Aussagen dessen, was sie erregend fanden mit dem, was zwischen ihren Beinen tatsächlich passierte.

Ganz anders bei den Frauen. Zunächst deutete der Blutfluss zwischen ihren Beinen bei fast allen Frauen darauf hin, dass sie so ziemlich alles scharf machte, was man ihnen vor die Nase hielt – und zwar ungeachtet ihrer sexuellen Orientierung. Lesben reagierten auf Solo-Frauen genauso wie auf kopulierende Männer, und der Anblick kopulierender Bonobos brachte auch das Blut von Hetero-Frauen in Wallung.

Es gab noch einen weiteren, entscheidenden Unterschied zu den Männern, die sagten, was sie anmachen würde, und die entsprechend reagierten, wenn man ihnen das Gewünschte vorlegte. Hetero-Frauen behaupteten zum Beispiel, sich für sexuelle Aktivitäten zwischen Mann und Frau zu interessieren und alles andere nicht. Doch der Blutfluss zwischen ihren Beinen signalisierte etwas anderes. Nicht nur auf Hetero-Sex reagierten sie mit Erregung, auch Sex zwischen zwei Frauen oder sexuelle Bilder von Solo-Frauen schienen ihnen zu gefallen. Was die Bonobo-Aktion anging, gab im Fragebogen kaum eine Probandin an, sich besonders dafür zu interessieren. Die körperlichen Reaktionen aber deuteten darauf hin, dass es sie alles andere als kaltließ.

Körperliche Reaktionen entsprechen bei Frauen nicht unbedingt ihrem subjektiven Empfinden. Frauen werden auch feucht, wenn sie nicht besonders erregt sind. Und feucht zu werden heißt nicht unbedingt, dass Frau es besonders genießt. Evolutionsbiologisch macht die körperliche Reaktion Sinn. Sie schützt Frauen im Falle von ungewünschtem sexuellen Verkehr vor Verletzungen. Das Experiment illustriert auch, warum es für Frauen manchmal schwierig ist, ihre objektiven, körperlichen Reaktionen und ihre subjektiven Gefühle und Wünsche zu sortieren und einzuordnen. Sie müssen lernen, was sie anmacht, und das kann ganz schön verwirrend sein. Wenn sie zum Beispiel herausfinden, dass Vergewaltigungsszenen sie erregen, auch wenn die Vorstellung, so etwas real erleben zu müssen, der reine Horror ist. Das ist ein weiterer Grund für das Schamgefühl und den Eindruck, irgendetwas könnte nicht mit einem stimmen.

Lust ist für Frauen kompliziert. Sie will gelernt sein, und den Zugang finden viele Frauen zunächst im Gefühl. Sexologin Dania Schiftan bringt es auf folgende Formel: »Wenn beim Mann der Penis stimmt, Begehren da ist, geht das Herz auf und er ist bereit, sich auch auf der Gefühlsebene einzulassen. Bei der Frau läuft es umgekehrt, wenn das Herz stimmt, wenn sie sich wohl, begehrt, geborgen fühlt, geht das Geschlecht auf.« Wenn das Herz und der Sex stimmen, dann lassen Frauen sich auf lange andauernde Beziehungen ein. Aber irgendwann geht die emotionale Aufladung flöten, die Beziehung wird Alltag, die Frauen fühlen sich nicht mehr wahrgenommen, in der Gegenwart ihres Partners fühlen sie sich nicht mehr als Frau, sondern als wandelnde Agenda, Mutterersatz oder einfach als eine Sache. Entsprechend versiegt das Begehren. Fehlende Lust ist das häufigste Problem, das Frauen zum Sexualtherapeuten treibt. Viele Frauen geben in langen Beziehungen Sex einfach auf. Manchmal denken sie, dass sie halt nicht so sexuell veranlagt sind wie ihr Mann. Oder dass sie zu überlastet sind, um an so etwas wie Sex überhaupt noch denken zu können. Und dann treffen sie einen Mann, der ihnen mit einem einzigen Blick das Höschen feucht macht.

Viele Frauen spüren um den Eisprung herum eine gewisse Erregung, weil dann der biologische Impuls stark genug ist, dass ihn auch Frauen als Trieb wahrnehmen. Dann haben sie Sex mit dem Partner, damit er Ruhe gibt, oder um ein Baby zu bekommen. Aber einen Weg, ihre Lust auch ohne diesen Trigger zurückzugewinnen, sehen sie nicht. Fremdgeherinnen geben als Grund oft an, sie hätten sich mit ihrem Mann einfach nicht mehr sexuell gefühlt. Sie bleiben auf den emotionalen Reiz angewiesen, weil sie nie gelernt haben, denselben Weg zu nehmen wie die Männer: vom Geschlecht zum Herzen. Nur wenn sie sich begehrt fühlen, hoch aufgeregt sind, empfinden sie auch Lust. Und genau das kann ihnen der Partner nicht mehr bieten. In langjährigen Beziehungen verlieren typischerweise eher die Frauen das Interesse am Sex, weil ihre Lust einen größeren Stimulus braucht. Nur sind sie sich oft selbst nicht im Klaren darüber, wie dieser aussehen müsste.

Frauen stellen manchmal mit einem feinen Lächeln auf den Lippen fest, dass kein Liebhaber je so gut ist wie ihre eigene Hand. Was erfreulich wäre, würden sie dieses Wissen auch mit ihren Liebhabern teilen. Erstaunlicherweise tun sie das aber nicht unbedingt, sondern überlassen die Initiative lieber dem Mann, sagt Sexologin Schiftan. Die Frauen legen sich hin, strecken alle viere von sich und bedeuten ihm: Mach mal. Und dann liegen sie da und denken darüber nach, dass seine Finger sich grob anfühlen und er es nicht richtig hinkriegt und was sie fürs Abendessen noch einkaufen müssen. Selbst für die eigene Befriedigung zu sorgen kommt ihnen nicht in den Sinn, denn dafür gibt es schließlich Männer, nicht wahr? Die sollten doch wissen, was sie tun. Was den Damen fehlt, ist Pussypower, die Freude, den eigenen Körper und die vielen Arten von Orgasmen, die er hergeben kann, zu entdecken. Wer nie an sich erforscht hat, welche Berührungen sich wie anfühlen, um herauszufinden, was man mag und was nicht, kann keine Feuerwerke erwarten – dazu fehlen alleine schon die rein neurologischen Voraussetzungen. Daher stammt auch der Mythos, nur ein Bruchteil der Frauen sei zum vaginalen Orgasmus fähig, sagt Schiftan. »Das ist vollkommener Blödsinn. Solange man die Scheide nicht berührt und erforscht, werden die entsprechenden Nervenbahnen nicht aktiviert, es bilden sich keine Synapsen und damit bleibt das ganze Geflecht sexueller Empfindungen, Lust, Motivation unterentwickelt.«

Die weibliche Libido

Wenn Frauen beim Geschlechtsverkehr Schmerzen haben, was meistens mit fehlendem Lustempfinden einhergeht, spricht man von »Dyspareunie«. Forscherinnen und Forscher versuchen seit längerem, aber leider erfolglos ein Medikament dagegen zu finden. Doch weibliches Begehren ist vielschichtig und deshalb pharmakologisch nicht ganz einfach zu beeinflussen.

Wie kompliziert die Sache mit der weiblichen Lust ist, zeigt sich unter anderem an der Tatsache, wie schwer sich die Pharmaindustrie jahrelang damit getan hat, eine Pille zu entwickeln, die analog dem Viagra für den Mann der weiblichen Libido auf die Sprünge helfen sollte. Nach jahrelangen, vergeblichen Forschungen wurde im Jahr 2015 ein entsprechendes

Präparat namens Flibanserin für den amerikanischen Markt lizensiert. Doch bis es so weit war, liest sich die Geschichte wie eine schlechte Sexstory: Es hat sehr lange gedauert, bis es so weit war, und am Ende ist niemand richtig befriedigt.

Die kleine rosa Pille soll eine Störung beheben, für die man den schönen Namen Hypoactive Sexual Desire Disorder erfunden hat – zu Deutsch: Hypoaktive Sexualfunktionsstörung oder umgangssprachlich: Schatz, nicht heute, ich habe Kopfschmerzen. Im Unterschied zu Viagra sind sich die Fachleute über die Wirksamkeit von Flibanserin aber alles andere als einig, was vor allem damit zu tun hat, dass es eine andere Störung adressiert. Viagra behandelt ein rein körperliches Problem, indem es den Blutfluss in den genitalen Kapillaren sicherstellt und den Männern damit eine Erektion ermöglicht. Und sobald das Blut wieder durch die Genitalien fließen kann, scheint sich im männlichen Körper das Begehren automatisch einzustellen. Bei Frauen aber scheinen Medikamente, die den Blutfluss in ihren Genitalien anregen, kaum Effekte auf die subjektiv empfundene Libido zu haben. Weshalb die Pharmaindustrie ihre Forschung in der Folge darauf konzentrierte, ein Mittel zu finden, das die weibliche Lust dort fördert, wo sie zu entstehen scheint, nämlich im Gehirn. Frauen, die ihre Sexualität nicht kennen oder nur den einen Pfad zu ihrer Lust, finden sich entweder damit ab, oder sie beenden die Beziehung und suchen sich einen neuen Liebhaber. Oder sie gehen fremd.

»Männliche Föten spielen mit ihrem Penis, sobald sie ihn erreichen können. Wenn sie als kleine Jungs splitternackt durch den Garten rennen und voller Erstaunen bemerken, wie ihr Geschlechtsteil zu erstaunlicher Größe anschwellen kann, stört sich niemand daran. Mit der Pubertät kommt der Hormoneinschuss, kommen spontane Erektionen, kommt der Drang zur Selbstbefriedigung, kommen die schwierig zu deutenden Gefühle, Wallungen und Leidenschaften. Zu diesem Zeitpunkt sind die Jungs den Mädchen in puncto Erfahrung mit ihren Geschlechtsteilen weit voraus, haben eine intensive Beziehung zu ihrem besten Stück aufgebaut und wissen ganz genau Bescheid, wie es auf alle denkbaren Kontaktflächen reagiert«, sagt Schiftan. Ganz anders die Mädchen. Auch ihnen blieben zwar die angenehmen Gefühle zwischen den Beinen nicht verborgen und viele experimentieren ebenfalls schon früh mit Klitoris und Schamlippen. Doch selbst jene Mädchen, die ihre Vagina mit Fingern oder Bleistiften erforschen, müssen warten, bis die Scheide ausreichend mit Östrogen versorgt ist, bevor sich das Eindringen gut anfühlt. Bei Mädchen wird das jedoch weniger toleriert und schneller unterbunden mit dem Resultat, dass die Mädchen sich latent für ihr Geschlecht schämen.

Über die reine Lustempfindung legt sich ein Netz sozialer und persönlicher Bewertungen, sie steuern das entsprechende Verhalten. Eine Aura des Unanständigen und Gefährlichen umweht das weibliche Geschlecht. Mädchen bekommen vermittelt, dass es sich nicht gehört, mit ihren Geschlechtsteilen herumzuspielen, und sie werden dazu angehalten, die Beine geschlossen zu halten, die »Scham« zu verdecken. Wenn sie älter sind, bläut man ihnen ein, niemanden zu ermutigen, sich nicht einfach so »herzugeben«, auf ihr Herz zu hören. Sie werden von Anfang an dazu ermuntert, ihrem Herz zu folgen, weil das der gute, der sichere Weg zur Sexualität ist. Dahinter steht in aller Regel die Sorge um das Wohlergehen von Mädchen in einer sexualisierten Welt – die Welt ist ein brutaler Ort, und deshalb ist es wichtig, die Kontrolle zu behalten. Aber es hat zur Folge, dass die Mädchen viel seltener direkte Erfahrungen mit ihren Geschlechtsteilen machen, besonders mit der Scheide, die sich unzugänglich im Innern des Körpers befindet. Zum Zeitpunkt der Entjungferung beschränken sich bei vielen Mädchen die Erfahrung mit ihrer Scheide auf den gelegentlichen Besuch bei der Frauenärztin – peinlich genug, zudem oft schmerzhaft. Oder das Applizieren und Entfernen von Tampons. Dabei fragen sich viele, wie das beim Sex eigentlich gehen soll, wenn da ein Penis rein muss und wie sich das anfühlen wird.

Feminismus und Frauenbewegung haben mit ihrem Fokus auf die Schädigungs- und Ausschlussgeschichte der Frauen paradoxerweise auch dazu beigetragen, die weibliche Sexualität zu tabuisieren, wenn auch in anderer Hinsicht. Das legitime Unterfangen, Mädchen und Frauen vor Missbrauch zu schützen, hat zu neuen Hemmungen geführt, offen über die weibliche Sexualität zu sprechen. Das zeigt sich etwa an den kontrovers geführten Diskussionen zur Sexualerziehung in Schule und Kindergarten. Schiftan erläutert das an folgendem Beispiel: Eines Tages erhielt sie einen Anruf der Kindergärtnerin ihres Sohnes. Ihr sei aufgefallen, dass der Junge ausdrücklich das Wort »Penis« für das männliche Geschlechtsteil benutze. Das war ihr verdächtig vorgekommen, weshalb sie bei der Mutter nachfragte. Schiftan antwortete, sie habe ihrem Sohn beigebracht, vom »Penis« zu sprechen, weil dies die korrekte Bezeichnung sei. Sie erkundigte sich, welches Wort die anderen Kinder benutzten und bekam zur Antwort, dass die meisten vom »Pullermann« sprechen würden. Dann wollte Schiftan wissen, wie sie das weibliche Geschlechtsteil benennen würden, woraufhin die Kindergärtnerin furchtbar verlegen wurde. Sie hatten schlicht kein Wort dafür und noch nicht einmal darüber nachgedacht, denn sie hätten dieses Wort noch nie benutzen müssen. Etwas nicht zu benennen heißt, nicht darüber zu sprechen und es unsichtbar zu machen.

Wenn selbst Menschen mit einem Bildungsauftrag Hemmungen haben, Vagina und Schamlippen korrekt zu benennen, kann man sich leicht ausmalen, wie tief dieses Tabu gesellschaftlich verankert ist. Dasselbe Phänomen zeigt sich auch andernorts. In Büchern zur Babymassage wurde bis in die siebziger Jahre empfohlen, bei Babys auch das Geschlecht zu massieren – heute ist die Angst vor Pädophilie und möglichen Traumatisierungen so groß, dass man es lieber auslässt. Da können die Frauen noch so stolz auf ihre Weiblichkeit sein und sich vom Nagellack-Shoppen bis zum AA-Meeting auf ihre Schwesternschaft und Empowerment berufen – aber wenn es um die Einstellung zur eigenen Weiblichkeit und damit auch zur weiblichen Sexualität geht, sind wir nicht viel weiter als vor 50 Jahren. Wir verdrängen sie und wollen lieber nicht darüber sprechen. Das Motiv von Eltern und Erziehern mag ehrbar sein, aber die Botschaft kommt anders an, nämlich so, dass es sich bei dem weiblichen Geschlecht um etwas Unanständiges handelt.

Wem vermittelt wurde, dass alles im Unterleibsbereich latent schlecht ist, der investiert auch nicht. Die riesigen Erwartungen, die man an das erste Mal hat, werden meistens enttäuscht. Junge Frauen fragen sich dann, warum der Sex bei ihnen nicht so schön ist, wenn er doch das Größte überhaupt sein soll. Sie kommen zu der simplen, aber falschen Schlussfolgerung, dass mit ihnen etwas nicht stimmen kann. Und das ist tragisch. Es ist, als ob man zum ersten Mal einen Tennisschläger in die Finger nehmen würde und dann enttäuscht wäre, dass man nicht spielen kann wie Roger Federer.

Was Frauen wollen

Der Mann hat es einfacher: Bei ihm dominieren Testosteron und seine eindeutigen, sexuellen Vorlieben. Bei der Frau ist das alles ein bisschen komplizierter, denn weibliche Lust ist rezeptiv und narzisstisch und reagiert auf viele verschiedene Reize. Frauen macht die Vorstellung scharf, das Objekt besinnungsloser Begierde zu sein. Dies ist auch der Grund, warum viele gerne Pornographie konsumieren, die eigentlich von Männern für Männer gemacht ist. Von den Männern ist dabei, abgesehen von ihrem Penis, oft kaum etwas zu sehen. Aber Studien haben gezeigt, dass Frauen beim heterosexuellen Geschlechtsakt den weiblichen und den männlichen Körper gleichermaßen betrachten, während die Männer sich fast ausschließlich auf die Frauen konzentrieren. Pornostars sind die Verkörperung dessen, was Männer sexuell begehren. Damit können Frauen sich identifizieren, was wiederum sie in Wallung bringt. Es ist auch ein Grund, warum zwei Drittel bis die Hälfte aller Frauen Erzählungen oder Bilder von Vergewaltigungen erregend finden. Vergewaltigt zu werden heißt, keine Kontrolle zu haben, sich der Macht eines Mannes hingeben zu müssen. Es ist die absolute Unterwerfungsphantasie und bedient den am weitesten verbreiteten, sexuellen Reiz bei Frauen. Es geht aber auch um die Phantasie der absoluten männlichen Begierde, die sich über gesellschaftliche Regeln hinwegsetzt, um sie zu besitzen – so auch die Vorstellung, Sex mit einem völlig Fremden zu haben. Für eine feministisch orientierte Generation von Frauen mag das schwierig zu akzeptieren sein und noch schwieriger, darüber zu reden. Schließlich wissen wir, wie schnell jemand »Ma c'ubah than« als »Yucatan« missverstehen kann.

Ansonsten aber weicht ihr Geschmack in puncto Pornographie deutlich von dem der Männer ab. Es gibt kaum große, kommerzielle Pornoseiten für die Zielgruppe heterosexueller Frauen, was vermutlich damit zu tun hat, dass ihr Begehren nicht nur auf visuelle, sondern auch auf eine Vielzahl von anderen Reizen reagiert. Eine tiefe Stimme, ein maskuliner Duft, eine beiläufige Berührung bringen Frauen in Fahrt, während das Bild einer nackten, männlichen Brust oder gar eines Penis allein nirgendwohin führt. In Studien zeigte sich, dass das weibliche Gehirn die visuellen Merkmale eines Mannes ebenso schnell verarbeitet wie das männliche die äußeren Reize einer Frau. Attraktive Merkmale setzen bei beiden das Programm für sexuelle Erregung in Gang. Nur wird dieser Prozess bei Frauen von mentalen Prozessen überlagert, und zwar bevor er von der jeweiligen Frau als bewusste Lust auf Sex wahrgenommen werden kann. Ehe sich eine Frau auf einen Mann einlässt, muss sie abschätzen, welche Folgen das für sie haben könnte. Das betrifft nicht nur das reale Bedürfnis nach Sicherheit und Schutz, sondern auch emotionale, soziale Bedürfnisse. Er sieht gut aus, aber ist er auch ehrlich, rücksichtsvoll und treu? Bevor Frauen auf sexuelle Reize reagieren, werten sie ihn in seinem Kontext und hinsichtlich möglicher Konsequenzen aus.

Das ist einer der Gründe, warum Frauen viel stärker auf erotische Erzählungen als bloß auf Bilder reagieren. Geschichten setzen vielschichtige, psychische Reize in Gang und nähern sich damit dem Lustzentrum aus verschiedenen Winkeln. Frauen interessieren sich zum Beispiel kein bisschen für die Penisse ihrer Helden. Aber es macht sie scharf, wenn ihre Helden groß sind und blaue Augen haben, ein markantes Kinn, eine gerade Nase und hohe Stirn, der Mund sanft lächelt und treu blickt. Außerdem sollen sie mit breiten Schultern, kräftiger Brust, schmaler Taille, flachem Bauch, starken Armen, großen Händen und mächtigen Schenkeln ausgestattet sein. Diese Helden müssen auch nicht nackt sein, im Gegenteil. Gern dürfen sie auch eine gut geschnittene Uniform oder einen eleganten Smoking tragen, wenn sie den Rock der nichtsahnenden Hausangestellten anheben.

Einer der wichtigsten Unterschiede zwischen männlichem und weiblichem Begehren betrifft die sogenannte *sexuelle Plastizität.* Gemeint ist die Flexibilität des erotischen Begehrens, die bei Frauen variantenreicher und vielschichtiger ist als bei Männern. Das zeigt sich im gesamten Tierreich. Dazu gibt es ein aufschlussreiches, wissenschaftliches Experiment, das der britische Neurowissenschaftler Keith Kendrick und ein Forscherteam in den neunziger Jahren machten. Er wollte wissen, ob sexuelle Präferenzen auf genetischen Voraussetzungen beruhen oder ob Erziehung respektive Erfahrung den Ausschlag geben. Für sein Experiment nahm er einen Wurf neugeborener Schafe und platzierte sie in eine Ziegenherde, wo sie ihre Kindheit und Jugend bis zum Erreichen ihrer sexuellen Reife verbrachten. Dasselbe machte er mit einem Wurf neugeborener Ziegen, die er unter Schafen aufwachsen ließ. Als die Tiere ihre sexuelle Reife erlangt hatten, platzierte er sie wieder bei ihrer ursprünglichen Spezies und beobachtete ihr Verhalten. Hier interessierte ihn besonders, ob die geschlechtsreifen Schafe respektive Ziegen sich mit ihrer genetisch identischen Spezies paaren würden oder nicht. Dabei beobachteten der Forscher und seine Kollegen frappante Unterschiede zwischen den männlichen und den weiblichen Tieren. Die weiblichen Schafe und Ziegen legten eine pragmatische Haltung an den Tag: Die unter Ziegen aufgewachsenen Schafe, die sich durch ihre Erziehung vermutlich selbst für Ziegen hielten, passten sich, nachdem sie wieder bei den Schafen platziert worden waren, den neuen Kumpanen an, gingen Verbindungen sowohl zu Schafen als auch zu Ziegen ein und ließen sich auch von beiden Spezies begatten. Ganz anders die männlichen Tiere: Diese verweigerten sich mehrheitlich ihren Artgenossinnen, die sie ja für eine fremde Spezies halten mussten und paarten sich nur mit der Spezies, die sie großgezogen hatte. Sie blieben bei dieser Präferenz, selbst drei Jahre nachdem sie wieder bei ihren Artgenossen platziert worden waren.

Die Resultate dieses Experiments publizierten Kendrick und sein Team im Jahr 1998. Die sexuellen Präferenzen männlicher Tiere hingen stark von der mütterlichen Bindung ab, so schlossen sie. Man vermutet, dass das männliche Begehren in einer frühkindlichen Entwicklungsphase geprägt wird und sich danach im Verlaufe des Lebens kaum noch verändert – ein Verhalten, das nicht nur bei Schafen und Ziegen zu beobachten ist, sondern bei vielen anderen Spezies ebenso – Menschen inbegriffen. Ob ein Mann später Männer oder Frauen begehrt, ob er gern dominiert wird oder selbst dominiert, ob er sich sexuell zu Erwachsenen oder Kindern oder Tieren hingezogen fühlt, entscheidet sich in einer kurzen Phase und danach bleibt es mehr oder weniger unverändert. Daran können weder sozialer Druck noch Psychotherapien viel ändern, was sich auch bei der Behandlung von Sexualstraftätern zeigt. Bei den Versuchen, krankhaftes Begehren zu therapieren, zeigen in den allermeisten Fällen nur chemische Eingriffe wie Hormonbehandlungen oder chemische Kastration Erfolg. Das männliche Sexualhormon Testosteron spricht im Befehlston und es neigt zu Redundanz. Sind die Vorlieben einmal definiert, dann werden sie endlos wiederholt. Die gute Nachricht ist: Das weibliche Begehren bleibt oft ein Leben lang form- und wandelbar. Für Frauen ist es keine große Sache, ein Mädchen zu küssen oder gar eine Beziehung zu einer Frau einzugehen. Gerade Frauen mit einem starken Sexualtrieb neigen zur Bisexualität, während bei Männern ein starker Sexualtrieb mit einer eindeutigen sexuellen Orientierung verbunden ist. Bisexuelle Frauen zeigen im Gegensatz zu ihren Hetero-Schwestern eine ausgeprägte Vorliebe für visuelle Pornographie und weisen auch leicht andere Erregungsmuster auf. Auch sonst gleichen bisexuelle Frauen in ihrem Verhalten den Männern, etwa in Bezug auf Aggression, Dominanz und Arbeitsgewohnheit. Eine Erklärung dafür könnte sein, dass bisexuelle Frauen einen höheren Testosteronspiegel haben und ihr Verhalten aus diesem Grund »männlicher« wirkt. Allerdings entwickeln sich bisexuelle oder lesbische Vorlieben manchmal erst im Laufe der Jahre – oder es braucht die richtige Begegnung mit der richtigen Frau, um bei einer eigentlich heterosexuellen Frau ihre andere Seite zu wecken. Davon berichtet auch Lisa Diamond, Professorin für Psychologie und Gender Studies an der Universität Utah. In ihrem Buch *Sexual Fluidity: Understanding Women's Love and Desire* geht sie dem Phänomen auf den Grund, warum es für Frauen so viel selbstverständlicher scheint, ihre sexuelle Orientierung im Laufe eines Lebens zu wechseln – ein Phänomen, das sich an zahlreichen prominenten Beispielen verfolgen lässt. Diamonds Buch ist das Resultat einer über zehn Jahre andauernden Studie mit über 100 jungen Frauen. Diamond bat die Frauen zu Beginn ihrer Studie, ihre sexuelle Orientierung festzuhalten, also anzugeben, ob sie sich als homo-, hetero- oder bisexuell identifizieren, was sie im langjährigen Verlauf der Studie immer wieder tun mussten. In den erotischen Tagebüchern der Probandinnen und den Fragebögen, die sie im Verlauf der Studie immer wieder auszufüllen hatten, zeigte sich eine große Variabilität in der sexuellen Orientierung der Frauen. Diamond schloss daraus, dass weibliches Begehren in seiner Natur veränderlich ist und sich nicht in erster Linie nach dem Geschlecht des Begehrten richtet, sondern nach der Persönlichkeit und den Empfindungen, welche sie auslösen. In anderen Worten: Die meisten Frauen verlieben sich nicht in Männer oder Frauen und ihre Geschlechtsteile, sondern in Personen. Frauen nach ihrer sexuellen Orientierung zu fragen sei deshalb einigermaßen sinnlos, denn das bedeute, ein aus der männlichen Sexualität gewonnenes Muster auf Frauen anzuwenden. Diamond erklärt sich ihre Forschungsergebnisse damit, dass gefühlte Intimität das weibliche Begehren entzündet, wohingegen die eigentliche sexuelle Orientierung im Fluss ist.

Was braucht es, bis man sich in einer Wohnung, einer Stadt, mit einem Menschen heimisch fühlt? Es braucht Erfahrungen. Man holt Brot aus der Bäckerei zwei Straßen weiter, erlebt, wie sich der Park nebenan mit den Jahreszeiten verändert, mit der Zeit sind die Straßen vertraut, man kennt die Geräusche, die die Wohnung macht, kennt die Gewohnheiten der Nachbarn. So ist es auch mit der Sexualität. Erfahrungen, Gefühle, Bewertungen bilden Nervenbahnen und Muster im Gehirn. So eignet man sich die Sexualität schrittweise an.

Wofür Frauen sich nicht schämen, ist für die Liebe. Mit Beginn der Pubertät warten viele nur auf Amors außer Kontrolle geratenen Pfeil, dass er sie treffen möge, und im sexuellen Akt soll das alles irgendwie kumulieren. Der Eine muss es sein. Natürlich weiß keine, wie dieser Eine beschaffen sein müsste, also könnte es jeder sein. Und so kommt nach dem Einen der nächste Eine und danach wieder der nächste. Stress im Leben und in der Beziehung ist tödlich für die weibliche Lust, die so sensibel auf äußere Umstände reagiert. Aber eine liebevolle und vertraute Beziehung garantiert umgekehrt auch nicht uneingeschränkt guten Sex. Oft ist es gerade das tiefe Vertrauen, das die Lust zum Versiegen bringt – sehr zum Missfallen der Frauen übrigens, die sich oft wünschen, ihr Mann würde es schaffen, sie noch richtig scharf zu machen. Aber sie fühlen sich ganz einfach nicht mehr begehrt und verzehren sich nach dem Unbekannten, Fremden, der sie einfach packt, ohne dass sie etwas dafür tun müssten.

Vielleicht erfasst man den ganzen Komplex weiblicher

Sexualität am besten mit einem Bild. Die abendländische Philosophie beschreibt das Ich als eine singuläre, im Schädel des Menschen fest eingeschlossene Entität, die sich mit der Welt auseinandersetzt und sich im Verlauf des Lebens Erfahrung und Wissen aneignet. 1969 erklärte der spanische Gehirnphysiologe José Manuel Rodríguez Delgado, diese Vorstellung sei unzutreffend. Der Mensch sei vielmehr eine vorübergehende, flüchtige Mischung aus Materialien, die der Umwelt entnommen sind. Um das zu belegen, steckte er Studenten in Versuchsanordnungen, in denen ihnen äußere Sinnesreize entzogen wurden. Sie begannen innerhalb von Stunden zu halluzinieren. Um zu erklären, wie die Vorstellung einer individuellen Persönlichkeit zustande kommt, verwies Professor Delgado auf eine Vorstellung der Bororo-Indianer, ein primitiver Stamm aus Brasiliens Dschungel. Sie glauben, dass es so etwas wie ein privates Ich nicht gibt und sehen den Geist als offenen Hohlraum, wie eine Höhle oder einen Tunnel, worin das ganze Dorf wohnt. Vielleicht trifft dieses Bild auch auf die weibliche Sexualität und das weibliche Begehren zu. Es ist eine offene Höhle, die im Verlaufe des Lebens ausgestaltet wird, je nachdem, wer dort alles hinein und hinaus spaziert. Die weibliche Sexualität existiert nicht. Sie ist das, was wir daraus machen.

Die neue Frauenbewegung

*Die Frau kontrolliert ihren Sex, weil sie für Sex
all das bekommt, was ihr noch wichtiger ist als Sex.*
Esther Vilar

Die deutsche Bundeszentrale für Aufklärung veröffentlichte
1966 zum ersten Mal eine umfangreiche Studie zum Sexualverhalten junger Männer und Frauen. Unter dem Titel »Stu-
dentische Sexualität im Wandel« wurde die Studie seither alle
paar Jahre wiederholt, in den Achtzigern, den Neunzigern
und zuletzt 2014. Im Zentrum stehen Fragen um sexuelle Vorlieben junger Akademikerinnen und Akademiker, wie sie ihr
Sexleben und ihre Beziehungen organisieren, was ihre sexuellen Vorlieben sind, welche Erfahrungen sie dabei machen
und wie sich diese Parameter entwickeln. Die Studie ist ein
guter Gradmesser für die vorherrschenden, geistigen Strö-
mungen einer Epoche in Sachen Sexualität in Europa. Die
letzte Studie zeigt einen bemerkenswerten Wandel in der
Einstellung zur Sexualität. Er spiegelt die großen, gesellschaftlichen Metatrends der letzten Dekaden: Einerseits hat
bezüglich der Sexualität eine Liberalisierung stattgefunden.
Die Frauen geben sich sexuell aufgeschlossener, haben ein
liberaleres Verständnis von Sitte und Moral und ein lockere-
res Verhältnis zu institutionellen Bindungen wie der Ehe oder
einer eingetragenen Partnerschaft. Was aber ihre Vorstellung

von Beziehungen anbelangt, geht der Trend in die andere Richtung: Konventionen und Traditionen spielen eine wichtigere Rolle als noch in den neunziger Jahren. Die beiden Trends scheinen widersprüchlich, aber nur auf den ersten Blick. Tatsächlich bedingen sie sich gegenseitig.

Die Frauen in der Sexstudie zeigen sich experimentierfreudiger denn zuvor. Sie benutzen Sexspielzeuge, mögen Fessel- und andere Rollenspiele, sie schauen sich mit ihrem Partner hin und wieder gern mal einen Porno an – alles Dinge, zu denen sich in den vorhergehenden Studien nur eine kleine Minderheit bekannte. Das dürfte ein später Nachhall der sexuellen Befreiung sein, sind Früchte der Digitalisierung, der sozialen Medien und der Verbildlichung jeglicher sozialer Aktivitäten. Pornographisierung, *Fifty Shades of Grey* und anderes haben die allgemeinen moralischen Grenzen der Gesellschaft erweitert, zumindest an der Oberfläche.

Der zweite Trend geht hin zu serieller Monogamie. Für die jungen Frauen spielen Intimität, Treue und Vertrauen eine wichtigere Rolle als früher. 85 Prozent der befragten Frauen gaben an, dass ihnen Verbindlichkeit in einer Beziehung das Wichtigste sei und sie Seitensprünge weder tolerieren noch selbst sich zuschulden kommen lassen würden. Das war vor knapp 20 Jahren noch anders. 1996 gaben immerhin 36 Prozent der Frauen an, ihren Partner schon einmal betrogen zu haben, 2014 waren das nur noch acht Prozent. Die Frauen sind also treuer geworden, als sie es noch in den Achtzigern oder den Neunzigern waren. Zumindest nehmen sie sich das in ihren Beziehungen vor. Oder sie haben schlicht gelogen.

Das ist sogar ein sehr wahrscheinliches Szenario. Wenn Beziehungen weniger durch Institutionen, formale oder materielle Abhängigkeiten definiert werden, brauchen sie andere Kohäsionskräfte. Für junge Frauen liegen diese in der emotionalen Bindung, dem Treueversprechen des Partners und auch im eigenen Anspruch an Exklusivität. Emotional haben sie entsprechend hohe Ansprüche an die Beziehung, die ihnen schlechthin alles bieten sollte: Intimität, Kommunikation und Erlebnisqualität. Und natürlich muss der Sex nicht weniger als großartig sein. So die Wunschvorstellung.

Wo Frauen früher kaum Ansprüche an die sexuelle Qualität ihrer Beziehungen stellten, wollen sie heute nicht nur emotional, sondern auch im Bett auf ihre Kosten kommen. Und wenn sie nicht bekommen, was ihnen angeblich zusteht, beenden sie die Beziehung und suchen ihr Glück bei einem anderen Mann und in einem anderen Bett. Das wäre dann serielle Monogamie. Das Modell funktioniert für die meisten Menschen so lange gut, bis Kinder im Spiel sind. Doch mit den Kindern verschmelzen auch die wirtschaftlichen Grundlagen und eine Trennung wird so aufwendig, dass serielle Monogamie an Attraktivität verliert. Statt sich zu trennen, suchen viele Partner für ihre nicht befriedigten Bedürfnisse eine Lösung außerhalb der Beziehung – diese Bedürfnisse können emotional, sexuell oder spirituell sein. Was wiederum dazu führt, dass die primäre Beziehung mangels gegenseitiger Hinwendung und Zuneigung zu verdorren beginnt.

Aber Frauen brauchen oft ziemlich lange, bevor sie sich eingestehen, was sie eigentlich wollen – gerade wenn es um Sex geht. Es ist kein Geheimnis, dass die sexuelle Revolution trotz ihrer ambitionierten Ziele weder die Frauen noch die Männer aus dem Korsett gesellschaftlicher Zwänge und Vorstellungen befreit hat. Zwar leistete die Verhütungspille ihren Beitrag, sie entlastete die Frauen vom Risiko der Schwangerschaft und ermöglichte ihnen sexuelle Experimente, aber damit wurde die Frage, was Frauen eigentlich wirklich wollen, erst richtig verkompliziert. Die freie Liebe, wie die männlichen Kommunenführer sie in den sechziger Jahren predigten und lebten, erwies sich als wenig attraktiv und nicht langfristig praktizierbar. Die mehr oder weniger entschlossenen Versuche der siebziger Jahre, die Kernfamilie durch Kommunen und traditionelle Paarbindung durch Polygamie zu ersetzen, versandeten deshalb mehrheitlich. Die sexuelle Revolution und der Siegeszug der Psychoanalyse hatten gerade erst das glorreiche Zeitalter der weiblichen Lust eingeläutet, der Orgasmus wurde in seiner ganzen Pracht beschrieben, erforscht und zum Ziel sexuellen Verkehrs erklärt, zum Grundstein des gleichgestellten Sex.

Im Langzeitversuch zeigten sich zwei Dinge: Die Frauen waren mehr als bereit zum Aufbruch aus einer verklemmten und überregulierten Sexualität. Sie begrüßten die Pille und machten sich auf die Suche nach ihrem von sozialen Konventionen befreiten Begehren. Aber sie fanden ihre Befriedigung nicht im Konzept der freien Liebe, das zunächst vor allem den Bedürfnissen junger Studenten entgegenkam. Für sie bedeutete es, ohne schlechtes Gewissen herumficken zu können, und das gefiel ihnen außerordentlich – zumindest jenen, die in der Gunst der Frauen hoch standen. Für Frauen bedeutete es auch, herumficken zu können, wie sie wollten, nur mussten sie feststellen, dass sie längerfristig so nicht auf ihre Kosten kamen. Und dass sie sich trotz aller großartigen Freiheitsversprechen so frei nicht fühlten in den entsprechenden Arrangements, sondern eher ausgenutzt und in ihren Bedürfnissen unverstanden.

Trotzdem wirkten die Frauenbewegung und ihr Versprechen von Ebenbürtigkeit und damit Freiheit nachhaltig. Ein Resultat der sexuellen Revolution, die keine Revolution, sondern vielmehr ein Aufbruch war, ist die neue Frau™. Was das Marketing dieses Produkts angeht, wurde ganze Arbeit geleistet. Die neue Frau™ ist überall und alles, was sie tut, hat das Potential, als Akt weiblicher Selbstermächtigung gedeutet zu werden. Nur die Kontrolle sollte sie unter keinen Umständen verlieren. Sie ist Kim Kardashian in einem Bikini aus Zahnseide, die ihren chirurgisch vergrößerten Fettsteiß feiert. Sie ist das Model im Catwalktraining einer Castingshow, ein Turm aus Ehrgeiz und Zittern, angefeuert vom Coach mit messerdünnem Oberlippenbart und französischem Akzent: »Der Model ist nicht arrogant, der Model ist unerreichbar.« Sie ist die Schuhverkäuferin, die mit einem Fotoshooting als »Stars des Tages« ihren langgehegten Traum erfüllt, weil ihr Körper nach zwei Schwangerschaften immer noch top ist und die dem Reporter verrät: »Ich sehe gut aus, ich schaue auf mich. Ich finde es richtig, für meinen Mann attraktiv zu bleiben.«

Die neue Frau™ besucht mit ihren Freundinnen Sexshops für Frauen, war mindestens einmal in ihrem Leben in einer Stripshow, sie kauft sich teure Vibratoren und lässt sich von ihrem Freund auch mal fesseln, guckt mit ihm den einen oder anderen Porno. Sexuelle Aufgeschlossenheit ist ein Emblem von Emanzipation und Ermächtigung. Doch zur Entkrampfung an der Schamfront trägt das nicht notwendigerweise etwas bei, im Gegenteil. Frauen schämen sich heute nicht mehr in erster Linie für die unerklärlichen Gefühle, die beim Lesen romantischer Erzählungen ihre Geschlechtsteile entflammen. Sie schämen sich zuzugeben, dass sie bloß die Posen und Geräusche nachspielen, die sie aus Pornofilmen kennen, aber dabei nicht notwendig Lust empfinden, sondern einfach so tun, um den anderen zufriedenzustellen. Sie schämen sich, wenn ihnen die Lust in einer längeren Beziehung abhandenkommt und sie keinen Weg sehen, dahin zurückzufinden.

Bis vor wenigen Jahrzehnten war es für Frauen alles andere als üblich, sich ein Bild von dem zu verschaffen, was sie zwischen ihren Beinen haben. Oder beim Sex die eigene Befriedigung in den Vordergrund zu stellen. Für viele Frauen war »das da unten« einfach der Ort, der für Männer interessant sein mochte, für sie selbst aber nicht viel mehr darstellte als die hauseigene Kläranlage. Sie masturbierten wenig und sie interessierten sich auch nicht dafür, was ihnen selbst denn gefallen könnte. Geschweige denn machten sie sich ein Bild ihrer Vulva, Pussy oder Fotze – ganz zu schweigen davon, dass sie bis heute verlegen sind, wenn es darum geht, dem Ding zwischen ihren Beinen einen Namen zu geben. Aber weil sie dank der Pornographie eine Vorstellung davon bekommen haben, wie ihre Geschlechtsteile in den Augen der Männer sein sollten, gehören sie mittlerweile zur langen Liste von Körperteilen, die Frauen an sich nicht mögen und von denen sie glauben, dass sie anders besser aussehen würden. Deshalb gehören heute Operationen im Intimbereich auch zum Standardprogramm der gepflegten Schönheitschirurgie. Schönheit gilt heute als Leistung, die darin besteht, seinen Körper zu optimieren. Und sie ist, entgegen dem Bestreben der Frauenbewegung nicht unwichtiger, sondern wichtiger geworden, nicht nur für Frauen, sondern auch für Männer.

Jede Kultur hat ihre eigenen Initiationsrituale. Das bezeichnet nach Wikipedia »die Einführung eines Außenstehenden (eines Anwärters) in eine Gemeinschaft oder seinen Aufstieg in einen anderen persönlichen Seinszustand, beispielsweise vom Kind zum Mann, vom Novizen zum Mönch oder vom Laien zum Schamanen«. Die weibliche Initiation beginnt mit dem vermessenden Blick der anderen. Dem anzüglichen männlichen, der sich irgendwann mit dem Einsetzen der Pubertät an die Frau klebt. Und dem kritischen Blick anderer Frauen. Eine Frau zu werden in dieser Gesellschaft bedeutet, plötzlich ein Dasein als ästhetische Mängelliste zu führen. Schlecht ausgestattet ist, wer zu groß oder zu klein gewachsen ist, zu große oder zu kleine oder zu ungleiche Brüste oder kurze Beine oder einen zu großen oder zu kleinen Hintern hat. Auch unreine Haut ist schlecht, die Haare können zu fein sein oder zu kraus oder zu gerade, und wenn sie irgendwo anders wachsen als auf dem Schädel, müssen sie eliminiert werden. (Außer den Wimpern, die sollten lang, dicht und seidig sein und die Brauen schön gebogen und in Form gezupft.) Und natürlich sollten die Lippen voll und die Zähne weiß sein. Immer wieder entdecken die Frauen neue Bereiche, in denen sie die Mängel ihrer Erscheinung kultivieren können – nach den Armen (Trizeps!) und den Knien (nicht zu knochig) ist nun der Schambereich in den Fokus gerückt, der mit perfekten inneren (klein!) und äußeren (üppig und voll!) Schamlippen ausgestattet sein muss. Der Katalog der Anforderungen ist mit der fortschreitenden Emanzipation nicht etwa kürzer geworden, sondern länger. Und es beginnt auch nicht mehr in der Pubertät, sondern schon im Kindergarten.

Seit der sexuellen Revolution haben wir uns ein neues Korsett aus Zwängen zugelegt: Leistungsdruck im Bett, Schönheitsideale, die immer neue, unerreichbare Fetische erschaffen. Wenn man die neue Frau™ abschminkt, ähnelt sie verdächtig der Frau, wie sie immer war. Uns soll gefälligst keiner etwas vorschreiben, schon gar nicht, mit wem wir ins Bett dürfen und mit wem nicht. Aber trotzdem wollen wir gute Töchter, Freundinnen, Partnerinnen sein. Wir wollen komplexen Erwartungen entsprechen, die man in dieser Form gar nicht erfüllen kann und diese inneren Konflikte werden am Körper abreagiert. Die neue Frau™ leidet unter Perfektionismus und Selbsthass, weil sie den unmöglichen Beauty-Standards nie genügen kann. Und sie beneidet andere darum, dass sie größere Brüste, schlankere Beine und mehr Follower auf Instagram haben. Und manchmal hasst sie sie dafür, auch wenn sie sich darüber nicht im Klaren ist. Auch nicht darüber, dass die flächendeckende Sexualisierung der Gesellschaft eigentlich eine Monetarisierung der Sexualität ist. Sie sieht nur die Bilder und die Aufforderung, ebenso perfekt und fehlerlos zu werden oder zumindest das Beste aus ihren Möglichkeiten zu machen.

Der Konflikt zeigt sich nirgendwo so deutlich wie beim Sex. Nirgends lügen und beschönigen Frauen mehr. Sie mögen sich in den westlichen Gesellschaften gleiche Rechte erkämpft haben, aber diese Errungenschaften sind zerbrechlicher, als uns lieb sein kann. Und die weltweiten Tendenzen zu autoritären Systemen bedeuten nichts Gutes für Frauen, die immer schon über ihren Körper kontrolliert wurden. Der tägliche Sexismus findet in den Boulevardmedien und im Showbusiness statt, in den Männergarderoben und in der Politik. Eine sexuell allzu verfügbare Frau wird verachtet, gilt als krank und muss geheilt werden. Fast wie im vorletzten Jahrhundert, als man Frauen von ihren sexuellen Phantasien zu heilen versuchte.

Das Bravado einer befreiten Sexualität ist reizvoll genug, dass die jungen Damen sich der Sache trotz aller Hemmungen mit dem nötigen Enthusiasmus widmen. Natürlich wissen sie, was Sex ist und wie er geht. Und vor allem auch, was sonst noch so alles dazugehören sollte: ein Sturm der Gefühle, Liebe, Leidenschaft und Ekstase. Entsprechend hoch sind die Erwartungen an Sex und werden dementsprechend oft enttäuscht. Natürlich ist man als frisch entjungferte Frau stolz darauf, endlich auch dazuzugehören, endlich zu wissen, was es mit dieser ganzen Sexsache auf sich hat, um die so viel Tamtam gemacht wird. Mit dem Einsetzen der Pubertät entwickelt sich der Körper auf diese Klimax hin, wenn er in die Breite geht und Hüften und Brüste bekommt, Blut und Sekrete abzusondern beginnt. Die Blicke, die er plötzlich auf sich zieht, wie er taxiert und betrachtet wird. Das alles will uns etwas sagen und die Antwort kann nicht so kompliziert sein: Sex, Lust, Begehren, Ekstase. Wir haben tausendmal davon gelesen, es gesehen und davon gehört. Es könnte dies sein, was uns in dieser komplizierten Zeit von Veränderung und Verwirrung in die richtige Richtung lenkt, uns dazu bringt, rauszugehen, zu finden, was die Welt für uns bereithält, endlich dazuzugehören.

Was es, zumindest beim ersten Mal, kaum je tut. Das erste Mal ist oft eine Enttäuschung, und es stellt sich auch die Frage: Das war's jetzt? Und warum soll das so toll sein? Entsprechend lesen sich auch die sexuellen Erweckungsgeschichten junger Frauen unter 30.

Maria war bei ihrem ersten Mal 13 Jahre alt. Aufgewachsen unter Brüdern in ländlicher Idylle, hatte sie sich mit dem zwei Jahre jüngeren Nachbarsjungen schon mit verschiedenen Doktorspielen beschäftigt, die sich mit der Vorpubertät dahin entwickelten, dass sie sich zusammen Pornos ansahen, die sie im Schrank der Eltern gefunden hatten. Es war die Befriedigung kindlicher Neugier, gewürzt mit dem Bewusstsein, dass das etwas ist, das man seinen Eltern nicht erzählen würde. Und als sie eines Tages so dasaßen und sich gegenseitig zeigten, womit sie jeweils ausgestattet waren, drang er in sie ein. Es war seltsam, aber nicht unangenehm, deshalb wiederholten sie die Übung in der Folge ab und zu, bis sie eines Tages einen Orgasmus hatte. »Das Gefühl, wie auf einer Achterbahn, die Lust nach mehr, bis man zum Höhepunkt kommt. Dann folgte ein gewisses Schamgefühl. Ich wusste nicht so richtig, was das bedeutet, aber mit der Zeit wurde mir klar, was es ist.« Die nächsten fünf Jahre schlief sie ab und zu wieder mit dem Jungen, auch mit seinem Bruder, aber es befriedigte sie nicht und sie verliebte sich auch nicht. »Ich war extrem unsicher. Ich hatte immer das Gefühl, ein pornographisches Ideal vertreten, eine Rolle spielen zu müssen. Ich war komplett darauf fixiert, wie mich der andere sieht, ob ich es richtig mache, ob meine Brüste groß genug sind und der Hintern nicht zu dick. Obschon ich selbst andere Frauen nicht so beurteile.«

Frauen sind Meisterinnen im Herausfinden, was von ihnen erwartet wird, und so tun sie ihr Bestes, um den Mann nicht zu enttäuschen. Weil ihnen nicht verborgen bleibt, dass es dazu filmisches Anschauungsmaterial gibt, das für die Männer von großem Interesse ist, imitieren sie einfach, was sie dort sehen. Diese Frauen sind Profis, und allzu schwierig scheint es auch nicht zu sein: Rücken durchbiegen, Bauch einziehen, aufstöhnen, die Sache schön ausleuchten, fertig. Aber leider sind Sorgen um die eigene Erscheinung und Fragen, ob man nichts falsch macht, der eigenen Lust nicht zuträglich – im Gegenteil.

Nicht dass die jungen Männer von diesen inneren Nöten viel mitbekommen würden. Die Frauen wissen zwar nicht, wie sie zum Orgasmus kommen sollen – und oft brauchen sie auch Jahre oder gar Jahrzehnte, bis ihnen das beim Sex gelingt –, aber sie wissen, was von ihnen erwartet wird. Und so greifen sie zum Fake. Ja, dieser Tatsache gilt es klar ins Auge zu blicken: Frauen spielen ihren Männern Orgasmen vor, sie imitieren, was sie in Pornos gesehen haben oder was sie glauben, was von ihnen erwartet wird. Sie tun es immer oder gelegentlich, mit One-Night-Stands oder langjährigen Partnern. Sie wollen Erwartungen gerecht werden, ihn zufriedenstellen, oder die Peinlichkeit überspielen, weil sie keinen haben. Manchmal sind sie einfach zu faul, um richtig zu kommen, manchmal wollen sie die Sache auch nur schnell zu Ende bringen. Alternativ könnten sie sich auch tot stellen, aber das würde größere Verwerfungen nach sich ziehen. Also lieber eine kleine Show hinschmeißen, auch wenn sie sich so erotisiert fühlen wie bei der Dentalhygiene.

Rosie ist 29, ihre Mutter stammt aus einem kleinen, erz-katholischen Dorf in den Bergen, Sex oder Sinnlichkeit waren in der Familie dementsprechend kein Thema. Aber in der Bibliothek waren einige Bücher über Anatomie, Sexualität und Schwangerschaft zu finden, die sie eingehend studierte. Kinder, lernte sie dort, kommen zustande, wenn Frau und Mann aufeinanderliegen. Aha!, dachte sich Rosie. Es muss irgendetwas mit nackten Menschen zu tun haben, die aufeinanderliegen und sich küssen, also sehr liebhaben. Andere Informationen sickerten zu ihr durch, wenn die älteren Mit-schüler auf dem Pausenhof von Pornos sprachen, die sie in der Kommode der Eltern gefunden und sich angesehen hat-ten. Es gab noch keine Smartphones, und YouTube war auch noch nicht erfunden, so dass sie selbst keinerlei Zugang zu den entsprechenden Inhalten hatten. Sie verstand, dass der steife Penis eine wesentliche Rolle zu spielen schien, aber begriff nicht, warum. Trotzdem war sie zuversichtlich, dass sich ihr die innere Logik dieses Umstands schon noch er-schließen würde.

Dazu hatte sie Gelegenheit, als sie sich mit 17 in den schönsten Jungen der Schule verguckte. Er war Snowboarder, Brasilianer, zwei Jahre älter als sie und ebenfalls verliebt. Er war zudem sexuell schon erfahren, trotzdem klappte es »nicht auf Anhieb«. Rosie hatte bis zu diesem Zeitpunkt noch nie masturbiert, nie erforscht, wie es sich anfühlte, die Hand zwischen die Beine zu stecken und herumzuspielen. Sie merkte zwar, dass ihr Körper bereit war, beim Knutschen schmolz sie dahin und fühlte sich, als würde sie sich in seinen Armen auflösen. Aber gleichzeitig konnte sie sich nicht ge-henlassen, fühlte sich unsicher und ahnungslos, was von ihr erwartet würde, und war zugleich darauf bedacht, nichts falsch zu machen. Eine für den Orgasmus nicht gerade hilf-reiche Situation. Nach ein paar Anläufen klappte es schließlich doch mit dem Beischlaf. Rosie fand die Erfahrung interessant, auch wenn sie sexuell, sagt sie rückblickend, so gut wie gar nichts empfand. »Ich hatte nicht das richtige Körperempfinden, versuchte es irgendwie im Kopf mitzumachen, aber der Körper war einfach unerfahren.« Es sollte zwei Jahre dauern, bis sie sich zum ersten Mal selbst befriedigte und entdeckte, was es mit dem vielbeschworenen Orgasmus auf sich hatte. Die weibliche Lust kommt in Wellen, und sie hatte sich beim Sex mit ihrem Freund oft gefragt, ob eine dieser Wellen vielleicht ein Orgasmus gewesen sein könnte. Als sie eines Abends das Rätsel löste, die Welle mit der richtigen Kombination aus Berührung, Phantasie und Konzentration explodieren ließ, war ihr alles klar. Sie hatte keine weiteren Fragen mehr, vielleicht nur, warum sie so lange gebraucht hatte, um es herauszufinden.

Sexologen bemerken gern, dass es beim Sex nicht nur auf den Orgasmus ankommen sollte, dass es um die sinnliche Erfahrung als solches geht und dass die Fixierung auf den Orgasmus eine ganzheitliche, sexuelle Erfahrung verhindert. Das aber setzt voraus, dass man überhaupt weiß, wie sich ein Orgasmus anfühlt und wie man ihn erleben kann, wenn man möchte. Und wer einen Orgasmus kennt, kann ihn vielfältig einsetzen: gegen Stress, Langeweile, Menstruationsschmerzen oder Schmerzen bei einer Blasenentzündung oder als Einschlafhilfe. Und natürlich ist es möglich, sich beim Sex mit einem Mann selbst zum Höhepunkt zu bringen oder eine kleine Orgasmus-Show für ihn zu veranstalten – wenn man sich dabei wohl fühlt. Das ist auch eine gute Übung, um zu lernen, wie sich guter Sex anfühlen sollte. Aber nicht für alle muss es so sein.

Isabelle, eine dreißigjährige Anzeigenverkäuferin, stieg mit ganz anderen Voraussetzungen in das Thema ein. Sie sagt: »Meine Mutter hat mir beigebracht, dass Sex ein Grundbedürfnis ist. So wie wir atmen, schlafen und essen, so haben wir auch Sex. Das war der eine Grundsatz. Der zweite: Jedem das Seine. Der dritte: Pass einfach auf.« Schon als Kind spielte Isabelle gern und ausgiebig zwischen ihren Beinen herum und probierte viel aus; wohlwissend, dass das niemand mitbekommen sollte.

Mit neun Jahren sah sie sich zum Einschlafen spätnächtliche Sexshows im Fernsehen an und deckte dazu sorgsam den unteren Türspalt ab, damit die Mutter nichts von ihren nächtlichen Aktivitäten bemerkte. In dieser Zeit befriedigte sie sich auch das erste Mal. Irgendwann entdeckte sie, dass die Naht ihrer neuen Jeanshose ihrer Anatomie perfekt entgegenkam und sie sich mit den richtigen Bewegungen ganz unauffällig erregen konnte. Bald war die Jeans ihre Lieblingshose und sie trug sie beinahe ununterbrochen. Bis sie es eines Tages im Religionsunterricht zu weit trieb. Sie saß auf einer der harten Kirchenbänke, langweilte sich und begann herumzurutschen. »Ich wusste schon, wenn ich jetzt weitermache, dann passiert etwas. Aber dann bemerkte ich den Blick des Lehrers und ich hörte auf.« Die Mutter nahm sie am selben Abend beiseite und redete ihr deswegen ins Gewissen. Die Mutter riss auch Seiten aus ihren *Bravo*-Magazinen, für die sie ihre Tochter noch zu jung fand. Anders der Bruder. Als sie ihn einmal erwischte, wie er sich einen Pornofilm der Eltern ansah, sie selbst waren an diesem Abend nicht zu Hause, durfte Isabelle mitgucken. Als der Mann am Schluss ejakulierte, war sie höchst erstaunt, weil sie so etwas noch nie gesehen hatte. Der Bruder erklärte ihr, der Mann habe auf die Frau uriniert – was der kleinen Isabelle dann doch ein bisschen seltsam vorkam.

Als Isabelle das erste Mal mit ihrem Freund Sex hatte, war sie bereits eine Virtuosin der Selbstbefriedigung und wusste sehr genau, was sie zu tun hatte. Zumal sie schon drei

Monate mit ihrem Freund liiert war und sie nächtelang durchknutschten und sich befummelten. Er wollte ihr noch mehr Zeit geben, aber sie wollte es. Trotzdem überlagerten die Unsicherheiten wegen ihres Körpers alle anderen Empfindungen. »Die gleichaltrigen Jungs redeten immer von ›dicken Titten‹ und ›geilen Schlampen‹, was mich extrem verunsicherte und ich auch abstoßend fand. Deshalb suchte ich immer den Kontakt zu älteren Männern, weil mir die abgeklärter zu sein schienen und sie weniger fixe Vorstellungen zu haben schienen.«

Obschon sexuell sehr aktiv, fand sich Isabelle selbst bis Anfang 20 unattraktiv, ihre Brüste zu klein, die Schenkel zu dick und ihren Arsch zu groß. Erst Mitte 20 traute sie sich zu sein, wie sie war: eine attraktive, junge Frau mit einem regen sexuellen Appetit, die sich für ihre Sexualität nicht zu schämen braucht.

Sie hatte ihre Phase mit vielen One-Night-Stands, doch sie war zu jung, um es wirklich genießen zu können. Sie fühlte sich danach leer, verloren, und sie hasste den Walk of Shame am nächsten Morgen, wenn man in Minirock, Highheels und verwischter Schminke nach Hause wackelte und jeder sehen konnte, dass man nicht zu Hause übernachtet hatte. Heute sieht sie darin eher die Vorteile. »Ich kann mich geben, wie ich will, die Sau rauslassen und Dinge tun, die ich gegenüber meinem Partner vielleicht nicht tun würde, weil ich mich so nicht zeigen will.« Isabelle hat ein paar Nummern in diversen Städten der Welt, die sie anrufen kann, wenn sie unkomplizierten Sex will. Aber auch wenn sie im Laufe ihres Beziehungslebens immer mal wieder selbst untreu war, bleibt ihre Idealvorstellung die geschlossene, romantische Zweierbeziehung. So verbreitet dieser Wunsch ist, er ist schwierig zu realisieren. Je länger die Beziehung dauert, desto schwieriger ist es. Heute gibt es unendlich viele Möglichkeiten,

Männer zu kontaktieren, klandestine Treffen zu organisieren und eine Affäre anzufangen, die zudem auch einfacher zu managen ist als früher. Die Bedingungen, eine Affäre zu planen und auszuführen, waren für Frauen nie besser als heute: Sei es über die sozialen Medien, digitales Dating. Mit den Möglichkeiten nehmen auch die Affären zu.

Es gehört zu den wissenschaftlich belegten Binsenweisheiten, dass sexuelles Begehren im Laufe des Lebens bei Männern und Frauen zwei unterschiedliche Kurven beschreibt. Männer haben in ihren Teenagerjahren den höchsten Testosteronspiegel und damit den stärksten Trieb, der dann im Laufe der weiteren Jahre kontinuierlich abnimmt. Frauen kommen sexuell erst etwa ab Mitte 20 in Fahrt und von da an geht es aufwärts. Eine Studie der Universität Texas unter der Führung des Evolutionspsychologen David Buss ergab etwa, dass Frauen zwischen 27 und 45 mehr sexuelle Phantasien, mehr One-Night-Stands und mehr Gelegenheitssex haben als jüngere oder ältere Frauen. Sie phantasieren in diesem Alter auch mehr über außerehelichen Sex – und obschon Buss in seiner Studie nicht danach gefragt hat, darf man davon ausgehen, dass gesteigerte Lust und gesteigerte Phantasien dazu führen, dass Frauen in diesem Alter auch am meisten fremdgehen. Dafür gibt es zahlreiche Erklärungen. Die einleuchtendste ist, dass Frauen mit zunehmender Erfahrung Sicherheit gewinnen, allgemein zufriedener sind mit ihrem Körper und sie weniger darauf geben, was andere von ihnen denken könnten.

Erfahrung hilft – in jeder Hinsicht. Die Erfahrung, sich unglücklich zu verlieben. Jemanden zu treffen, eine Beziehung einzugehen und betrogen zu werden. Oder selbst zu betrügen. Oder die Beziehung in gegenseitigem Einverständnis zu beenden. Erfahrung bedeutet zu lernen, wer man ist und was man vom Leben will. Dass man andere Menschen nicht ändern oder erziehen kann, und Erpressung auch schlecht funktioniert. Dass man den Wirrungen des Lebens ausgesetzt ist und wenig Einfluss darauf hat. Am meisten noch auf sich selbst, was erstrebenswert ist. Manche haben mit 20 eine lange Liste von Kriterien für ihren Zukünftigen und finden ein Exemplar, nur um festzustellen, dass sie vollkommen falsche Prioritäten gesetzt haben. Andere entdecken, dass die Liebe kein monolithisches, sondern vielschichtiges Konzept ist. Erfahrung hilft zu verstehen, welche Art von Beziehung und welche Art von Sexualität man leben möchte. Zu verstehen, dass es unmöglich ist, durch eine andere Person zu leben oder sie zu besitzen. Dass man selbst dafür verantwortlich ist, die eigenen Bedürfnisse zu erkennen und dafür zu sorgen, dass sie befriedigt werden. Im Wesentlichen geht es dabei um Selbsterkenntnis, zu erkennen, wo die eigenen Grenzen liegen. Ein Verständnis dafür, wo das Ich endet und wo das Du beginnt, wie das Wir zusammenhängt und wo wir trotzdem individuell funktionieren. Ein Verständnis auch für die Grenzen einer Beziehung, interne und externe: Sie sind die Basis, auf der jede Beziehung funktioniert.

Die Liebhaberin

Phantasie ist die Stimme der Kühnheit.
Wenn Gott irgendetwas Göttliches hat, dann das.
Er war kühn genug, sich alles vorzustellen.
Henry Miller

Kein Pfad ist zu verschlungen, als dass ihn die Begierde nicht kennen oder entdecken könnte. Und so lange es Menschen gibt, solange wurden diese Pfade erforscht und erkundet. Bisher haben wir vor allem vom Scheitern am Widerspruch zwischen moralischen Vorgaben und gelebter Leidenschaft gesprochen, weil uns diese Geschichten so viel näher liegen. Selten kommt es vor, dass Menschen sich ihrer tiefsten erotischen Leidenschaften nicht schämen. Noch seltener ist es, dass sie dafür verehrt werden. Es gab in der Geschichte heroische Versuche, alternative Lebens- und Beziehungsformen zu leben. Meistens zu finden unter Studenten, Aussteigern und Künstlern, denn in Milieus, die sich gesellschaftlich ohnehin in einer Sonderstellung befinden, sind Freiheiten erlaubt, die anderswo verpönt wären. Zuerst und vor allem auch sexuell, denn Sex hilft ja ganz wesentlich mit, solche Milieus überhaupt zu formen. Das war besonders in den mondänen Städten anfangs des 20. Jahrhunderts der Fall: Die Moderne setzte so viele wissenschaftliche und künstlerische Energien frei und damit auch die Idee der Frauenbefreiung. Frauen begannen laut und deutlich die Frage zu stellen, warum sie sich nicht dieselben Freiheiten herausnehmen sollten wie die Männer. Manche redeten nur darüber, andere taten es und gossen ihre Erfahrungen in Worte, die ihr Publikum nachhaltig zu fesseln vermochte. Edna St. Vincent Millay war die Königin des Jazz-Age, eine Dichterin, die verehrt wurde wie ein Rockstar. Und auch wie einer lebte. Sie liebte wild und hinterließ eine Spur gebrochener Herzen – und starb am Ende allein und drogenabhängig auf die denkbar unglücklichste Art: Sie brach sich bei einem Treppensturz den Hals. Aber wenn es eine Moral in dieser Geschichte gibt, dann nicht die, dass das Leben Edna mit einem traurigen Ende bestrafte, sondern dass es ihr eine große, tiefe und währende Liebe bescherte, ermöglicht durch all das, was möglicherweise dagegen spricht: ihre Rastlosigkeit, ihre Experimentierfreude und auch ihr Scheitern. Nach ihren wilden Zwanzigern heiratete sie zur Überraschung aller und blieb verheiratet bis zu ihrem Tod. Es war in vielerlei Hinsicht eine bewundernswerte Ehe, sexuell offen, von gegenseitiger Unterstützung, Zuneigung und der Fähigkeit getragen, einander beizustehen, ohne einander besitzen zu wollen. Jeder Fremdgeher und noch mehr jede Fremdgeherin kann aus ihren Erfahrungen lernen. Zu Lebzeiten war Edna eine Berühmtheit, jeder kannte ihre eingängige Liebeslyrik. Viele kennen die folgenden Zeilen: »Meine Kerze brennt an beiden Enden; Sie dauert nicht die Nacht; Aber ah, meine Feinde und oh, meine Freunde – ein schönes Licht sie macht!« Es war das Motto ihres Lebens, insbesondere ihres *Liebeslebens*. Für ihren unersättlichen sexuellen Appetit war sie fast genauso berühmt wie für ihre Poesie. Sie liebte Frauen, liebte Männer, liebte die Liebe, die Sensation der Gefühle, liebte es, mit den Gefühlen anderer zu spielen, liebte Sex und setzte ihn schamlos und schadlos ein, um ihre Karriere voranzubringen. »Ich glaube wirklich, dass dein Begehren seltsamerweise ganz genau so funktioniert wie das eines Mannes. Und solches Begehren hat wenig Geheimnisse für mich«, schrieb ihr der Dichter John Peale Bishop im Juni 1920, nachdem er wochenlang obsessiv versucht hatte, sie für sich zu gewinnen. Aus seinen Worten spricht eine lustige Mischung aus Faszination und Enttäuschung über die Libido dieser Frau. Paradoxerweise weckte sie in ihren Liebhabern den brennenden Wunsch, sie alleine zu besitzen, aber sie war niemandem treu und hinterließ, wo sie sich bewegte, eine Armee enttäuschter Liebhaber. Und manch einer fragte sich, ob ein sexueller Appetit solchen Ausmaßes bei einer Frau eigentlich normal war.

Edna war eine außergewöhnliche Frau. Schon als Kind stach sie überall heraus durch ihr Talent. Klein und schmal, mit einer Stimme wie eine »Axt auf frischem Holz«, so die Worte eines Zeitgenossen. Auf Fotos wirkt sie zurückhaltend, fast zerbrechlich, aber ihr Charisma muss grenzenlos gewesen sein. Ihr Haar erschien im Schatten flammend rot und im gleißenden Licht der Sonne weizenblond. Die Augen grün, die Haut milchig weiß und die Lippen so rot, dass ihre College-Freundinnen sie nach ihren kosmetischen Tricks für diese außergewöhnliche Färbung fragten. Es hieß, kein Mann würde sich vom Anblick ihres nackten Körpers je erholen. Gemessen an der Leidenschaft ihrer Verehrer, die sie umschwirrten wie Motten das Licht, könnte das sogar gestimmt haben.

Aufgewachsen in Armut, war sie die älteste von drei Töchtern einer Krankenschwester. Die Mutter trennte sich von ihrem Mann und zog ihre Kinder alleine groß – sie schulte sie aber in Poesie und Musik. Edna musste früh schon Verantwortung für die jüngeren Geschwister übernehmen, da die Mutter oft längere Zeit außer Haus war, um zu arbeiten. Sie suchte sich ihr eigenes Ventil. Als Teenager beobachtete Edna ihre aufkeimenden Leidenschaften mit der Neugier einer Forscherin. Sie wunderte sich, wie sehr romantische Gefühle sie zu besitzen vermochten, gab sich aber nie der Illusion hin, sie könnten nur zu einem Menschen gehören: »Natürlich liebe ich ihn nicht«, schrieb die Achtzehnjährige im April 1909 über einen Beau im Dorf, mit dem sie einen romantischen Spaziergang und eine Fahrt im Ruderboot unternommen hatte. »Es ist lächerlich. Aber ich denke die ganze Zeit an ihn und das macht mich nervös. Ich will nicht die ganze Zeit an jemanden denken, noch nicht … Wenn ich ihn liebe, dann nicht wegen seiner Schönheit, denn ich kann mich an sein Gesicht nicht erinnern – ich habe es so sehr versucht, dass das Bild vor meinem Geist verschwimmt. Irgendwie sehe ich seine Augen oder den Bogen seiner Lippen, wenn er lächelt, aber es verschwindet in einem Augenblick. Ich kann mich daran erinnern und genau das empfinden, was ich fühlte, wenn er mich anschaute – aber ich kann mich nicht daran erinnern, wie er ausgesehen hat.«

Niemand weiß in dem Alter, was das zu bedeuten hat – und jede sucht nach Antworten. Männer ihrer Generation hatten andere Möglichkeiten. Sie konnten sich betrinken, in den Krieg ziehen, Fußball spielen oder sich eine Prostituierte suchen. Die Mädchen hingegen wandten sich der Religion zu oder machten die Liebe zu ihrer Religion. Edna besuchte als Mädchen ebenfalls die Kirche. Und eines Tages hielt sie in ihrem Tagebuch ihre eigene Version der Zehn Gebote fest. Es wurden nur zwei:

»1. Respektiere dich selbst.

2. Sei deines eigenen Respektes wert.

Wenn ich mich daran halte, brauche ich keine Zehn Gebote. Ich werde mich nicht respektieren, bevor ich es nicht wert bin, und wenn ich mich respektiere, dann brauche ich keine Götter, außer dem einen Gott.«

Sie wird ihren eigenen Geboten ihr ganzes Leben lang treu bleiben.

Mit 20 schreibt sie das Gedicht, das ihr Leben verändern sollte: »Renascence«. Auf Anregung ihrer Mutter reichte sie es bei einem Lyrik-Wettbewerb ein und kam unter die Finalisten. Als der erste Preis an jemand anderen ging, protestierten namhafte Dichter gegen den Fehlentscheid – die Kontroverse um den Preis befeuerte ihren Ruhm. Eines Abends trug sie auf einer Party in Maine ihre Verse vor, und beeindruckte mit ihrem Talent und ihrer Stimme eine reiche New Yorkerin derartig, dass diese ihr eine College-Ausbildung finanzieren wollte. Sie nahm an.

»Ich wünschte, ich wäre wirklich ein nettes Mädchen«, schrieb die Zweiundzwanzigjährige im April 1914 in ihr Tagebuch. Ihre Mitschülerinnen lagen der talentierten Edna zu Füßen und sie entwickelte einen Appetit für athletische Frauen und hatte diverse Affären. Sie lernte schnell, in Liebesdingen immer diejenige zu sein, die die Kontrolle behielt, die ein bisschen kühler, ein bisschen distanzierter und weniger verfügbar ist. So machte sie alle verrückt. »Die Leute verlieben sich in mich und nerven und stressen mich und schmeicheln mir und erregen mich«, schrieb sie. Ein »nettes Mädchen« sollte sie niemals werden. Aber ihre in Poesie gegossenen Leidenschaften würden ihr Weltruhm verschaffen.

Nach dem College zog sie ins New Yorker Greenwich Village. Zunächst brachte sie sich lange vor allem mit ihrem Charme über die Runden, lebte von Poesie und Träumen und den Zuwendungen ihrer Freunde. Sie rauchte, sie trank, ging aus und schrieb. Lyrik, Theaterstücke, in denen sie auch spielte, und bald war sie Cocktailparty-berühmt: überall eingeladen und Gesprächsthema, wenn nicht anwesend. Ihr Ruf als Nymphe des Village eilte ihr voraus.

An einer solchen Party lernte sie Edmund Wilson und John Peale Bishop kennen, daraus wurde eine Ménage-à-trois. Als Edna den Raum betrat, kam sie gerade von einer ihrer Aufführungen, trug ein helles Kleid, ihr weißes Gesicht leuchtete im Widerschein ihres flammend roten Haars. Die Partygäste baten sie, eines ihrer Gedichte vorzutragen, und obschon sie müde war, tat sie ihnen den Gefallen. Alle Partygäste verstummten und lauschten ihrer Stimme. Bishop war 28 Jahre alt, schlank, breitschultrig, mit blassblauen Augen in einem schmalen Gesicht. Wilson war 35 und noch Jungfrau, beide arbeiteten bei *Vanity Fair* und kannten die Arbeit der kleinen, rothaarigen Dichterin. Und jetzt waren sie beide verliebt.

Als Trio gingen sie zusammen ins Theater, in Restaurants, ins Bett. Edna überließ dem einen Liebhaber die obere Hälfte ihres Körpers, dem anderen die untere – samt neckischem Austausch darüber, wer das bessere Los gezogen hatte. Nur ihr Herz behielt sie für sich. Im Oktober machte ihr Wilson einen Heiratsantrag, auf den sie nicht einging, worauf er sich zurückzog. Bishop, von sich selbst mehr eingenommen, schlief weiter mit ihr. Aber wenn er gedacht hatte, dass er sie nun für sich alleine habe, hatte er sich getäuscht. Das sollte er am Montag, dem 31. Mai 1921, erfahren. Sie besuchte ihn, um mit ihm zu schlafen. Sie fielen übereinander her, und als sie danach noch erhitzt nebeneinander im Bett lagen, entschuldigte sie sich für ihre leichte Verspätung bei ihm, weil sie eben noch in den Armen eines anderen gelegen hatte. Als sie sich wieder anzog, vergaß sie nicht zu erwähnen, dass sie gleich noch einen weiteren Mann besuchen würde. Bishop fand diese Offenheit nicht ganz so erfrischend, wie sie vielleicht gedacht war. Am 5. Juni schrieb er aus dem Princeton-Club an der 44. Straße. »Ich bin immer noch ruhelos vor Begierde, Deine kühle weiße Hand gegen meine Schläfen zu fühlen. Oh Edna, warum hast Du die Macht, mich derart zu foltern?« Es ist nicht bekannt, was Bishop oder Wilson oder die zahllosen anderen Männer sich von Edna erhofften, wenn sie ihre Liebesschwüre zu Papier brachten oder wenn sie ihre Heiratsanträge machten. Glaubten sie, Edna würde sich für sie ändern, ihren Lebensstil aufgeben? War das überhaupt möglich?

Tatsächlich heiratete die Dichterin nur zwei Jahre später. Es sollte eine ganz und gar ungewöhnliche Ehe werden – mit einem ganz und gar ungewöhnlichen Mann.

Eugen Boissevain war der Sohn eines holländischen Zeitungsmagnaten, ein Draufgänger und Abenteurer, Jäger und Feminist. 1913 hatte er in London die New Yorker Anwältin, Frauenrechtlerin und Suffragette Inez Milholland geheiratet, und diese Ehe war seine Gelegenheit zu beweisen, dass ein Mann nichts von seiner Würde einbüßt, wenn er sich hinter eine starke Frau stellt. Er gab seinen Job auf und zog zu ihr nach New York, um sie bei ihren Kampagnen zu unterstützen. Sie vereinbarten ebenfalls, dass ihre Ehe nicht an außerehelichen sexuellen Erfahrungen scheitern sollte. Doch sie lebten nicht lange genug zusammen, um diese Idee einem ernsthaften Praxistest zu unterziehen. 1916 brach Inez während eines Vortrags plötzlich zusammen und starb kurz darauf. Sie hinterließ Eugen tief verzweifelt.

Edna und Eugen verliebten sich im April 1923 auf einer Party bei Freunden außerhalb New Yorks, er war 43 Jahre alt, sie 31. Sie, gerade aus Europa zurückgekehrt, befand sich in einer psychischen und gesundheitlichen Krise, schwer krank und deprimiert. Ihre ehemaligen Verehrer hatten geheiratet und sich zur Ruhe gesetzt, mit ihrer Leidenschaft schien auch ihre Kreativität versiegt. Eugen war der richtige Mann zur richtigen Zeit: Laut, gesellig, liebte er gutes Essen und teure Anzüge ebenso wie gute Gespräche, Zigarren, Kunst und Literatur. Sein Lachen füllte den Raum, er war Optimist.

An diesem Abend fuhr er sie mit seinem Cadillac nach Hause und kümmerte sich danach um ihren Gesundheitszustand. Er schickte sie so lange zu Ärzten, bis sie die Ursache ihrer Unterleibsbeschwerden entdeckt hatten. Er schickte sie unters Messer und drei Monate später heirateten sie – Edna lag noch im Krankenbett.

Es wurde eine erstaunliche Ehe. Er hielt ihr den Rücken frei, damit sie schreiben konnte. Er managte ihre Karriere, organisierte ihre Lesetouren, öffentlichen Auftritte und – Millay wurde berühmt. 1925 kauften sie zusammen eine Farm mit Schreibatelier, einer Outdoorküche und Bar genannt »The Ruins«, einem Swimmingpool und einem Badmintonplatz. Sie schmissen legendäre Partys, zu denen die Gäste in Abendgarderobe erschienen und zum Schluss die Pflanzen mit Gin gossen. Doch in der Regel war es ruhig, sie konnte schreiben, während er sich um die praktischen Dinge des Lebens kümmerte. Wenn Edna Stimulanzien oder Sedativa brauchte, besorgte er sie. Wenn sie einen anderen Mann wollte, ging er aus dem Weg. Vor allem einen Mann wollte sie. Er hieß George Dillon, war groß, sportlich, 15 Jahre jünger als sie. In ihn verliebte sie sich stürmisch auf einer Lesetour in Chicago. Am 2. November 1928 las sie in der Universität von Chicago, eine weiße Gestalt in schwarzem Samt, vor hingerissenem Publikum. Darunter auch ein junger Dichter, der einundzwanzigjährige Dillon, bereits preisgekrönt, aber noch unbekannt. Er suchte sie in der Garderobe auf, um seine Bewunderung zum Ausdruck zu bringen. Edna nippte an einem Flachmann, den ihr Eugen gereicht hatte, als der blond gelockte Dillon sich ihr näherte, sich ihr vorstellte. Edna nahm seine Hand und hielt sie vermutlich ein bisschen zu lange, während sie ihren Zauber wirken ließ. Die beiden sollten nicht mehr so schnell voneinander loskommen.

Edna stürzte sich voller Begeisterung in das Liebesabenteuer. Dillon blieb zurückhaltender, die Affäre mit der verheirateten Frau war ihm nicht geheuer. Ihre Intensität schien dem jungen Mann, der zeit seines Lebens bei seinen Eltern wohnte und seine intensivsten Liebesgedichte seiner Mutter widmete, schlicht zu viel gewesen zu sein. Eugen ließ seine Frau mit Dillon gewähren, ja, er schien dem jungen Mann sogar Sympathien entgegengebracht zu haben. Er lud Dillon immer wieder auf ihr Gut ein. »Ich möchte auch, dass Sie kommen. Ich werde Sie dazu bringen, mich zu lieben und Sie müssen mich dazu bringen, Sie zu lieben. Also ziehen Sie eine hübsche Krawatte an, packen Sie Ihre Abendgarderobe ein und ein sauberes Shirt und wir werden zusammen Wein trinken und zusammen lachen. Und wir werden spazieren gehen und zusammen den Gipfel unseres Berges besteigen.« Eugen freute sich, dass sich der junge Mann für die Kreativität seiner Frau als potente Stimulanz erwies. Sie produzierte Sonette und Liebesgedichte, die heute als ihre besten gelten. Aber Dillon wusste nicht, was er damit anfangen sollte. Immer wieder besuchte er sie, sie verbrachten ein paar Tage zusammen, tranken Wein, machten lange Spaziergänge. Wenn Edna mit Dillon alleine sein wollte, um ihm ihr Studio oder ihre Brüste zu zeigen, zog er sich diskret zurück. Doch nach Dillons Abreise war Ednas Sehnsucht nur noch größer und sie verzehrte sich nach ihm, wenn sie sich monatelang nicht sahen. Sie träumte davon, mit Dillon in Paris zu leben, und sie sollte nicht ruhen, bis ihr Traum Wirklichkeit geworden war.

Das Ehepaar Boissevain plante für den Februar 1932 eine Reise nach Europa, aber je näher der Termin rückte, desto verzweifelter schrieb Edna leidenschaftliche Briefe an ihren

Liebhaber, und er schrieb ebenso leidenschaftlich zurück. Am 19. Februar bestieg sie mit ihrem Gatten ein Schiff nach Paris. Sie wohnten im Hotel Pont Royal, tanzten nächtelang und verkehrten mit der literarischen Elite der Stadt. Aber Edna verzehrte sich nach ihrem Loverboy. Sie bat ihn, zu kommen und schließlich beschloss er im Mai, nach Paris zu fahren. Auf der Überfahrt nach Frankreich erhielt Dillon die Nachricht, dass er den Pulitzer-Preis gewonnen hatte. Seine Einfahrt nach Paris muss ihm wie ein Triumphzug erschienen sein. Sein Zug hat sich vermutlich mit demjenigen gekreuzt, der Eugen nach Le Havre brachte, von wo er nach Amerika überschiffte. Er hatte zwar in die Trennung eingewilligt, damit sie sich darüber klar werden könne, wen sie mehr liebe. Lieber wäre er in Europa und damit in der Nähe geblieben, aber Edna hatte auf seine Rückkehr nach Amerika bestanden, also reiste er nach Hause. Er ging nicht ohne Drama, aber es war eines, das Edna in aller Deutlichkeit zeigte, was für eine Sorte Mann sie von sich weg schickte. Am Abend des 13. März waren sie beide als Ehrengäste zu einem Dinner in der amerikanischen Botschaft geladen. Sie hatten sich im Hotel fein gemacht und Champagnercocktails getrunken. Edna trug ein weißes, tief ausgeschnittenes Abendkleid, er einen Smoking mit Fliege, als sie sich in ein Taxi setzten. Auf der Brücke Pont Royal herrschte Aufruhr, und Eugen hieß den Fahrer anzuhalten. Er sprang aus dem Taxi und lief zum Geländer, von wo er in den dunklen Fluten der Seine einen Arm und das weiße Gesicht einer Frau sah, die offensichtlich zu ertrinken drohte. Eugen sprintete sofort zur Treppe, die zum Ufer hinunterführte, rannte den Fluss entlang und warf währenddessen seine Kleider ab. Zuerst den Mantel, dann den Hut, das Jackett, den Seidenschal und schließlich die Schuhe. Die Leute auf der Brücke brüllten, er solle es sein lassen, es sei hoffnungslos, die Frau wohl bereits tot. Aber Eugen konnte nicht mehr zurück. Später erzählte er einem Journalisten: »Ich sah mich selbst, wie ich am Ufer plötzlich umdrehen würde und nach meiner heroischen Geste vor allen Zuschauern zurück zur Brücke gehen und dazu meine Kleider auflesen würde, die Schuhe, das Jackett, den Hut … Nein, es war zu lächerlich. Ich musste beenden, was ich begonnen hatte. Also sprang ich hinein.«

Es gelang ihm tatsächlich, die Frau lebend aus der eiskalten Seine zu ziehen und seine heldenhafte Aktion machte internationale Schlagzeilen. Während die Reporter Eugen bestürmten, um ihn zu seiner Heldentat zu befragen, blieb Edna cool und rauchte eine Zigarette nach der nächsten aus ihrem goldenen Zigarettenetui, als wäre sie nur eine weitere Frau, die von ihrem Gatten auf dem Weg zu einer Party aufgehalten wurde. Schließlich tadelte sie ihn, ebenfalls vor den Journalisten, er könne die arme Frau doch nicht einfach so aus der Seine ziehen und sich dann nicht mehr darum kümmern, denn ihre Situation müsse bestimmt sehr verzweifelt gewesen sein. Er trage eine Mitverantwortung für ihr Schicksal. Also besuchten sie sie im Krankenhaus, und erfuhren ihre traurige Geschichte von Armut und Verzweiflung, sie war ein Opfer der Wirtschaftskrise. Letztendlich gaben sie ihr Geld, um sie wieder auf die Füße zu bringen. Und Edna engagierte sie als Köchin. Das war der Mann, der am 10. Mai in Le Havre ein Schiff nach Hause bestieg. Er sah sich als Pionier auch an der Liebesfront, und für ihn als geborenen Abenteurer sollte es die größte Nervenprobe seines Lebens werden. Derweil wartete auf dem Balkon ihres Zimmers im Hotel Pont Royal seine Frau in einem gelben Seidenkleid auf ihren Liebhaber.

110 Briefe gingen in den Wochen vom 10. Mai bis zum 5. Juli zwischen Edna und Eugen hin und her, sie geben einen detaillierten Einblick in die emotionale Komplexität dieses Experiments. Und sie zeugen von einer passionierten und

reifen Liebe, auf die beide stolz waren. Es war ein Experiment, und dieses Experiment zu wagen begeisterte sie einerseits. Vor allem aber litt Eugen auch sehr unter der Ungewissheit. Er lenkte sich ab, arbeitete im Garten und auf den Feldern, jagte, kochte und schwamm im Fluss. Er berichtete ihr auch von gelegentlichen sexuellen Eskapaden, wenn seine Frau sich danach erkundigte, aber vor allem sehnte er sich nach ihr. Auch hier kontrollierte Edna die Situation. Eugen sollte so lange von Paris fernbleiben, bis sie ihn ausdrücklich dazu aufforderte, zu ihr zurückzukehren, so war die Abmachung. Und Eugen hielt sich daran, wenn auch schwankend und zweifelnd. Auch Edna verbrachte ambivalente Wochen. Sie gab sich dem Liebesrausch mit Dillon hin, spazierte mit ihm durch den Jardin du Luxembourg, schlenderte die Seine entlang und ging abends aus. Davon berichtete sie Eugen, wenn sie auch seltener schrieb als er. Vor allem dann, wenn der »Fluch« sie heimsuchte, sie also ihre Tage hatte. Dann vermisste sie ihren Mann schrecklich. Doch sonst gab es von ihr wenig Lebenszeichen. Eugen begann sich zu fragen, ob das mit der temporären Trennung wirklich eine gute Idee gewesen war.

Er ahnte, dass nur Geduld sie zurückgewinnen konnte, und versuchte, sie nicht zu bedrängen. In einem Brief vom 2. Juni schrieb er: »Ich werde nicht der schwarze Schatten zwischen Dir und George [Dillon. Anm. d.A.] sein.« Sie solle sich Zeit nehmen, auch ein Jahr, wenn es sein müsste. Oder mit ihm zusammen zurückkommen. Sie solle einfach tun, was sie tun müsse.

Es fiel ihm nicht leicht. »Ich mag ihn, unter anderen Umständen würde ich ihn vielleicht sogar lieben. Aber auch wenn ich nicht brülle und zetere wie ein eifersüchtiger Mann, auch wenn ich nicht mit einer Pistole herumrenne, sollst Du nicht für einen Moment denken, dass ich nicht eifersüchtig wäre.« Es wäre ja gelacht, wenn drei intelligente und mutige Leute wie sie keine Lösung finden könnten und unglücklich bleiben müssten, schrieb er ihr.

Dillon sah das möglicherweise anders, denn auch er war eifersüchtig und fand es unmöglich, Ednas Ambivalenz auszuhalten. Über das genaue Arrangement der Eheleute schien er sich nicht im Klaren gewesen zu sein, aber er spürte, wie sehr sie an ihm hing. Er verlangte eine Entscheidung, es kam zum Streit und Edna warf ihn aus der Wohnung. Es wäre eines »der härtesten Dinge« gewesen, die sie je getan habe, schrieb sie Eugen. Und wäre nicht gerade ihre Periode bevorgestanden, hätte sie auch nicht den Nerv gehabt, es zu tun. Manchmal ist PMS doch zu etwas nütze. Dennoch war sie nicht sicher, ob das nun das endgültige Ende ihrer großen Liebe war. Sie zögerte, hoffte, fühlte sich einsam, hoffte wieder, wusste mit sich nichts anzufangen, wollte keinen endgültigen Schlussstrich ziehen. Doch eine Entscheidung hinauszuzögern, die getroffen werden muss, macht in der Regel nicht besonders glücklich. Edna war niedergeschlagen. Eugen wollte seinen Vorsatz über den Haufen werfen und nach Paris fahren. »Es macht mich verrückt zu denken, dass Du unglücklich bist. Würde ich es glauben, würde ich nach New York gehen, ein Flugzeug stehlen und zu Dir fliegen. (…) Ich werde mich irgendwo auf dem Land verstecken. Und wenn Du glaubst, Du seist unglücklich, werde ich unter Deinem Fenster stehen und lustige Geräusche machen und Dich zum Lachen bringen.« Gibt es ein größeres Liebesbekenntnis in einer solchen Situation? Aber sie wies ihn an, abzuwarten und am 5. Juli mit ihr zu telefonieren. Er fürchtete, sie wollte ihn davon abhalten zu kommen. Auch er war hin- und hergerissen. Er wollte verzweifelt mit ihr zusammenbleiben. Er wollte, dass sie glücklich war und ihre Entscheidung frei traf. Er haderte mit sich, so eine Situation überhaupt zugelassen zu haben. Aber er war ein fünfzigjähriger Mann, stark wie eh und je. »Manchmal glaube ich, verrückt zu werden. Aber dann wird man doch nicht einfach so verrückt. […] Inzwischen kann und werde ich alles aushalten.«

An besagtem Tag packte er eine Flasche Wein, eine Flasche Gin und eine Freundin, mit der er auch schlief, in seinen Cadillac. Er fuhr ins Nachbardorf, weil er nur von dort aus telefonieren konnte. Er war auf alles gefasst, als er Ednas Stimme durchs Telefon hörte. Aber sie hatte gute Nachrichten für ihn: Sie kam nach Hause.

1936 stürzte sie bei einem Unfall unter nicht geklärten Umständen aus einem fahrenden Auto. Die Ärzte gaben ihr starke Morphindosen gegen die Rückenbeschwerden und bald entwickelte sie eine schwere Abhängigkeit – dazu konsumierte sie nach wie vor Alkohol, Zigaretten und diverse andere starke Schmerzmittel. Ein typischer Morgen begann um 7 Uhr 40 mit einer ersten Dosis Morphin, subkutan verabreicht, dann diverse Zigaretten, um 8 Uhr 15 ein Bier, weitere Zigaretten, um 12 Uhr 15 den ersten Martini, 12 Uhr 45 die nächste Morphiumdosis. 1949 starb Eugen nach kurzer Krankheit an Lungenkrebs. Ein Jahr später, am frühen Morgen des 19. Oktobers 1950, stürzte Edna die schmale, kleine Treppe zum Entree hinab und brach sich den Hals. Ihr Kopf landete auf einem Notizbuch mit dem Entwurf für ein Gedicht. Die letzten drei Zeilen hatte sie umrandet:

»Ich werde mich kontrollieren, oder hineingehen.
Ich werde Perfektion nicht mit meinem Kummer beflecken.
Hübsch, dieser Tag: wer auch immer gestorben ist.«

Die Entlarvung

Die einzigen Lügen, für die wir wirklich bestraft werden,
sind diejenigen, die wir uns selber erzählen.
V.S. Naipaul

Was auch immer die Gründe sind, warum jemand fremdgeht – beim Seitensprung selbst sind sie vergessen. Nichts
eignet sich besser, um die Perspektiven zurechtzurücken, als
Sex mit einem anderen Mann. Man kann sie sammeln, die
Begegnungen, die Momente, manchmal Freundschaften, die
sich aus einem kurzen, intimen Moment ergeben. Unüber-
brückbare Distanzen sind mit einem Schlag überwunden.
Lust, die in der Beziehung erst Gewohnheit und dann Wi-
derwillen Platz gemacht hat, bis im Schlafzimmer nur noch
schlechtgelaunte Ödnis herrscht. Oder wenn Sex noch stattfindet, dann fühlt er sich trocken und mechanisch an und
man betrachtet sich von außen und findet diese ganze Ver-
anstaltung lächerlich. Und dann kommt eines Tages ein neuer Mann daher, und plötzlich ist alles wieder da. Die Energie,
das Herzklopfen, die Blicke, die alles sagen, und sie weiß,
dieser Sex wird alles andere als trocken sein. Es macht Spaß
und schadet niemandem. Oder?

Bis man *erwischt* wird.

Dann kommen die Fragen. Was hast du getan? Wer bist
du eigentlich? Diesen Fragen muss sich die Fremdgeherin

stellen und sie sind nicht so simpel, wie sie zunächst klingen. Wie soll man sie beantworten? Natürlich will der Betrogene damit zum Ausdruck bringen, dass sein Herz gebrochen wurde und seine Welt in Trümmern liegt. Aber wer weiß schon selbst so genau, wer er eigentlich ist? Und noch schwieriger ist es zu durchschauen, wer man in den Augen anderer ist, des Geliebten, dem man seine besten und seine schlimmsten Seiten zeigt, meistens mehr, als einem selbst lieb ist. Jeder verkörpert verschiedene Rollen, die sich je nach Gegenüber stark unterscheiden. Gesteuert von einer zentralen Intelligenz und zusammengehalten von einer Reihe von Geschichten und Erinnerungen, angetrieben von allerlei Bedürfnissen. Wirklich eindeutig ist das nicht.

Therapeuten vergleichen Beziehungen gern mit Gebäuden, die ein Fundament haben, Fenstern und Mauern, und ein sicheres Dach über dem Kopf bieten. Das ist eine tröstliche Vorstellung, aber sie wird der Realität nicht ganz gerecht. Eine Beziehung ist kein Gebäude, genauso wenig wie eine Person ein Gebäude ist. Sie besteht aus zwei wechselnden Identitäten und Perspektiven, die kraft ihres Willens zusammenhalten. Und wenn ein Vertrag gebrochen wird, dann folgt meistens ein Prozess.

Beim Fremdgehen aufzufliegen dürfte auf der Liste der unangenehmen Erfahrungen mit geliebten Menschen ganz oben stehen. Der Verstand rotiert, sucht nach Rechtfertigungen, wägt ab, feilt an Formulierungen, die gerade noch als Wahrheit durchgehen könnten. Das Gewissen sitzt mit einer dicken Zigarre in einer Lounge und feilt sich die Nägel. »Warum guckst du mich so an? Ich habe es dir von Anfang an gesagt, aber du wolltest ja nicht hören.« Wenn man noch einmal zurück könnte. Aber man kann nicht.

Die meisten Fremdgeher streiten zunächst alles ab oder zumindest so viel, wie sie können. Das ist eine natürliche, aber nicht die beste aller möglichen Reaktionen. Denn wenn der Seitensprung schon schmerzt, so schmerzt jede weitere Lüge – und sei sie auch noch so klein – den Partner zusätzlich. Die sagen gern, dass sie den Akt an sich hätten verzeihen können, nicht aber den Vertrauensmissbrauch, den Loyalitäts- und Treuebruch. Dass dies alles miteinander zusammenhängt und Lügen und Vertrauensbruch notwendige Begleiterscheinungen jedes Seitensprungs sind, blenden sie großzügig aus. Wenn also jemand sich zur Lüge entschließt, sollte er besser konsequent sein.

Simone

Simone ist Ende 30, arbeitet in der Kulturverwaltung einer mittleren Kleinstadt, hat zwei Kinder, ist seit zehn Jahren verheiratet – glücklich, wie sie sagt. Sie hatte ihren Mann am Anfang ihrer Beziehung bei einer Affäre erwischt, fand das aber nicht weiter schlimm. Auch deshalb, weil sie sich ausrechnete, sich irgendwann dieselbe Freiheit nehmen zu dürfen. Doch bevor es so weit war, bekamen sie zwei Kinder und sie hatte jahrelang andere Sorgen, als aus ihrer Ehe auszubrechen.

Nach ein paar Jahren traf sie einen jungen Mann, der ihr aus irgendeinem Grund ins Auge stach. Nicht nur weil er hübsch war und viel jünger als sie, sondern weil er sich als ideale Affäre anbot. Denn sie interessierte sich nicht ernsthaft für ihn. Und er hatte keinerlei Berührungspunkte mit ihrem Freundeskreis. Die perfekte Affäre, wie sie ziemlich bald annahm, nachdem eine gemeinsame Freundin sie vorgestellt hatte.

Frauen sind Meisterinnen der Selbstlüge. Man muss sich nur ansehen, wie schlecht Frauen im Laufe der Weltgeschichte behandelt wurden und werden, um zu verstehen, dass diese Fähigkeit eine Survival-Strategie ist. »Mir war nicht bewusst, dass ich meinen ersten Seitensprung einfädelte, oder ich verdrängte es«, sagt Simone. »Erst in der Rückschau wird mir klar, wie berechnend ich vorgegangen bin. Man gesteht sich das wirklich nicht gern ein.«

Sie schickte ihm unverfängliche SMS. Es kam lange nichts zurück. Dann meldete er sich doch. Zu diesem Zeitpunkt hatte sie sich die nächsten Schritte schon ausgemalt, sie musste ihn nur noch dahin bringen, mit ihr allein zu sein. Und dann spazierten sie eines Tages zusammen aus dem Fitnessstudio und nahmen danach noch einen Drink. Am Ende landeten sie knutschend in einem dunklen Hintereingang. Von da an besuchte sie ihn alle paar Wochen, sie hatten für ein paar Stunden Sex und es war gut. Danach ging sie nach Hause und lebte ihr Leben weiter. Nicht dass sie das alles kaltgelassen hätte. »Ich war verliebt. Nicht in ihn, sondern ins Ganze. Ich war total von der Sache eingenommen. Der Nervenkitzel, die Heimlichtuerei, die Genialität meines Arrangements, all das erregte mich. Ich dachte die ganze Zeit an ihn und an Sex und masturbierte zu den Erinnerungen an den Sex mit ihm. Das war irgendwie neu, dass mich Sex ohne das ganze Drumherum so entflammen konnte.«

Das Ganze zu organisieren war leicht; Frauen haben es da einfach. Sie können sich ihr Ziel aussuchen und es berechnend und kaltblütig in die Position manövrieren, in der sie es haben wollen. Was in Simones Fall eine Erfahrung war, die ihrem Gegenüber ausgesprochen gut gefiel. Wilder Sex ohne weitere Attachments. Ein fairer Deal.

Frauen haben noch weitere Vorteile auf ihrer Seite. Männer tragen wenig Parfum und noch seltener Puder, der Feind jedes Fremdgehers, weil er sich so verräterisch auf der Haut ablegt. Frauen haben oft einen siebten Sinn für Kosmetikprodukte, die nicht aus ihrem eigenen Badezimmer stammen. Männern etwas vorzumachen ist hingegen leicht, schon deshalb, weil sie solchen Dingen gegenüber notorisch unaufmerksam sind. Vielleicht lässt ihr Ego den Gedanken ungern zu, ihre Frau könnte einen anderen ihnen vorziehen, denn das würde Versagen bedeuten. Auf die Idee, dass Frauen aus denselben Gründen fremdgehen wie Männer, nämlich aus purer körperlicher Freude an der Vielfalt, kommen sie oft gar nicht. Simone flog auf, weil ihr Mann einen Tipp bekam von jemandem, der sie mit ihrem Liebhaber gesehen haben musste. Eines Abends stellte er sie zur Rede.

Das ist eine kritische Situation, und jede Ehebrecherin sollte sich Gedanken darüber machen, wie sie im Falle aller Fälle reagieren wird. Man kann alles zugeben und die Karten auf den Tisch legen. Das ist die mutige Strategie, die aber nicht ohne Tücken ist. Der Partner wird wütend sein und alles wissen wollen, weshalb man sich schon vorher darüber Gedanken machen sollte, wie viel preiszugeben man bereit ist. So oder so muss, wer erwischt wird, sich auf eine sehr ungemütliche Situation einstellen, auf eine Verhörsituation: ein Stuhl, ein Tisch, eine Lampe, stundenlange Befragungen, mal aggressiv, mal verzweifelt, mal emphatisch, aber auf jeden Fall anstrengend. Und es gibt verschiedene Strategien, sie zu meistern.

Punkt 1: Alles abstreiten

Wer sich zur Lüge entschließt, muss abgebrüht und skrupellos sein. Damit eine Lüge überzeugend ist, muss man sie selbst glauben – und jeden Zweifel zu 100 Prozent von sich weisen. Der Schutzheilige dieser Strategie ist Lance Armstrong. Nach seiner Krebserkrankung radelte er sich mit unbändigem Willen an die Weltspitze zurück und gewann siebenmal die Tour de France. Immer wieder gab es um ihn und sein Team Gerüchte wegen Dopings. Er stritt ab, und zwar in der aggressivsten Manier. Er log völlig unbeeindruckt, verriet seine Freunde und Teamkollegen, attackierte jeden, der von seiner Version abwich. Und er schaffte es, sein Lügengebäude jahrelang aufrechtzuerhalten, weil er absolut skrupellos und entschlossen war und nie an seiner Strategie zweifelte. Die meisten Frauen sind nicht wie Lance Armstrong. Sie wollen dem anderen nur unnötige Verletzungen ersparen, indem sie ihm nicht die ganze Wahrheit sagen. Deshalb sollten sie auch andere Strategien in Erwägung ziehen.

Punkt 2: Gegenangriff
Wer seine Spuren gut verwischt hat, der kann nur durch einen Spionageakt überführt werden, und das bietet Angriffsfläche. Um sie zu überführen, hat er ihre Mails gelesen oder hat in ihrem Handy herumgeschnüffelt, und das kann sie ihm zum Vorwurf machen. Je nachdem, wie wütend der Betrogene ist, kann diese Strategie von Erfolg gekrönt sein – meistens aber nur dann, wenn er selbst auch nicht ganz sauber und deshalb empfänglich ist für die Auffassung, dass auch er eine Intimsphäre hat, die er gerne vor ihrem Zugriff schützt. Zumindest besteht die Chance, auch in ihm Schuldgefühle zu wecken und so die eigene Position zu verbessern.

Punkt 3: Die Sixth-Sense-Strategie
Eine besonders perfide Strategie. Sie besteht darin, ihm zu sagen, er leide unter Wahnvorstellungen und seine Anschuldigungen seien vollkommen absurd. Diese Strategie funktioniert besonders dann, wenn es zwar Indizien für ihre Untreue gibt, aber keine handfesten Beweise, denn Nachrichten in einem bestimmten, flirtenden Ton oder verdächtige Kontakte können immer auch für harmlos ausgelegt werden. Wer den Nerv hat, in einer solchen Situation cool zu bleiben, und

dem anderen eine plausible Erklärung bietet, der hat gute Chancen, damit durchzukommen.

Aber nicht jede Frau hat den Nerv zu lügen. Und in vielen Fällen ist es auch nicht angesagt, weil die Wahrheit, so schmerzlich sie auch ist, Verhältnisse klärt, die geklärt werden müssen.

Julia

Als Julia mit 19 ihrem Marco begegnet war, hatte sie genug von seichten Affären mit seichten Menschen. Sie wollte etwas anderes: ein bürgerliches Leben, Strukturen, Sicherheit, einen Job, der sie erfüllte. Sie wollte Verantwortung übernehmen, etwas bewirken. Und zwar mit Marco. Er war der Mann, den sie gesucht hatte, der Mann, mit dem man eine Familie gründen konnte, ein gemeinsames Leben aufbauen, ein ruhiges und sicheres Leben. Denn sie glaubte an die dauerhafte und innige Beziehung zu einem Menschen und an die erstrebenswerte Stabilität in einer Partnerschaft.

Bald führte sie das Leben, von dem junge Frauen träumen: Sie war Mitte 30, hatte zwei Kinder, eine Karriere, ein Haus – ihr Leben so süß wie eine reife Sommerfrucht. Und sie begegnete Oliver und alles, was sie sich aufgebaut hatte, zerplatzte an einem einzigen Nachmittag. Oder vielmehr nach allem, was nach diesem Nachmittag folgen sollte.

Oliver war nichts weiter als eine jener seichten Affären, von denen sie mit 19 schon genug gehabt hatte. Er bedeutete ihr nichts, aber das Erlebnis bedeutete ihr alles. Weil es ihr ein paar unbequeme Wahrheiten bewusstmachte. Zum Beispiel, dass sie in der Ehe mit Marco unglücklich war, länger schon. Sosehr sie ihn auf diese tiefe Art liebte, wie es Eltern ihren Kindern gegenüber tun, so frustriert war sie ir-

223

gendwie auch von dem ganzen Experiment des bürgerlichen Lebens, das sie die letzten zehn Jahre aufgebaut hatte. Ihre Familie bedeutete ihr alles, aber sie war sich selbst unterwegs abhandengekommen. Und wenn sie ehrlich zu sich war, dann bedeutete ihr Marco als Mann nichts mehr. Sie hatten sich auseinandergelebt. Er war viel weg und mit seinen Sachen beschäftigt. Oder er war zu Hause, dann war er aber müde. Oder wenn er sich mal für sie interessierte, dann wollte er Sex. Und dann wollte sie nicht. Sie war zu erschöpft von Studium und Geld und Karriere und Kinder. Der Bodensatz schlechter Laune zwischen ihnen nahm immer mehr Raum ein, wie ein Algenteppich im Sommersee, der sich in der Hitze ausbreitet. Wenn sie mal wieder genervt vom Stress und den Gehässigkeiten, die man sich als Paar fast schon routinemäßig zuwarf, aus dem Haus trat, fragte Julia sich manchmal: War es das jetzt schon? Oder kommt da noch was?

Bevor sie sich in einer feuchtfröhlichen Nacht auf Oliver einließ, hatte sie schon fast vergessen, wie Sex geht – abgesehen davon, dass er irgendwo in der Grauzone unterhalb des Kinns stattfindet. Sie hatte nicht nur die Beziehung zu ihrem Mann vernachlässigt, sondern auch die zu ihrem eigenen Körper.

Die Affäre mit Oliver hatte sie wieder zum Leben erweckt. Sie merkte: Das will ich. Wenn sie am Morgen zur Arbeit fuhr, wirkte die Welt plötzlich prachtvoll. Sie fühlte sich wie ein Saiteninstrument, das gespielt werden möchte. Ein paar Wochen lang folgte eine nächste kurze Affäre. Und dann eine nächste.

Die Fremdgeherin muss sich darauf einstellen, dass ihr Geheimnis jederzeit auffliegen kann. Sobald sie zur Rede gestellt wird, gilt es, die Lage so schnell wie möglich zu überschauen. Ihr bleiben ein paar wenige Momente, um einschätzen zu können, wie viel er weiß, und ob sich die Mühe eines Manövers lohnt. Denn wenn der Verdacht einmal geweckt ist, wird das Vertuschen um ein Vielfaches schwieriger, um nicht zu sagen unmöglich. Und endet meistens im Desaster. Erstens wegen der vielen Lügen – sie treiben das Vergehen auf der Vertrauensbruchskala ganz nach oben. Und dann will derjenige, der betrogen wird, in erster Linie wissen, was passiert ist. Er wird nicht aufhören zu fragen. Er wird alles in seiner Macht Stehende tun, um herauszufinden, ob er spinnt oder sie wirklich ein solches Miststück ist.

Und dann kam der Abend, als Julia nach Hause kam. Zunächst schien alles wie immer. Die Töchter sahen sich im Kinderzimmer ihre Bücher an, Marco stand in der Küche und kochte. Aber als sie sich ihm näherte, warf er ihr einen Blick zu, der sie erschaudern ließ. Der weitere Ablauf des Abends: ein klassisches Drama. Sie saßen zu viert am Tisch, die Töchter unbekümmert, er mürrisch und grüblerisch. Er reagierte auch nicht, als die Töchter über die heißen Würstchen klagten oder Wasser verschütteten. Er saß nur vor seinem Kartoffelsalat und warf ihr ab und zu einen eisigen Blick zu.

Der Abend rollte weiter aus mit Pyjamas anziehen, Zähneputzen, Büchererzählen und Gute-Nacht-Lieder singen. Er rauchte auf dem Balkon, und Julia versuchte sich einzureden, es könnte auch einfach seine normale schlechte Laune sein. Aber im Grunde wusste sie, dass es nicht so war. Als die Kinder im Bett waren und sie beide allein, herrschte Schweigen. Es war ein lautes Schweigen. Er kam in die Küche, sie saß bereits am Tisch. Er tigerte fragend um sie herum, sie versuchte, etwas vorzuspielen, obwohl sie bereits wusste, dass sie aufgeflogen war. Aber er wartete quälende Stunden, bis er ihr sagte, dass er ihr Handy gelesen hatte.

Sie: »Es tut mir so leid, dass es passiert ist!«

Er: »Es ist nicht passiert – du hast es *getan*!«

225

Sie: »Aber es war doch bloß Sex! Das ist nichts, verglichen mit dem, was wir hatten! Was wir *haben*!«

Er: »Ich würde dich am liebsten umbringen. Ich würde dich am liebsten schlagen.«

Da jede Fremdgeherin damit rechnen muss, sich einmal in einer Verhörsituation wiederzufinden, hier noch ein paar Tipps von Experten der Materie, worauf Sie dann besonders achten sollten – das ist wertvolles Basiswissen für die Betrügerin, die den Kopf aus der Schlinge ziehen will.

Verhörexperten stellen strategisch Fragen und beobachten ihr Gegenüber dann genau, während es die Frage verarbeitet. Je nach Person und je nach Frage kann das ganz unterschiedlich geschehen. Reagiert jemand auf eine bestimmte Frage überrascht, wütend, gleichgültig? Beantwortet er sie sofort oder lässt er sich mit der Antwort Zeit? Im Verhör versucht man durch Beobachtung des Befragten herauszufinden, ob irgendetwas darauf hindeutet, dass er die Wahrheit verschleiert oder Informationen zurückhält. Der Frager versucht, den Befragten zu lesen, indem er seine Reaktionen interpretiert und nach Zeichen von Täuschungsmanövern und Lügen sucht. Reagiert er mit Zeichen von Unbehagen auf gewisse Fragen und zeigt Zeichen von Behagen, wenn man das Thema wechselt? Wiederholt der Befragte die Frage, um sich Zeit zu verschaffen? Wirkt er aufgewühlt, beunruhigt? Presst er die Lippen zusammen? Blinzelt er häufiger? Wippt er mit dem Fuß, wenn er antwortet, verspannt er die Schultern? Beginnt er sich selbst zu beschwichtigen, indem er sich Luft zufächelt oder in die Haare greift? Das alles weist darauf hin, dass sich die Gedanken und die Gefühle des Befragten verändert haben.

Es gibt eine lange Liste von körperlichen Reaktionen, die auf Stress hindeuten. Angefangen bei den mimischen Veränderungen wie Stirnrunzeln, Lippenbeißen bis zu unbewusstem Kopfnicken und Kopfschütteln. Wobei Augen und Mund besonders verräterisch sind – und natürlich die Stirn, und zwar nicht erst, wenn sich darauf Schweißperlen bilden. Jemand anderen zu täuschen ist kognitiv viel anspruchsvoller, als die Wahrheit zu sagen, was sich entsprechend im Stirn- und Augenbereich spiegelt. Viele Lügner versuchen auch durch einen besonders direkten oder gar aggressiven Blick, die Stichhaltigkeit ihrer Behauptungen zu untermalen. Sie machen sich gerade dadurch verdächtig, weil sie damit verraten, dass sie sich auf dünnem Eis befinden.

Auch gewisse Redewendungen können verraten, dass der Sprecher vermutlich nicht die volle Wahrheit sagt. Dazu gehören retardierende Elemente wie häufig eingestreute »Ääh …« oder »Hmm« und Pausen beim Sprechen.

Auch die Frage zu wiederholen ist ein Indiz, dass der Befragte etwas verbirgt, sich Zeit verschaffen will, um sich eine Story zurechtzulegen – aber mehr auch nicht. Stress kann auch andere Ursachen haben, durch die Situation bedingt sein oder dadurch, dass man den falschen Moment zum Gespräch gewählt hat. Gute Frager bleiben neutral, ohne Skepsis oder Argwohn zu wecken, um den Befragten nicht in die Defensive zu drängen. Im Gegenteil: Ein talentierter Frager schafft eine entspannte Atmosphäre, um allfällige Stressreaktionen und Verhaltensänderungen besser zu entdecken und beurteilen zu können. Wer also von seinem Partner wirklich wissen will, ob er ihn betrogen hat, sollte das Thema nicht sofort zur Sprache bringen, da die Situation ohnehin schon wegen eines Streits oder des allgemeinen Alltagsstresses angespannt ist. Viel besser ist es, einen entspannten Moment zu zweit abzuwarten und den Ahnungslosen damit zu überraschen. Niemand ist ein so guter Lügner, als dass er sich in so einem Moment nicht verraten würde.

Zeit hilft. Je weiter der Seitensprung zurückliegt, desto einfacher wird es, weil alte Spuren sich verlieren und mit zunehmenden Wochen und Monaten nicht zweifelsfrei zu beweisen ist, was passiert sein könnte. Ist das Erlebte aber noch frisch, ist das Risiko groß, dennoch überführt zu werden. Besonders anfällig für Spionageakte ist die Kommunikation. »Nichts Schriftliches«, so lautet der Wahlspruch jeder Ehebrecherin. Aber im Zeitalter der sozialen Medien ist dieser Wahlspruch nicht ganz so einfach einzuhalten. Wer gelogen hat, hat Pech gehabt, denn jede Lüge fliegt dem Fremdgeher oder der Fremdgeherin doppelt und dreifach um die Ohren. Scheint sein Verdacht also durch handfeste Indizien hinreichend begründet und fühlt sich die Ehebrecherin nicht imstande, ein Verhör von mehreren Stunden, Tagen oder Monaten durchzuhalten, legt man die Karten besser sofort auf den Tisch und stellt sich der Situation.

Mariella

So machte es Mariella, 39, die nicht an das Konzept Treue glaubt und in Beziehungen Wert darauf legt, keine Auskünfte über ihr sonstiges Sexleben geben zu müssen. Was sie auch jeweils zu Beginn einer Beziehung klarstellt. Trotzdem wurde sie immer wieder von Partnern wegen ihrer Promiskuität zur Rede gestellt. Mit fatalen Konsequenzen. »Einmal wurde ich erwischt, ein Klassiker. Ich werde gefragt, signalisiere mehrmals, dass ich keine offene Antwort darauf geben will, werde immer wieder gefragt, bis ich schließlich sagte: ›Nein, da war nichts.‹ Und dann hat derjenige in mein Handy geguckt.« Mariella trennte sich sofort von ihm. Im Gegensatz zur Frage der Treue sei sie beim Handy nicht bereit, Kompromisse einzugehen. »Ich empfinde das als großen Vertrauensmissbrauch. Man sollte keine Fragen stellen, auf die man die Antwort nicht hören will.«

Ein wahres Wort, nur halten sich Frauen selten daran. Die meisten geben zu, dass sie im Laufe ihres Beziehungslebens schon das Handy ihres Partners kontrolliert haben. Es beginnt meistens mit einem Anfangsverdacht, einem Gefühl, Verhaltensweisen, die nicht passen. Der Verdacht will sich bestätigt sehen, und nie waren die Bedingungen für Hobbyspione besser als heute. Manche Frauen kontrollieren die digitale Kommunikation ihres Partners regelmäßig oder dann, wenn sie einen konkreten Verdacht haben. Auch wenn sie zugeben, dass dieses Verhalten übergriffig ist, empfinden sie oft eine moralische Berechtigung dazu. Besonders wenn sie dann auch fündig werden. Und Gründe zur Eifersucht findet man schnell, besonders wenn man sie finden will. Jeder kennt das Gefühl, das man als »grünäugiges Monster« bezeichnet. Es fährt ein wie eine Droge. Mit einem Schlag jagt das Herz, das Blut schießt in den Kopf und vernebelt die Sinne, die Gedanken drehen sich im Kreis, werden zwanghaft. Aber niemand gibt gerne zu, eifersüchtig zu sein. Denn Eifersucht ist etwas Kleinliches, nichts, auf das man stolz ist. Doch nicht alle können das Gefühl kontrollieren, das nicht umsonst als *Sucht* taxiert wird. Eifersucht kann alles vergiften: klares Denken, Gespräche, Beziehungen. Und im Unterschied zu Drogen kann man nicht einfach darauf verzichten, beziehungsweise zu Ersatzdrogen greifen.

Eifersucht ist ein universelles Gefühl, bekannt in allen Kulturen und auf allen Zivilisationsstufen. Ganz generell werden Menschen eifersüchtig, wenn ihre Pole-Position gegenüber einer wichtigen Person gefährdet scheint. Entsprechend definieren Psychologen Eifersucht als »leidenschaftliches Streben nach Alleinbesitz der emotionalen Zuwendung einer Person mit Angst vor echten oder vermeintlichen Nebenbuh-

229

lern«. Sex kann, muss dabei nicht unbedingt eine Rolle spielen. Wer das Handy des Partners kontrolliert, will Gewissheit und findet meistens alles andere als das. Man kann sich fragen, wo der Seitensprung beginnt, beim flirtenden Chat, bei zu intensivem, emotionalen Austausch, beim Signalisieren von Bereitschaft? Sind Worte nur Worte, oder sind es auch Taten?

Man kann den Anspruch auf Exklusivität in der Liebe auch für spießig halten, doch die Idee ist eigentlich romantisch. Ulrich Clement, Paartherapeut und Sachbuchautor zum Thema Treue, fasst es so zusammen: »Was die romantische Liebe ausmacht, ist dieser Punkt der Einzigartigkeit. Dass ich nicht austauschbar bin, ist als Liebender Teil des existentiellen Auf-der-Welt-Seins, es ist bedeutungsgebend und sinnstiftend. Wenn die andere Person sich jemand anderem zuwendet, geht ein Großteil von diesem Selbstverständnis flöten.« Mit dem Selbstverständnis geraten auch andere vermeintliche Gewissheiten ins Wanken, Misstrauen und Argwohn sind die Folge.

Es kann aber auch ein Spiel sein, wie bei Angelika, die ihren langjährigen Freund geheiratet hatte, was auf ihre Beziehung so desaströse Auswirkungen hatte, dass sie sich schließlich entgegen ihrer Überzeugung zum Ehebruch entschloss. Sie ahnte mit der Zeit, dass auch ihr Mann eine Affäre haben musste, fand das aber entgegen ihren Ängsten, die sie deswegen immer geplagt hatten, nicht weiter tragisch. Weil ihre Entdeckung nämlich von vielen anderen Empfindungen überlagert wurde. Die Befriedigung darüber, dass sie es herausgefunden hatte, wich bald den Überlegungen, wie sie diese privilegierte Information für ihre eigenen Zwecke verwenden könnte. Überdies befreite sie sie von ihren eigenen Schuldgefühlen und gab ihr erst noch einen Freibrief für ihre eigenen Pläne. Sein Seitensprung gab ihr das Recht, ihn zu verlassen, auch wenn sie das unter den gegebenen Umständen gar nicht unbedingt anstrebe.

Angelika brauchte sein Handy nicht zu hacken, wie das viele tun. Einmal lief sie an ihm vorbei und sah auf den Bildschirm, einmal saß sie auf dem Sofa ihm gegenüber und der Bildschirm spiegelte sich in der Scheibe. Mehr wollte sie gar nicht wissen. Sie las auch seine Chats nicht nach. Als sein Laptop einmal auf dem Schreibtisch lag, aufgeklappt, und sie herantrat, ohne Passwort, ohne Screensaver und sah, dass es sich um einen Sexchat handelte, las sie nur ein paar Zeilen, um sich zu vergewissern, sie scrollte nicht einmal. »Viele meiner Freundinnen machen den Fehler: Stöbern im Handy ihrer Männer und sind dann am Boden zerstört. Warum tun sie es dann? Man hat nur die Möglichkeit, nicht neugierig zu sein, oder dann damit umzugehen, was man dort sieht.«

Sie selbst war viel vorsichtiger. Kommunizierte nur mit einem Passwort-geschützten Geschäftstelefon und machte auch sonst klar, dass ihr Telefon ihr und sonst niemandem gehörte. Das Problem war für sie auch nicht das Fremdgehen, sondern seine Haltung dazu. Dass er nichts zugab, sich weigerte, darüber zu reden, obschon sie es wusste. »Ich verstehe nicht, warum Leute es abstreiten, wenn sie überführt sind. So etwas kann man doch aufarbeiten und auch verkraften.«

Mirjam

Auch Mirjam suchte im Telefon ihres Mannes nach einer Bestätigung für ihre Ängste. Das war keine gute Idee. Einmal in den Ferien wachte sie eines Nachts auf, und er lag nicht neben ihr. Draußen zirpten die Grillen, und eigentlich war alles in Ordnung. Der Urlaub war grandios, den ganzen Tag

Sonne und Sand und Meer, abends aßen sie in irgendeiner kleinen Kneipe und tranken Wein, die Kinder spielten in der Nähe und sie konnten sich ungestört in die Augen schauen. Aber in dieser von Grillenzirpen erfüllten Nacht hatte ein Traum sie aufgewühlt und ein seltsames Gefühl hinterlassen. Und als sie sein Handy offen daliegen sah, nahm sie es, scheinbar ohne zu denken, tippte die verschiedenen Codes ein, von denen sie wusste, dass er sie verwendete, und surfte dann durch seine Nachrichten, schnell und routiniert. Sie fand, was sie suchte. Die Nachricht, die ihr Herz einen Sprung machen ließ und ihr das Blut in den Kopf pumpte. Am liebsten wäre sie aufgesprungen und hätte ihn zur Rede gestellt, aber das konnte sie nicht. Sie wollte den Urlaub nicht verderben und außerdem schämte sie sich für ihre Spionage, zu der sie sich im Falle einer Anschuldigung hätte bekennen müssen.

Die restlichen Ferien waren unverändert schön, sie genoss die Zeit mit Mann und Familie; sie hatten auch Sex. Aber oft lag sie nachts mit weit aufgerissenen Augen und klopfendem Herzen im Bett und dachte darüber nach, was sie erfahren hatte, prüfte Formulierungen auf doppelte Böden, klopfte sie ab auf ihre wahre Bedeutung und ließ sie innerlich zwischen heißer Wut und dem beruhigenden Gefühl schwanken, dass alles in Ordnung war. Paradoxerweise fühlte sich ihr geheimes Wissen um seine Geheimnisse ähnlich an wie ihre eigenen Geheimnisse als Ehebrecherin. Aufregend, etwas, das nur ihr gehört hatte. Nur mit einer Note, die nach Konsequenz verlangte.

Wenn Eifersucht eine anthropologische Konstante ist, muss sie einen evolutionären Sinn haben. Verhaltensbiologen erklären sie mit der reproduktiven Agenda unserer Spezies. In dieser Logik sind Männer eifersüchtig, weil sie sicherstellen wollen, dass ihre Frau ihnen kein Kuckuckskind unterjubelt. Und Frauen müssen den Mann kontrollieren, damit er seine Spermien nicht woanders ablädt, sich dabei möglicherweise verliebt und sie links liegenlässt. Tatsächlich haben Psychologen in empirischen Studien nachgewiesen, dass Frauen und Männer in Sachen Eifersucht unterschiedliche Muster zeigen. Einer dieser Unterschiede betrifft die Art der Untreue, ob es um sexuelle Fehltritte ohne emotionale Bindung geht oder um intensive, emotionale Zuwendungen ohne Sex. Demnach fühlen sich Männer stärker durch sexuelle Untreue bedroht, während Frauen sich eher davor fürchten, dass sich ihr Partner in eine andere verlieben könnte. Frauen sind auch eher bereit, rein sexuelle Untreue zu verzeihen, solange sie nichts bedeutet. Solche Unterschiede zwischen den Geschlechtern wurden in vielen, auch kulturübergreifenden Studien bestätigt. Dennoch ist fraglich, wie aussagekräftig sie sind, denn die Komplexität des realen Alltags wird in einer Studie oft nur unzulässig abgebildet. Und die Frage, was schlimmer ist – wenn der Partner einen One-Night-Stand hat, der nichts bedeutet, oder wenn er sexuell treu bleibt, aber sich anderweitig verliebt –, lässt sich ohne Begleitumstände kaum beantworten.

Es kann unter Umständen wie eine gute Idee erscheinen, Verständnis aufzubringen für das Verhältnis, das ein Partner hat – doch auch das kommt nicht immer gut an. Manche Frauen mögen es, wenn ihre Männer auch wie Männer reagieren und sagen: »Er oder ich!« Am Ende bleibt jedem nur, seine eigenen Bewältigungsstrategien zu finden, um das grünäugige Monster zu domestizieren. Und zu hoffen, dass man es erledigt, bevor es die Liebe erledigt. Die meisten Ehebrecherinnen kommen zum Schluss, dass es besser ist, wenn der Partner nichts von seinen Seitensprüngen erzählt, und dass es auch besser ist, ihn nicht zu kontrollieren. Zu diesem Ergebnis führte sie aber ein langer Leidensweg. Neuere Forschungsansätze konzentrieren sich demnach auch mehr darauf, wie Lernerfahrungen mit Untreue und Eifersucht das Verhalten beeinflussen, denn ob jemand eifersüchtig reagiert oder nicht, hängt von vielen Faktoren ab: von der Persönlichkeit, dem Alter der Person, ihrer Gebärfähigkeit, ihren Erfahrungen mit dem Thema, dem Anspruch an die Beziehung und der Beziehungssituation und dem kulturellen Hintergrund. Was Letzteres anbelangt, geben drei Faktoren den Ausschlag. Erstens: Menschen aus Kulturen, in denen persönlichem Besitz ein großer Wert beigemessen wird, neigen zu größerer Eifersucht. Dasselbe gilt zweitens für Kulturen, in denen Sexualität starken Restriktionen unterliegt und in denen drittens die Frage der Nachkommenschaft wichtig ist für den sozialen Status. Entscheidend ist letztlich, wie das Verhalten des Partners interpretiert und bewertet wird und welche Auswirkungen es auf die Stellung des »Betrogenen« hat.

Die Moral

The appearance of the law must be upheld.
Especially when it's being broken.
Gangs of New York

Eine fundamentale Wahrheit in der Psychologie lautet, dass wir nicht immer das tun, was wir sollten, obschon wir wissen, dass wir es sollten. Um es mit Ovid zu sagen: »Leidenschaft und Vernunft ziehen mich in unterschiedliche Richtungen. Ich sehe den richtigen Weg und heiße ihn gut, aber ich nehme den falschen.«

Fremdgehen gilt in unserem Kulturkreis als eine Form von Betrug und ist mit vorsätzlicher Irreführung und Täuschung einer anderen Person verbunden. Schon Schulkinder wissen, dass die bewusste Täuschung eines Gegenübers falsch ist, erst recht natürlich Fremdgeher und Fremdgeherinnen. Sie sind sich bewusst, dass ihr Verhalten verletzend ist und sie das Risiko eingehen, Beziehungen und Familien zu zerstören. Aber Menschen sind sehr gut im Verdrängen, auch vor sich selbst. Manche Fremdgeherinnen berichten von einem eiskalt nüchtern berechnenden Teil ihrer Persönlichkeit, der als Prozessor im Hintergrund immer schon alle Möglichkeiten durchgespielt hat, während ihr bewusstes Ich sich, dieser Vorgänge nicht bewusst, nur dem Liebesrausch widmete. Und dass man sich der beiden Persönlichkeiten erst in dem Moment bewusst wird, da alles aufgeflogen ist. Erst wenn man gezwungen ist, zu seinen Taten zu stehen, gesteht man sich auch die verdrängten Anteile an seiner Persönlichkeit ein. Die Konventionen sind eindeutig: Wer fremdgeht, ist verantwortlich für das meist beträchtliche Leid des anderen. Der Betrogene hingegen gilt als unschuldiges Opfer und sieht sich damit im Recht, gegen die Betrügerin zu wüten. Mit Empörung, Vorwürfen, manchmal auch Rache und als Bonus die Gewissheit, dass jeder für ihn Partei nehmen wird, dass ihm dieses Recht auch von der Gesellschaft zugestanden wird. Warum also betrügen und verletzen wir mit Vorliebe gerade jene Menschen, die uns am nächsten stehen, die wir eigentlich lieben? Sind wir alles so schlechte Menschen, moralische Versager?

Charles Darwin charakterisierte den Ursprung moralischen Denkens als »sozialen Instinkt«, darauf ausgerichtet, uns mit anderen Menschen zu verbinden. Der Mensch ist ein hochmoralisches Tier. Moral hat sich aus der evolutionären Notwendigkeit heraus entwickelt, als Gruppe funktionieren zu müssen – denn eine andere Chance, als in der Gruppe zu überleben, hatte der Frühmensch nicht.

Moral gehört zu uns wie Sprache, die Fähigkeit zur Musik, Religion. Wir stellen uns unsere prähistorischen, in vagabundierenden Clans lebenden Vorfahren gerne als grunzende Affen vor und ihre Welt als darwinistische Kampfarena, in der das Recht des Stärkeren galt. Doch das ist eine Karikatur. Um überleben zu können, teilten unsere Vorfahren alles: Futter, Beute, Schutz, Fürsorge für den Nachwuchs und auch Sex. Das Recht des Stärkeren gilt nur so lange, bis sich dieser Stärkere auch in die Gruppe integrieren ließ, denn gut funktionierende Gruppen hatten einen wesentlichen Überlebensvorteil. Das erklärt, warum schon die Frühmenschen sich der Kunst widmeten, musizierten, Schmuck herstellten und Höhlen bemalten – alles Dinge ohne unmittelbar einsichtigen Zweck, außer dass sie den Zusammenhalt stärkten und deshalb auch kultiviert wurden. Natürlich diente auch Sex diesem Zweck, darauf deuten nicht nur die Anatomie des Menschen hin, sondern auch zahlreiche andere Charakteristika. Die wohlbekannten weiblichen Brunstschreie etwa, die manche Frauen beim Verkehr ausstoßen, haben sich wohl kaum deshalb durchgesetzt, weil man beim Sex möglichst unter sich bleiben wollte. Mit Sex stärkte der Frühmensch den Zusammenhalt, minimierte Konflikte und sorgte auch noch für das Überleben der Gattung. Aus alldem hat sich unsere Fähigkeit entwickelt, Netzwerke zu formen und aufrechtzuerhalten und Beziehungen zu managen.

Moralische Ansichten zu teilen bedeutet, eine gemeinsame Erzählung zu haben, gemeinsame Werte und Vorstellungen davon, was richtig ist und was falsch. In archaischen Kulturen ist sie an die Religion gebunden, aber sie beschränkt sich keineswegs auf religiöse Inhalte. Moral ist das komplizierte System formaler und informeller Verantwortlichkeit, das die Gesellschaft im Innersten zusammenhält. Moral ermöglichte dem Menschen nicht nur in kleinen Horden zusammenzuleben, sondern später auch Staaten zu bilden und globale Netzwerke zu formen, um Wissen und Waren auszutauschen. Dabei hält man sich an Regeln und Abmachungen, sagt die Wahrheit, bleibt fair, man sollte den anderen nicht betrügen und übers Ohr hauen, ihn unterstützen, wenn Hilfe nötig ist. Wir alle haben solche moralischen Instinkte, haben Intuitionen darüber, was richtig und was falsch ist – aber wir sind alle auch sehr gut darin, konkret darüber zu verhandeln. Wir lernen von klein auf durch eine Welt zu navigieren, in der wir an unseren Taten gemessen und entsprechend belohnt oder bestraft werden, und wir sind sehr gut darin, andere für das, was sie tun oder eben nicht tun, zur Verantwortung zu ziehen. Das gilt insbesondere auch in der Liebe.

Unsere Vorstellungen von Liebe, Beziehung und Familie sind nach wie vor stark geprägt von literarischen und religiösen Vorstellungen. Wir alle kennen die Sehnsucht, Teil eines größeren Ganzen sein zu wollen und die Liebe ist unser Ticket dahin. Wir streben nach einem Liebesideal, das unsere Kultur so wertschätzt und in Filmen und Erzählungen zelebriert. Die rauschhafte, alle Bedürfnisse befriedigende Liebe ist das Ideal, der Partner soll zugleich der beste Freund, Vertraute und Liebhaber sein. Wir wollen eine geistige Gemeinschaft, ökonomische Sicherheit, gemeinsame Interessen, Lebenspläne und Vertrauen teilen. Natürlich kann kein Mensch diesem Ideal auf Zeit entsprechen, das wir im Rausch des Verliebtseins auf den Geliebten projizieren. Nach einer gewissen Zeit entdeckt man dann seine Schwächen, Fehler und Marotten und fragt, ob man sich auf den falschen Partner eingelassen hat. Und warum es so verdammt schwer ist, sich damit abzufinden und nicht weiter nach dem Ideal zu suchen. Der Konflikt zwischen Sicherheitsbedürfnis und Abenteuerlust, Bindung und Begehren scheint unlösbar.

Die heute verbreitete Lösung für dieses Problem heißt serielle Monogamie. In den vielfach gebrochenen Biographien der heutigen Zeit halten auch Liebesbeziehungen kaum je bis zum Tod, sondern bis man sich nach kürzerer oder längerer Zeit trennt – oft weil ein Partner untreu war oder weil beide unglücklich sind. Daraufhin geht man eine neue, monogame Beziehung ein. So leben wir verschiedene Beziehungen nacheinander, manchmal überlappen sie sich und werden nach der Trennung zuweilen gar auf die eine oder andere Weise fortgeführt, zum Beispiel, wenn Kinder im Spiel sind.

Die Anthropologin Helen Fisher hat ihre eigenen Theorien, warum Menschen unfähig sind, ihren Wunsch nach langen, monogamen Beziehungen auszuleben – und gleichzeitig so standhaft an ebendiesem Wunsch festhalten. Den Grund sieht sie in der seltsamen Konstruktion dessen, was wir Liebe nennen. Wir haben ein Gehirn, das über ein raffiniertes Belohnungssystem dafür sorgt, dass wir am Leben bleiben und uns fortpflanzen, damit die Gattung bestehen bleibt. Und es sieht so aus, als gebe es in dieser Versuchsanordnung sehr viele Interessenkonflikte.

Wie jeder weiß, kann Liebe ganz unterschiedliche Formen haben und besteht aus Empfindungen, die sich teilweise widersprechen. Wenn wir uns verlieben, wollen wir diesen Menschen ganz. Wir wollen pausenlos Sex mit ihm, wir wollen romantische Dinner und Spaziergänge und wir wollen langfristige Pläne, vielleicht eine Familie. Das fühlt sich alles an wie eine große Liebe, aber das Hirn managt auf drei verschiedenen Ebenen: Die Lust auf Sex wird neuronal anders verarbeitet als romantische Liebe, die sich auf eine bestimmte Person richtet. Diese wiederum unterschcidet sich von Liebe als tiefe Verbundenheit, als Gefühl von Ruhe und Sicherheit, die man gegenüber einem langjährigen Partner empfindet. Das Hirn hat seine Gründe dafür: Der Sextrieb sorgt mit seiner Lust auf Neues und Anderes für stete Motivation, sich umzusehen, ist aber auf niemanden speziell gerichtet. Romantische Liebe bringt uns dazu, unsere Energie auf eine Person zu fokussieren, um mit ihr das Projekt Kind zu stemmen, und das dritte System soll dafür sorgen, dass wir es mit dem anderen Menschen lange genug aushalten, um den gemeinsamen Nachwuchs durch die ersten schwierigen Jahre zu bringen. Diese drei Systeme interagieren in vielfältigen Mustern mit dem evolutionären Zweck, dass der Mensch sein komplexes Geschäft der Fortpflanzung bewerkstelligen kann. Aber natürlich geraten sie auch in Konflikt. Denn es ist möglich, dass man sowohl tiefe Gefühle für den einen Partner, romantische Liebe für einen zweiten und sexuelle Lust für einen Fremden empfinden kann. Und zwar alles zur gleichen Zeit. Man könnte es auch das *Paradox der Liebe* nennen. Und es sorgt für Ärger. Doch warum schaffen wir es eigentlich nicht, unser Liebesmodell zu transzendieren, die uns scheinbar doch so unzulänglich einschränkende Moral zu überwinden, wie das zum Beispiel Polyamoristen fordern? Warum gelingt es uns nicht, eine neue Moral zu etablieren, die es erlaubt, verschiedene Bedürfnisse mit verschiedenen Partnern zu befriedigen? Den Partner nicht als persönlichen Besitz zu betrachten, sondern als Gefährten, neben dem es noch andere Gefährten gibt?

Therapeuten lachen über solche Vorschläge. Immer wieder tragen Patienten diesen Wunsch in ganz unterschiedlichen Variationen in ihre Praxis, aber nur ganz selten folgt dem Wunsch auch die Bereitschaft, die Konsequenzen auszuhalten. Denn selbst wenn man dem Partner außereheliche Affären zugesteht oder in offenen Beziehungen lebt, kann man sich betrogen fühlen. Denn diese Gefühle sind nicht bloß reserviert für Themen wie sexuelle Treue, sie betreffen auch andere Abmachungen wie Loyalität und Respekt. Paartherapeut Ulrich Clement, der mehrere Bücher zum Thema geschrieben hat, weiß: »Unsere Vorstellungen von demokratischen, fairen und jetzt auch noch offenen Beziehungen sind ja schön. Aber das archaische Erbe ist viel älter und nicht immer so einfach zu kontrollieren, wie wir uns das wünschen. Auch offene Beziehungen scheitern häufig an der Eifersucht.« Und deshalb nehmen wir lieber den Weg des geringeren Widerstands – im vollen Bewusstsein, den anderen zu verletzen. Weil es viel einfacher ist, mit einer kleinen Schummelei zu leben, als dauernd mit Menschen Grenzen und Gefühle auszuhandeln. Weil wir dazu geboren sind, zu lügen, zu betrügen und den ethischen Shortcut zu nehmen, wenn die

Risiken sich in Grenzen halten. Um dieses verbreitete Verhaltensmuster zu erklären, müssen wir einen kleinen Ausflug in die Moralpsychologie unternehmen.

Jede Gesellschaft muss eine Antwort finden auf die Frage, wie die Bedürfnisse des Einzelnen gegenüber denen der Gruppe ausbalanciert werden können. In den verschiedenen Epochen und Kulturen galten dabei unterschiedliche Grundsätze: Was in der einen Kultur völlig okay ist, kann in der anderen als schweres Verbrechen gelten und umgekehrt. Bis in die vorindustrielle Zeit funktionierten die meisten Gesellschaften soziozentrisch, das heißt, die individuellen Bedürfnisse hatten sich denjenigen der Gemeinschaft unterzuordnen. Zuerst kamen Familie, Beruf, gesellschaftliche Stellung – und erst dann das individuelle Glück. Die Aufklärung brachte dann mit dem individualistischen Ansatz ein bahnbrechend neues Modell, das sich mit Bürgertum und Konsumkultur flächendeckend durchgesetzt hat. Die Unterschiede sind heute noch zu beobachten, etwa im Vergleich westlicher und asiatisch geprägter Kulturen. Fragt man Mitglieder einer westlichen Gesellschaft, Sätze zu vervollständigen, die mit »Ich« beginnen, dann folgen meistens individuelle Vorlieben wie: Ich bin eine fröhliche, extravertierte Person mit einer Vorliebe für Jazzmusik. Personen aus traditionellen Kulturen hingegen betonen mehr ihre Rolle in der Gemeinschaft: Ich bin die Tochter, Mutter, Angestellte in einer Firma.

Im individualistischen Modell stehen persönliche Freiheiten und individuelle Rechte im Zentrum und die Gesellschaft hat sich damit zu arrangieren. Der allerwichtigste Grundsatz dabei ist, dass die eigenen Freiheiten dort enden, wo sie diejenigen der anderen tangieren. In individualistischen Gesellschaften ist die wichtigste Frage zur moralischen Beurteilung einer Handlung, ob sie jemand anderen in seinen Freiheiten beschneidet oder ihm Schaden zufügt. Wenn dies nicht der Fall ist, dann sind solche Gesellschaften grundsätzlich liberal, was in diesem Fall bedeutet: Jedem das Seine. Oder anders gesagt: Auch wenn ich es nicht verstehe, gestehe ich es dir zu.

Wie bereits erwähnt regeln moralische Grundsätze das Zusammenleben der Menschen, und wir lernen von klein auf, durch das Netzwerk von Verantwortlichkeiten zu navigieren, das die Gesellschaft ausmacht und in dem wir unseren eigenen Platz finden müssen. Die Frage ist, was uns dabei leitet. Hat die Vernunft die Oberhand, durch ihre Fähigkeit zu rationalisieren, Folgen abschätzen zu können und zu wissen, welches Verhalten für welche Situation angemessen ist? Oder sind es unsere Gefühle und Affekte, die wir weit weniger gut unter Kontrolle haben – sondern ganz im Gegenteil oft davon kontrolliert werden?

Die Geistesgrößen der abendländischen Philosophie von Plato bis Kant sahen ganz klar den Verstand am Steuer sitzen. Denn würden wir unseren Gefühlen und Leidenschaften folgen, hätte das desaströse Folgen für die Gemeinschaft. Kant war voller Bewunderung für unsere Fähigkeit zum Moralisieren: »Zwei Dinge erfüllen das Gemüt mit immer neuer und zunehmender Bewunderung und Ehrfurcht, je öfter und anhaltender sich das Nachdenken damit beschäftigt: der Sternenhimmel über mir und das moralische Gesetz in mir«, schrieb er zum Schluss seiner *Kritik der praktischen Vernunft*. Die Fähigkeit, sich moralisch zu verhalten, erhebt den Menschen über seine tierische Natur und erlaubt ihm, an etwas Ewigem teilzuhaben. Aber es war für ihn eine Frage der Logik, Resultat einer langen Kette vernünftiger Überlegungen, die zur Einsicht in ein allgemeines, moralisches Sittengesetz führte. Was eher eine theoretische Versuchsanordnung ist, die sich in der Praxis als doch recht brüchig erweist. Denn der Verstand ist längst nicht so dominant, wie es sich die alten Philosophen vorstellten. Tatsächlich zeigt die neuere, empirische Forschung zur Moralpsychologie, dass moralische Erkenntnis zunächst und vor allem ein emotionaler Prozess ist. Der Verstand rationalisiert in der Regel bloß, wofür wir uns intuitiv längst entschieden haben.

Es gibt ein in der abendländischen Philosophie berühmt gewordenes Gedankenexperiment, das Plato in seinem Dialog *Politeia* durchspielt. Die Frage ist, ob man lieber eine durch und durch ehrliche und tugendhafte Person wäre, auch wenn alle anderen glauben, man sei ein Schurke. Oder ob man lieber lügen und betrügen würde, wie es einem gefällt, aber alle Menschen halten einen für eine vollkommen ehrbare Person. Sokrates will im Dialog mit Glaukon beweisen, dass Moral einen Wert an und für sich darstelle, der aus Prinzip eingehalten werden müsse und nicht nur dann, wenn es die Situation gerade erfordere. Nur unter diesen Voraussetzungen könne der Mensch als Einzelner, aber auch das Gemeinwesen gesund bleiben. Seine Überlegung erinnert an den Cartoon mit einem Mann in der Wüste, der an einer roten Ampel steht und nicht weitergeht, obschon er mutterseelenallein dasteht. Er hält sich aus Prinzip an die Regeln – egal, in welcher Situation er sich gerade befindet.

Glaukon hielt mit folgender Geschichte dagegen: Was würde geschehen, fragte er, wenn man jemandem einen magischen Ring aushändigen würde, der ihn unsichtbar macht. Würde sich der Unsichtbare verhalten wie sonst? Würde er nichts stehlen, nirgends eindringen, sich nicht zu jeder beliebigen, attraktiven Frau legen, wenn er absolut keine Konsequenzen für diese Taten zu fürchten hätte? Wohl kaum. Moralisches Verhalten, so schließt Glaukon, ist ein pragmatischer Kompromiss. Jeder würde sich unsittlich benehmen und Vorteile verschaffen, müsste er nicht damit rechnen, selbst Unrecht wehrlos erleiden zu müssen. Und weil die Nachteile unmoralischen Verhaltens größer erscheinen als seine Vorteile, hat man sich gesellschaftlich darauf geeinigt, es zu bestrafen. Mit anderen Worten: Der Mensch hält sich an moralische Vorgaben, um von anderen einfordern zu können, dass sie das ebenfalls tun. Aber er ist ja nicht einfältig, also neigt er zu moralischem Fehlverhalten, wenn sich ihm die Gelegenheit bietet und er keine Konsequenzen zu befürchten hat. Und das trifft auf fast unser gesamtes soziales Leben zu. Nicht vernünftige Einsichten bestimmen in erster Linie unser Verhalten, sondern das, was wir bei anderen erreichen wollen. Wir halten uns nicht deshalb an die Regeln, weil wir vernünftigerweise einsehen, dass dies für alle das Beste ist, sondern weil wir die Konsequenzen fürchten, sollten wir dabei erwischt werden, dass wir uns nicht an die Regeln halten. Uns motiviert nicht der Glaube an Sinn und Zweck moralischen Verhaltens, sondern weil wir dazugehören wollen. Wir verstehen uns als Teil einer Gemeinschaft, und dies hat seinen Preis. Nämlich diesen Erwartungen nachzukommen. Wir halten uns für große Individualisten, aber unser Selbstwert erschließt sich weniger aus dem, wie wir in einsamen Stunden selbst von uns denken, sondern aus dem, was wir annehmen, was die anderen von uns denken. Wir sind konstant auf der Suche nach Applaus und Bestätigung, nach Anerkennung durch andere. Wir überprüfen konstant unseren sozialen Wert, wie beliebt und schön wir sind, wie wir von anderen akzeptiert, kritisiert, bewundert, geachtet oder gefürchtet werden. Es ist die Droge, nach der wir alle unbewusst gieren, die viele unserer Handlungen steuert und ohne die wir letztlich verloren sind. Das ist tief in uns verwurzelt. Es macht uns zu jenen erstaunlichen Gruppenwesen, die aufgrund von Kooperation die komplexesten Systeme bilden. Und es findet im Aufstieg der sozialen Medien seinen ersten globalen Ausdruck. Die sozialen Medien funktionieren, weil wir nach positiven Gefühlen suchen und diese entstehen, wenn andere positiv auf uns reagieren, oder umgekehrt. Jeder braucht Anerkennung und wem sie versagt wird, der reagiert depressiv oder wütend. Danach richten wir unser Verhalten aus, als wären wir Politiker, die für ein Amt kandidieren. Wir tun alles, um uns die Zustimmung der Wählerschaft zu sichern und entwerfen ein Bild, das genau ihren Erwartungen entspricht. Oder zumindest das so aussieht, als würden wir ihnen entsprechen.

Wir sind so gut darin, andere von dem Bild zu überzeugen, das wir von uns selbst entwerfen, dass wir selbst daran glauben. Bis wir in eine Situation geraten, in der sich uns plötzlich Möglichkeiten eröffnen. Möglichkeiten, etwas zu bekommen, ohne Konsequenzen fürchten zu müssen.

Der Psychologe Dan Ariely hat in verschiedenen psychologischen Experimenten gezeigt, dass die meisten Menschen dann betrügen, wenn sie eine Gelegenheit dazu haben und glauben, nicht dafür belangt zu werden. Allerdings betrügen die meisten nicht im großen Stil, sondern nur ein kleines bisschen, und zwar genau so viel, wie sie es vor sich selbst rechtfertigen konnten.

Wir biegen die Wahrheit zurecht, um einen Punkt zu machen, wir lassen Dinge aus und spitzen andere zu, um die Wahrnehmung des anderen zu unseren Gunsten zu beeinflussen. Moral funktioniert wie Facebook: Wir zeigen uns von unserer besten Seite und verbergen, was nicht in dieses Bild passt. Das, was wir verbergen, lässt sich eher im Google-Suchverlauf unseres Browsers ablesen. Kein vernünftiger Mensch würde den auf Facebook posten und deshalb würde auch kein vernünftiger Mensch zum Besten geben, was er im Stillen über die anderen denkt und was in seinem Kopf für Phantasien hausen. Was zählt ist, was wir tun.

Ariely machte seine Beobachtungen in Situationen, in denen es um kleinere Geldbeträge ging. Aber sie treffen auch auf unser sexuelles Verhalten zu. Wir betrügen unsere Partner dann, wenn wir die Gelegenheit dazu haben und das Risiko erwischt zu werden sehr klein ist. Wir betrügen dann, wenn wir glauben, dass es nichts bedeutet und der Schaden, den wir damit anrichten, nicht gravierend ist. Weil es uns guttut und wir unserem Partner danach glücklicher und befreiter entgegentreten. Viele Fremdgeher berichten, dass ein Seitensprung ihre Beziehung zu Hause sogar verbessert hat. Sie nehmen es in Kauf, ihre Partner zu belügen, weil sie glauben, dass er es nie herausfinden wird, es ihm nicht schadet, ihnen selbst aber guttut. Und sie sehen keinen Widerspruch darin, dass sie trotz allem das monogame Modell für das Beste halten. Schließlich wollen sie ja nicht selbst betrogen werden. Sie wollen nur dieses kleine Stückchen Freiheit für sich. Und meistens sagen sie, dass sie das auch ihrem Partner zugestehen würden – solange sie nichts davon mitbekämen. Es ist die Lösung, welche die meisten Fremdgeher für das Dilemma der Monogamie halten: Was ich nicht weiß, macht mich nicht heiß. Der Fehler liegt im ersten Teil dieses Satzes. Denn es ist viel schwieriger, den anderen im Dunkeln zu lassen, als die meisten Menschen glauben.

Also warum gehen wir fremd, obwohl wir doch wissen, dass wir so andere und damit das in unserer Kultur wichtigste moralische Gebot verletzen? Weil wir Moral nicht universell verstehen, sondern kontextabhängig und situationsbezogen. Weil die Lust uns dazu treibt, weil sie uns in dem Moment wichtiger erscheint als das Ideal einer monogamen Beziehung. Wir wägen den potentiellen Gewinn einer langfristigen Sicherheit ab gegen die Sensation des Neuen, das Versprechen des Neuen, den Rausch einer sexuellen Begegnung, die Risiken, die wir dabei eingehen. Oft sind wir uns dessen nicht immer voll bewusst, weil wir uns zu wenig bewusst sind, wie wir vom Körper und seinen Affekten gesteuert werden. Oder wir sind uns ihrer bewusst, verleugnen sie aber, manövrieren uns in Situationen, um zu bekommen, was wir wollen und zeigen uns dann überrascht, was passiert ist. Wir versuchen, es zu verbergen, weil wir überzeugt sind, dass es uns gelingt und weil es uns vielversprechender scheint, einen Seitensprung zu verschweigen, als mit den Konsequenzen der Wahrheit zu leben.

Und deshalb gibt es auch so viele Fremdgeher, aber so wenige Polyamoristen. Sich bewusst für ein anderes Konzept von Liebe und Beziehung zu entscheiden und das auch vor anderen zu vertreten braucht Mut, Selbstvertrauen, Kraft, Geduld und Reife. Es braucht die Bereitschaft, sich den Konsequenzen des eigenen Verhaltens zu stellen, auch wenn sie anstrengend und unerfreulich sind.

In einer Gesellschaft, in der die Sozialkontrolle absolut ist, kann auch mit besonders moralischem Verhalten gerechnet werden. Das trifft mit Blick auf die sozialen Medien zu. Der moralische Druck, sich gesellschaftskonform zu verhalten, oder zumindest alles dafür zu tun, dass es so erscheint, ist markant größer geworden, seit jeder in den sozialen Medien eine Stimme hat. Gleichzeitig sind die Möglichkeiten zur Sozialkontrolle größer geworden. Aber dieselbe Technologie, die uns diese Art von Sozialkontrolle ermöglicht, macht es uns auch einfacher denn je, uns auf andere einzulassen. Wir müssen dazu nicht einmal mehr den Schreibtisch verlassen. Sie spiegelt aber auch die Diversität der Lebensentwürfe wider, sie macht es einfacher, sich zu informieren, mit Gleichgesinnten auszutauschen und Erfahrungen zu teilen.

Nie gab es mehr Gelegenheiten für sexuelle Affären, mit berufstätigen und selbständigen Frauen, die rechtlich besser abgesichert und finanziell unabhängiger sind. Und wo es mehr Möglichkeiten gibt, wird es auch mehr Seitensprünge geben.

Epilog

Sich auf seine eigene Weise zu irren ist besser,
als im Sinne von jemand anderem recht zu haben.
Fjodor M. Dostojewski

Damit sind wir am Ende unseres Abenteuers angelangt. Wie jede gute Affäre sollte es einen bleibenden Eindruck hinterlassen haben. Vielleicht haben Sie etwas über sich selbst erfahren oder über andere. Und vor allem war es hoffentlich ein Erlebnis, das Sie verändert zurücklässt.

Wir alle möchten gut sein, aber die tiefen Konflikte, die in der Natur unserer Sexualität wurzeln, lassen sich nicht verleugnen. Es gibt Frauen, die dem sexuellen Ruf ohne Rücksicht auf Verluste folgen, ob diese nun die eigene Reputation betreffen oder die Gefühle der anderen. Wir haben sie kennengelernt: Frauen, die wegen ihrer Triebe als Nymphomaninnen abgestempelt werden, obschon sie nichts anderes tun, als ihre Sexualität offensiv auszuleben, wie das bei Männern als normal erachtet wird. Es sind wenige, aber sie lassen sich in zwei Kategorien aufteilen. Sie sind »ethische Schlampen«, nach dem Grundwerk der polyamoristischen Literatur benannt. Sie bekennen sich zur frei flottierenden Sexualität, die intime Beziehungen mit mehreren Partnern einschließt. Allerdings handeln sie nach ihren eigenen moralischen Codes. Besonders wichtig ist die Idee der Offenheit und Transparenz, was die eigenen Gefühle betrifft, aber auch was die Taten anbelangt, die die Gefühle anderer betreffen könnten. Den meisten von uns gelingt das nicht. Fremdgeherinnen sind Frauen, die der Liebe folgen, die in der Liebe ein Ventil suchen, eine Hoffnung, ein Versprechen. Und ein Abenteuer. Denn das sind Affären zuerst und vor allem: Abenteuer – und wir wissen, wie sehr wir Menschen immer schon das Abenteuer liebten, die Möglichkeit, Neues zu erfahren, die Möglichkeit der Kreativität. Wir lassen uns verführen von unseren Gefühlen, von männlicher Bewunderung, von Blicken, von Situationen, vom Leben selbst.

Wir haben auch erfahren, wie das weibliche Begehren funktioniert, wie seltsam, undurchsichtig und vielschichtig es daherkommt, wie es sich im Lauf eines Frauenlebens entwickeln kann und was das für die Beziehung bedeutet. Wir haben versucht zu verstehen, wie wir moralisch funktionieren und warum es so schwierig ist, die Herausforderungen der romantischen Liebe und der stabilen und langfristigen Beziehung zu meistern.

Liebe ist ein Abenteuer – besonders für Frauen. Weil ihr Trieb so mächtig ist wie der männliche, sich aber unendlich vielfältiger manifestiert, in all den Phantasien und Träumereien, Versprechungen, Hoffnungen und Enttäuschungen, zwischen denen sich ihr Leben abspielt. Liebe hält sich nicht an die Regeln, weshalb sie immer wieder enttäuscht wird. Das ist zwar schmerzhaft, aber ein geringer Preis dafür, dass sie dem Leben einen Sinn und eine Richtung gibt, Leben ermöglicht.

Mit allem, was Sie in diesem Buch erfahren haben, sollten Sie nun in der Lage sein, einen Seitensprung zu planen und durchzuführen; zumindest sollten Sie wissen, welche Konsequenzen Sie zu erwarten haben. Sie sollten vorbereitet sein auf jegliche Verhörsituationen und sich zu wehren wissen. Vielleicht haben Sie aber auch beschlossen, die Karten von Anfang an offen auf den Tisch zu legen. Vielleicht sind Sie in der Lage, Ihre Begierden besser wahrzunehmen und auszuleben. Vielleicht haben Sie sich entschlossen, Ihre Beziehung nicht einem falsch verstandenen Treuebegriff zu opfern, sondern machen sich daran, Treue in einer Beziehung neu zu definieren. Denn sexuelle Treue ist nur ein Aspekt neben vielen, die eine Beziehung ausmachen.

Wenn Sie ein Mann sind, dann sind Sie hoffentlich in der Lage zu erkennen, wenn Ihre Frau unzufrieden ist oder unerfüllte Sehnsüchte mit sich herumträgt. Vielleicht ist dieses Buch aber auch nur eine Anregung dafür, sich dem Thema zu stellen und sich als Paar mit der Frage auseinanderzusetzen, wie man sich treu sein kann und trotzdem nicht auf ewig auf Erotik und Sex verzichten muss. Es ist schwierig, aber immerhin ergeben sich daraus Geschichten, die es wert sind, erzählt zu werden.

Geschichten wie die von Simone, Julia, Mariella und Mirjam, von Edna und Alma. Frauen, die ihren Gefühlen gefolgt sind, die andere verletzt haben und natürlich auch selbst verletzt wurden. Die mit Konventionen gebrochen haben, mehr oder weniger bewusst, mehr oder weniger kontrolliert.

»Aus so krummem Holze, als woraus der Mensch gemacht ist, kann nichts ganz Gerades gezimmert werden«, wusste der große Philosoph Immanuel Kant. Das trifft in vielen Hinsichten zu, auch auf unsere Fähigkeit, zu lieben und monogame Beziehungen zu führen. Das ändert nichts daran, dass die Liebe eine Brücke zu unseren tiefsten existentiellen Erfahrungen bleibt. Sei sie auch etwas krumm gezimmert.

Bibliographie

Burr, Bill; DeRosa, Joe; Kelly, Robert: *Cheat: A Man's Guide to Infidelity*. New York 2012.

Clark, Russel D. III; Hatfield, Elaine: »Gender Differences in receptivity to sexual offers«, in: *Journal of Psychology and Human Sexuality* Vol. 2, Philadelphia 1989.

Clement, Ulrich: *Wenn Liebe fremdgeht: Vom richtigen Umgang mit Affären*, Berlin 2010.

Diamond, Lisa M.: *Sexual Fluidity: Understanding Women's Love and Desire*, Cambridge Press 2009.

Easton, Dossie; Hardy, Janet W.: *The ethical slut – a practical guide to Polyamory, open relationships and other adventures*, Celestial Arts 2009.

Epstein, Daniel Mark: *What Lips My Lips Have Kissed: The Loves and Love Poems of Edna St. Vincent Millay*, New York 2001.

Gaddam, Sai; Ogas, Ogi: *Klick! Mich! An! – Der große Online-Sex-Report*, München 2012.

Haidt, Jonathan: *The Righteous Mind: Why Good People are Divided by Politics and Religion*, New York 2012.

Hilmes, Oliver: *Witwe im Walm – das Leben der Alma Mahler-Werfel*, München 2004.

Kendrick, K. M.; Hinton, M. R.; Atkins, K.; Haupt, M. A.; Skinner, J. D.: »Mothers determine sexual preferences«, in: *Nature*, Nr. 395, S. 229–230, 1998.

Matthiesen, Silja/Böhm, Maika: »Wie organisieren Studierende Beziehungen und Sexualität?« *Pro Familia Magazin* 2013.

Oliver, T.; Meana, M. and Snyder, J. S.: Sex differences in concordance rates between auditory event-related potentials and subjective sexual arousal, *Psychophysiol*, 53: 1272–1282, 2016.

Milford, Nancy: *Savage Beauty: The Life of Edna St. Vincent Millay*, Random House 2001.

Nicol, A. M.: *Three Strand Pearl Necklace; The Divorce of the Duke and Duchess of Argyll*, Edinburgh 1963.

Price, M. E.; Pound, N.; Scott, I. M. Arch: Sex Behave 43: 1289. Doi, 2014.

Ryan, Christopher; Jetha, Cacilda: *Sex at Dawn: The Prehistoric Origins of Modern Sexuality*, New York 2010.

Schmitt, D. P.: »Fundamentals of Human Mating Strategies«, in: D. Buss: *The Handbook of Evolutionary Psychology*, Hoboken 2005.

Scott, Gini: *The Truth about Lying – Why and How We all Do It and What to Do about It*, Asja Press 1994/2006.

Danksagung

Mein Dank geht an all die Frauen, die mir ihre Geschichten erzählt haben. An Peter Wälty für all seine Ideen und Inspiration. Und meiner Mutter, weil man Müttern nie genug danken kann.